रज़ा पुस्तक माला

स्वराज

तैयब मेहता की कृति 'शान्तिनिकेतन त्रिफलक के साथ एक यात्रा'

वढेरा कला-वीथी से प्रकाशित रामचन्द्र गाँधी की अँग्रेज़ी पुस्तक "SVARAJ : A Journey with Tyeb Mehta's 'Shantiniketan Triptych'' (2002) का हिन्दी अनुवाद।

रज़ा फ़ाउण्डेशन | THE RAZA FOUNDATION

स्वराज

तैयब मेहता की कृति 'शान्तिनिकेतन त्रिफलक
के साथ एक यात्रा'

रामचन्द्र गाँधी

अँग्रेज़ी से अनुवाद
मदन सोनी

राजकमल प्रकाशन

रज़ा पुस्तक माला : **चित्रकला** | **अनुवाद**
प्रधान सम्पादक : अशोक वाजपेयी | सम्पादक : पीयूष दईया
राजकमल प्रकाशन प्रा.लि. और रज़ा फ़ाउण्डेशन का सह-प्रकाशन

ISBN : 978-93-88183-32-1

मूल्य : ₹ 1795

पहला संस्करण : 2019

प्रकाशक : राजकमल प्रकाशन प्रा. लि.
1-बी, नेताजी सुभाष मार्ग, दरियागंज
नई दिल्ली-110 002

शाखाएँ : अशोक राजपथ, साइंस कॉलेज के सामने, पटना-800 006
पहली मंजिल, दरबारी बिल्डिंग, महात्मा गांधी मार्ग, इलाहाबाद-211 001
36 ए, शेक्सपियर सरणी, कोलकाता-700 017

वेबसाइट : www.rajkamalprakashan.com
ई-मेल : info@rajkamalprakashan.com

मुद्रक : यश प्रिंटोग्राफिक्स
नोएडा-201 301 (उत्तर प्रदेश)

SVARAJ
by Ramchandra Gandhi
Translated by Madan Soni

अंजलि के लिए

ओम श्री रमणाय नमः

ओम श्री अरुणाचलाय नमः

श्री रामकृष्ण परमहंस और शारदा देवी

रामकृष्ण परमहंस कहते हैं, ईश्वर उस वक़्त हँसता है
जब दो भाई ज़मीन पर एक रेखा खींचते हैं, और
उनमें से एक कहता है, ''रेखा के इस तरफ़ की ज़मीन मेरी है'',
और दूसरा कहता है,
''रेखा के इस तरफ़ की ज़मीन मेरी है''।

क्रम

आमुख : अशोक वाजपेयी

आरम्भिक : रामचन्द्र गाँधी १५

१. घूरो मत, पलकें झपकाओ! २३
२. कच्छप-योगी २५
३. स्वराज के संकेत ३४
४. पूर्ण और शून्य ३७
५. मयूर मुद्रा : तुम वह हो! ३९
६. गुएर्निका की मयूर मुद्रा ४७
७. उभयलिंगीय आत्मबोध ५०
८. मुम्बई में एक खिड़की से ५६
९. फ़ास्ट फॉर्वर्ड ६५
१०. त्रिफलक की त्रयी ६९
११. रिक्शा ढोने वाले का साक्ष्य ७३
१२. क्या स्वराज अटल है? ८३
१३. बंगाल में मैं हर कहीं काली की उपस्थिति को अनुभव कर सकता था ८७
१४. फ़ास्ट फारवर्ड : महिषासुर 1998 ९५
१५. एक ऑडिट आपत्ति १०७

१६. शोभनीय दुख १११
१७. आत्म-विरूपण-1 ११८
१८. लेकिन कहाँ, त्रिफलक में आनन्द कहाँ है? ११९
१९. आत्मबोध की जनसांख्यकी १२४
२०. नहीं, त्रिफलक नृविज्ञान नहीं है १२७
२१. आत्म-विरूपण-2 १२९
२२. अनुपस्थित दोस्त का क़िस्सा १३५
२३. निजी रंगमण्डली १४३
२४. जीवन का सबसे विस्मयकारी तथ्य क्या है? १४५
२५. सम्बोधन : एक टीका १४९
२६. ख़ाली मण्डप १५१
२७. क्षतिग्रस्त दूसरा जन्म १५४
२८. भ्रामक सममिति १६३
२९. ओझागिरी और पलायन १६७
३०. उद्धार के लिये कच्छप-योगी १७३
३१. संकटग्रस्त गर्भ १७५
३२. त्रिफलक : एक क्षिप्र निरीक्षण १८०
३३. हर चीज़ दहकती हुई १८४
३४. अंजलि १८८

उपसंहार १९४
टिप्पणियाँ और सन्दर्भ १९६
शब्द-सूची २०३

आमुख

कलाओं में भारतीय आधुनिकता के एक मूर्धन्य सैयद हैदर रज़ा एक अथक और अनोखे चित्रकार तो थे ही उनकी अन्य कलाओं में भी गहरी दिलचस्पी थी। विशेषत: कविता और विचार में। वे हिन्दी को अपनी मातृभाषा मानते थे और हालाँकि उनका फ्रेंच और अँग्रेज़ी का ज्ञान और उन पर अधिकार गहरा था, वे, फ्रांस में साठ वर्ष बिताने के बाद भी, हिन्दी में रमे रहे। यह आकस्मिक नहीं है कि अपने कला-जीवन के उत्तरार्द्ध में उनके सभी चित्रों के शीर्षक हिन्दी में होते थे। वे संसार के श्रेष्ठ चित्रकारों में, २०-२१वीं सदियों में, शायद अकेले हैं जिन्होंने अपने सौ से अधिक चित्रों में देवनागरी में संस्कृत, हिन्दी और उर्दू कविता में पंक्तियाँ अंकित कीं। बरसों तक मैं जब उनके साथ कुछ समय पेरिस में बिताने जाता था तो उनके इसरार पर अपने साथ नवप्रकाशित हिन्दी कविता की पुस्तकें ले जाता था : उनके पुस्तकसंग्रह में, जो जब दिल्ली स्थित रज़ा अभिलेखागार का एक हिस्सा है, हिन्दी कविता का एक बड़ा संग्रह शामिल था।

रज़ा की एक चिन्ता यह भी थी कि हिन्दी में कई विषयों में अच्छी पुस्तकों की कमी है। विशेषत: कलाओं और विचार आदि को लेकर। वे चाहते थे कि हमें कुछ पहल करना चाहिये। २०१६ में साढ़े चौरानवे वर्ष की आयु में उनकी मृत्यु के बाद रज़ा फ़ाउण्डेशन ने उनकी इच्छा का सम्मान करते हुए हिन्दी में कुछ नये क़िस्म की पुस्तकें प्रकाशित करने की पहल *रज़ा पुस्तक माला* के रूप में की है, जिनमें कुछ अप्राप्य पूर्व प्रकाशित पुस्तकों का पुनर्प्रकाशन भी शामिल है। उनमें गाँधी, संस्कृति-चिन्तन, संवाद, भारतीय भाषाओं से विशेषत: कला-चिन्तन के हिन्दी अनुवाद, कविता आदि की पुस्तकें शामिल की जा रही हैं। सभी पुस्तकों पर रज़ा साहब और उनके समकालीन मित्र चित्रकारों आदि की प्रतिकृतियाँ आवरणों पर होंगी।

रामचन्द्र गाँधी एक ऐसे भारतीय दार्शनिक थे जिनकी साहित्य और कलाओं में गहरी दिलचस्पी थी : उनका चिन्तन अक्सर अध्यात्म, कला और साहित्य को अपनी समझ के भूगोल में समाविष्ट करता था। अपने जीवन में उनका अपने समय के कई बड़े लेखकों और कलाकारों से सम्पर्क और दोस्ताना था। चित्रकार तैयब मेहता के एक त्रिफलक से प्रेरित होकर रामचन्द्र गाँधी ने यह अद्‌भुत पुस्तक लिखी है। सम्भवत: किसी कलाकृति पर ऐसी विचार-सघन पुस्तक कम से कम भारत में

दूसरी नहीं है। उसमें जितने दार्शनिक आशय कला के खुलते हैं उतने ही अभिप्राय स्वयं रामचन्द्र गाँधी के चिन्तन के भी। यह सीमित अर्थों में कलालोचना नहीं है पर यह दिखाती है कि गहरा कलास्वादन उतने ही गहरे मुक्त चिन्तन को उद्वेलित कर सकता है। तैयब मेहता रज़ा साहब के घनिष्ठ मित्र थे। इस पुस्तक का आलोचक मदन सोनी द्वारा बड़े अध्यवसाय से किया गया हिन्दी अनुवाद उस कला-मैत्री को एक प्रणति भी है।

अशोक वाजपेयी
अक्टूबर २०१७, नयी दिल्ली

आरम्भिक

रामचन्द्र गाँधी

आरम्भिक

जब तैयब मेहता १९८४ में शान्तिनिकेतन में आवासीय कलाकार के रूप में आये थे, तब इस विश्वविद्यालय में तुलनात्मक धर्मशास्त्र के प्रोफ़ेसर के रूप में मेरा कार्यकाल समाप्ति की ओर था। तैयब पर्याप्त स्वस्थ थे, उनकी पत्नी सकीना उनकी बहुत अच्छे ढंग से देखभाल कर रही थीं, और हमारे पास लम्बी बातचीत और देहाती इलाक़ों में भ्रमण के लिये तथा उस इलाक़े में फैले सन्थाल गाँवों की यात्रा के लिये काफ़ी समय था।

मुझको ज़रा भी इल्म नहीं था कि उस वक़्त 'शान्तिनिकेतन त्रिफलक' ('शान्तिनिकेतन ट्रिप्टिच', जिसको आगे से हम 'त्रिफलक' कहकर पुकारेंगे) का बीजारोपण हो रहा था, और तैयब इस महान कृति को १९८५ तक विश्वविद्यालय के अपने आवासीय कार्यकाल के दौरान पूरा कर लेने वाले थे। (अकादेमिक अतिथि आमतौर से सृजनात्मक सिद्धि के इस तरह के कमाल के मुक़ाबले कुछ भी नहीं करते)।

यह तो जब मैं १९८५ में तैयब और सकीना से मिलने मुम्बई में उनके जुहू स्थित फ़्लैट में गया और तैयब ने मुझे इस त्रिफलक के फ़ोटोग्राफ़िक नैगेटिव दिखाये, तब जाकर मुझे अहसास हुआ कि इस कलाकार ने शान्तिनिकेतन के उन देहाती इलाक़ों की अपनी सैर को किस महान उद्देश्य में बदल दिया था। (और अब मैं उत्प्रेरणा के उस सम्भावित रिश्ते को भी समझ सकता हूँ जो त्रिफलक के बाद की उनकी काली और महिषासुर की आकृतियों तथा उस ग्रामीण दुर्गा पूजा के बीच बना हो सकता था जिसमें मैं १९८४ में शान्ति निकेतन के क़रीब तैयब और सकीना के साथ शामिल हुआ था, वह पूजा जो अपनी कल्पना में कोलकाता की सौम्य मूर्तिकला के परे दुस्साहसिक ढंग से आगे की जाती है।)

यह एक बार फिर शान्तिनिकेतन के हमारे साझा कार्यकाल की ही घटना है जब तैयब ने एक तंग स्टुडियो में मित्रों के एक छोटे-से समूह के बीच 'कूडल' का प्रदर्शन किया था। यह उनकी १९७० की पुरस्कृत फ़िल्म है जो मुम्बई जैसे महानगरों के बेरोज़गार नवयुवकों के दिशाहीन जीवन में धीरे-धीरे पकती हिंसा की गहरायी में जाती है, जहाँ इन नौजवानों के मैदानी समागम ('कूडल' एक तमिल शब्द है जो ''समागम'' या ''समूह'' के लिये प्रयुक्त होता है) बहुत आसानी से टकरावों

में बदल जाते हैं।

फ़िल्म का एक तिरछा (तैयब की ख़ास पहचान), आवर्ती शॉट प्रतिद्वन्द्वियों को एक वृत्ताकार विन्यास ('वृत्तात्मकता', व्यर्थता) में एक दूसरे का पीछा करते हुए दर्शाता है, कुछ उस तरह जैसे कोई कुत्ता अपनी ही दुम का पीछा करता है : अपने संघटनात्मक, त्रासद, सौष्ठव के सहारे ध्यानाकर्षण करता हुआ, उसी तरह जैसे त्रिफलक के फलक-१ का क्लान्त आनन्दोत्सव करता है।

एक हिजड़े के दुल्हन जैसे शृंगार का अनुष्ठान, और वध के लिये तैयार एक वृषभ, फ़िल्म के दो अन्य दृश्य हैं जो मेरे साथ बने रहे हैं : मैं इस तरह सोचना चाहूँगा कि वे १९४७ के भारतीय उपमहाद्वीप के हृदयहीन विभाजन द्वारा उकसाये गये बंजरपन और नरसंहार का संकेत करते हैं। वर्षों पहले जबसे मैंने पहली बार त्रिफलक पर सोचना शुरू किया, मैंने महसूस किया कि इसके अर्थ को तब तक नहीं खोला जा सकता जब तक कि स्वराज (स्व-शासन, आत्म-उपलब्धि) के उस विकृतिकरण के बारे में नहीं विचार नहीं किया जाता जो १९४७ के भारतीय विभाजन में निहित है; और जो कहीं ज़्यादा शाश्वत रूप से अहंकार के हाथों किये गये अपवर्जक स्वत्व और अपवर्जित स्वत्व ("अन्य", "अन्यता") में आत्म-बोध के विभाजन में निहित है।

यह पुस्तक त्रिफलक के विवरणों तथा रूपक में स्वराज और आत्मचेतना के विकृतिकरण की, और पुनर्विन्यस्त जीवन और चेतना में, यानी आत्मोपलब्धि में, इसकी अखण्डता की पुनर्प्राप्ति की सम्भावनाओं को तलाशने की कोशिश करती है और इस उद्यम में अद्वैत वेदान्त के परिप्रेक्ष्य को सामने लाती है, विशेष रूप से उसके उस स्वरूप को जिसकी शिक्षा हमारे समय में श्री रमण महर्षि ने दी थी, जिसके गम्भीर अध्ययन की शुरुआत मैंने १९८० के दशक के शुरुआती वर्षों में की थी, त्रिफलक और उसकी व्याख्या की चुनौतियों का सामना करने के ठीक पहले। इसलिये, यह पुस्तक एक दोहरी यात्रा है, चित्र की प्रतीक-व्यवस्था के मर्म की, और अद्वैतवादी आस्था और उसकी चरितार्थता के मर्म की : कम से कम मेरे लिये, एक दूसरे पर रोशनी डालते अन्वेषण की दो यात्रायें।

जब मैंने १९८८ में पहली बार त्रिफलक को, नेशनल गैलरी ऑफ़ माडर्न-आर्ट (एनजीएमए) द्वारा इसे अपने संग्रह में शामिल किये जाने के कुछ ही समय बाद, आमने-सामने देखा था, मेरे सामने यह बात तत्काल ज़ाहिर हो गयी थी (और चूँकि १९८५ में मैं इसके फ़ोटोग्राफ़िक नेगेटिव देख चुका था जिनने इस मामले में मेरी मदद की) कि आत्मभाव (सेल्फ़हुड) की अद्वितीयता, जोकि अद्वैत में केन्द्रीय है, इस चित्र के लिये भी केन्द्रीय थी। और इसकी वजह सिर्फ़ बीच के फलक में मौजूद लिंगभेद को लाँघती, उभयलिंगीकृत, खड़ी हुई आकृतियाँ, और स्तम्भ के पैताने मौजूद साझा, प्रजातियों को लाँघती, स्त्री और बकरी की शरीर-रचना नहीं हैं।

अद्वैत का अधिक सूक्ष्म रूप से उद्‌बोधक अभिप्राय त्रिफलक के पहले फलक में नर्तक कलाकारों और ढोलवादकों का प्रजातीय तौर पर भारतीय-आदिवासी प्रतीत होता समूह था, हालाँकि उनके चेहरे विशिष्ट रूप से प्रजातीय नहीं थे, बल्कि अपनी रूपरेखा में व्यापक दायरे को समेटते थे : जापानी-तिब्बती, योरोपीय-भारतीय, और निश्चय ही आदिवासी सन्थाल भी। प्रजातीय पुरातनता

समकालीन ''स्वत्व'' भी थी। निरी अन्यता भ्रम थी। यह चित्रकारोचित अद्वैत औपनिषदिक घटक था, और कृति अपनी समग्रता और विभागों में चाक्षुष स्तर पर ज़बरदस्त और गहन ढंग से आनन्ददायी थी (नीले और सलेटी के सपाट विस्तार, सुयोजित आकाश, शून्यता का असह्य भार, मध्यवर्ती बाँस के दोनों ओर पुतलियों के कट-आऊट, उनकी वध्यता और रहस्यमयता को गहराते उनके '०+१' आयामी चेहरों के न्यूनतम भाव, कत्थई और कँकरीली लाल ज़मीन की सघन, कोणीय, गाढ़ी परतों पर विन्यस्त समूचा कार्यव्यापार)।

लेकिन यह ज़बरदस्त संघटन-सौन्दर्य और रंगयोजना की सम्मोहकता ही ठीक वे चीज़ें हैं जो इस त्रिफलक की प्रभावशाली छवियों की अपारदर्शी किन्तु बेचैन कर देने वाली प्रतीक-व्यवस्था को हमारी दृष्टि से ओझल कर देती हैं (फलक-१ की पट्टियों से बेतरह लिपटी हुई, उड़ती, गिरती, नाभि-नाल-बद्ध आकृतियाँ; फलक-३ की स्तम्भ पर फहराती, दोहरी, हरी आकृतियाँ, और झूलती हुई रस्सी को थामे कार्मिक समूह; ध्वज-स्तम्भ के आधार को बलि-स्थल जैसी शक्ल देती, गँडासे जैसी दीखती वस्तु के तले उल्टी आकृति का यातनामय चेहरा और उठा हुआ बाँया हाथ; फलक-२ और फलक-३ में बैठी हुई स्त्रियों, आदिवासी चिन्तनशील साक्षियों के समूह, जो हमें, यानी त्रिफलक के कार्यव्यापार के दर्शकों को, उनके साथ बातचीत के लिये आमन्त्रित करते हैं, आदि ऐसी ही प्रभावशाली छवियाँ हैं)।

इन छवियों का क्या अर्थ है? किस तरह ये अद्वैत की पुष्टि करने वाले, लिंग और प्रजाति के भेदों को मिटाते रूपों, और फलक-१ के आदिवासी अनुष्ठानकर्ताओं की बहुविध समकालीनता से सम्बन्ध बनाती हैं? इस कृति का कार्यव्यापार, इसका खेल क्या है?

लेकिन क्या अद्वैत में कोई खेल होता है? क्या एक ऐसी चेतना में जिसमें यह विश्वास बद्धमूल है कि केवल आत्मा है, अनात्मा हो ही नहीं सकती, क्या ऐसी चेतना में कोई आन्तरिक द्वन्द्व, शक्तियों की कोई असमाधेय टकराहट, अन्तर्विरोधों का किसी तरह का नाटकीय, अनपेक्षित विलयन सम्भव है? अगर यह त्रिफलक अद्वैत का साक्ष्य है, जैसाकि इसका मध्यवर्ती फलक ज़बरदस्त ढंग से संकेत करता है, तो ऊपर पूछे गये सवाल का जवाब ''हाँ'' होना चाहिए, क्योंकि मध्यवर्ती फलक सत्य का ज़बरदस्त रूपक, ज़बरदस्त नाटक है और उसके साथ एक प्रयोग है।

इस तरह यह त्रिफलक मुझे एक नयी किन्तु बेचैन जिज्ञासा के साथ आत्मबोध और स्वत्व पर ध्यान केन्द्रित करने की ओर ले गया, क्योंकि इनके सन्दर्भ में स्वीकृत प्रज्ञा निश्चेष्टा पर बल देती है, न कि कर्म पर, फिर नाटकीय कर्म तो दूर की बात है। सद्‌गुरु रमण महर्षि की कृपा पर भरोसा करते हुए, मैंने अपनी जिज्ञासा में कतरब्यौंत नहीं की है और वापस इस चित्र और इसकी उस प्रतीक-व्यवस्था तथा कार्यव्यापार के अद्वैतवादी पठन की ओर गया हूँ जो, मेरा ख़याल है, तैयब मेहता की उन अनेक अन्य कृतियों पर भी रोशनी डालते हैं जो त्रिफलक के पहले और बाद में रची गयी हैं : 'ट्रॅस्ड बुल' (१९५६), 'फ़ालिंग फ़िगॅर' (१९६७), 'फ़ालिंग फ़िगॅर' (१९९४), 'डांसिंग फ़िगॅर' (१९९४), 'रिक्शा पुलर' (१९८२), 'काली' (१९८६), 'सेलिब्रेशन' (१९९५), और 'महिषासुर' (१९९८) आदि।

और कृतियों के इस विस्तार ने, जिनको यह त्रिफलक पुनरावलोकी और भावी क्रम में आलोकित करता है, मुझे आत्मबोध को, जागृति, स्वप्न, और निद्रा के रोज़मर्रा क्रम के नाटक से स्पन्दित रूप में, समझने में मदद की : इन दो विचारों के बीच के तनाव का स्पन्दन कि ''मैं महज़ यह दैहिक रूप हूँ'' (जिसको जागृति पुष्ट करती है), और ''मैं दैहिक रूप बिल्कुल भी नहीं हूँ (जिसको निद्रा पुष्ट करती है), और तनाव का इस विचार में समाधान कि ''मैं न तो महज़ एक दैहिक सत्ता हूँ, न ही मैं पूरी तरह से दैहिक सत्ता नहीं हूँ : मैं (प्रांजल या धुँधले ढंग से) दैहिक रूपों समेत तमाम रूपों में आत्म-कल्पित आत्मा हूँ, और आत्मा की उस वस्तुत्व-हीनता रूपी रूपहीन शून्यता में भी, जो किसी अन्य वस्तु के विरुद्ध कोई वस्तु नहीं है।'' (इस समाधानपरक विचार की पुष्टि स्वप्न से होती है)।

यह त्रिफलक मेरे लिये आत्मबोध के इस बुनियादी नाटक को उजागर करता प्रतीत होता है—उन छवियों में जो संकेत करती हैं विश्व पर हावी धर्मनिरपेक्ष मानवतावाद (फलक-१) और पृथ्वी-द्रोही धर्मोन्माद (फलक-३) के बीच के प्रचण्ड युद्ध की ओर; और चेतना के एक मूलगामी, अद्वैतवादी पुनर्संघटन में इस सम्भावित रूप से सर्वनाशी विचारधारात्मक विरोध से उबरने की उस सम्भावना (फलक-१) की ओर, जो आत्मा को अन्य वस्तुओं से पृथक वस्तु के रूप में नहीं देखेगी, बल्कि जो उसको व्यापक आत्मबोध के ढाँचे के भीतर तमाम वस्तुओं में और शून्यता में भी आत्मकल्पित हमारी अपनी अत्यन्त अन्तरंग वास्तविकता के रूप में देखेगी।

अपने शीर्षक के अनुरूप तैयब मेहता का 'शान्तिनिकेतन त्रिफलक' शान्ति को एक त्रिआयामी लीला में स्थित करता है—प्रतीयमान आत्मा और आत्मा की आत्मछवियों के रूप में प्रतीयमान अनात्मा की पुनर्कल्पना में प्रतीयमान, विध्वंसकारी विरोध का समाधान, समावेशी आत्मसिद्धि की स्वतन्त्रता में आत्मविनाशी, ऐकान्तिक आत्मपहचान के बन्धन से चेतना की मुक्ति।

II

लेकिन, आत्मपहचान की अद्वैतवादी दृष्टि आत्मबोध को मात्र नाटक या लीला से व्याप्त रूप में, जोकि कर्म हैं, नहीं देख सकती, बल्कि वह उसको मननशीलता के प्रति द्रष्टाभाव रखने वाली स्थिरता के साथ, संवादपरक अन्तरालों से गहरायी स्थिरता के साथ, भी देखती है। असाधारण रूप से, यह त्रिफलक इस अपेक्षा से वंचित नहीं करता। फलक-१ और फलक-२ में बैठी हुई स्त्रियाँ हैं जो कर्म से विलग किन्तु उससे निस्संग नहीं हैं, जो चित्र में चल रहे नाटक के दर्शक के प्रतिबिम्बों जैसी लगती हैं : विस्मयाकुल, ख़ामोश बुदबुदातीं, बातचीत करतीं, बातचीत को आमन्त्रित करतीं, वैसे ही जैसे किसी कला-प्रदर्शनी के उद्घाटन के दौरान गम्भीर दर्शक करते हैं। पारस्परिक विनाश के बूचड़खाने में जाने के लिये अभिशप्त प्रगाढ़ आत्मपहचानों के ''पाशबद्ध वृषभ'' चरित्र का इस त्रिफलक का अनावरण इतना निर्मम रूप से ईमानदार है कि और मंच पर दर्शकों के इस समावेश के बग़ैर इस ख़ास नाटक का अवलोकन, आत्मबोध की अन्तर्ष्ठिता में जीवन और आस्था की सम्भावनाओं की उम्मीद के 'हृदयाघात' के बिना असम्भव होता।

तीन साल पहले तक, जब मैंने इस पुस्तक के लिये नोट्स लेना शुरू किये थे, इस त्रिफलक की

कई छवियाँ मेरे लिये अपारदर्शी बनी हुई थीं, और उनको सुलझाने के उद्यम के लिये अद्वैत की मेरी समझ अपर्याप्त थी। मैंने सहायता के लिये सद्गुरु श्री रमण महर्षि से प्रार्थना की, और इसने इस हद तक मेरी मदद की कि मुझे 'सेल्फ़ एण्ड एम्प्टीनेस' विषय पर एक व्याख्यान देने का अवसर उपलब्ध हो सका, जिसके लिये एनजीएमए की तत्कालीन निदेशक अंजली सेन ने मुझे अपने व्याख्यान की मंच-सज्जा के लिये यह त्रिफलक उपलब्ध कराने की इज़ाज़त दी।

लेकिन, हालाँकि मैं व्याख्यान दे रहा था, मैं इस बात के प्रति सजग था कि इस कलाकृति के अर्थ की मेरी सुस्पष्ट समझ हमारे समय में इसकी क्रान्तिकारी प्रासंगिकता के सन्दर्भ में मेरे स्वत:प्रेरित दृष्टिकोण के पीछे घिसट रही थी। मैं अवसाद में चला गया और एक लेखकीय अवरोध ने इस पुस्तक की योजना के फलीभूत होने के सारे भावी प्रयत्नों को रोक दिया। इस बीच, अंजली, जो इस पुस्तक के विचार को लेकर बहुत ही सहयोगपूर्ण थी, एक नयी ज़िम्मेदारी सँभालने के सिलसिले में दिल्ली से मुम्बई चली गयी। मुझे लगा मैंने अंजली और एनजीएमए की उम्मीदों पर पानी फेर दिया है, और तैयब तथा त्रिफलक की अपेक्षाओं पर भी, और यह बात मैंने अंजली को लिखी और कही भी।

और तब, कुछ-कुछ त्रिफलक के एक मननशील साक्षी की भाँति, अंजली ने त्रिफलक को लेकर मेरे साथ पत्राचार की शुरुआत की (जो जारी है), और मुझे एकबार फिर इस चित्र के बारे में लिखने और सोचने की गतिविधि की दिशा मिली। यह एक धीमी प्रक्रिया थी, लेकिन इसने उस वक़्त गति पकड़ ली जब मैंने त्रिफलक की अनेक स्त्रियों के साथ अंजली के सादृश्य को लक्ष्य किया! उसकी इज़ाज़त से, मैंने उनकी कल्पना अपने मज़मून के भीतर एक ऐसे संवादी के रूप में की, जो अक्सर त्रिफलक के अपने ख़ुद के रूपों के सदृश है। इस तरह मैं इस चित्र के साथ बातचीत करने में समर्थ हुआ, और मुझे आशा है कि यह पुस्तक इसके कुछ पाठकों को भी ऐसा करने में सक्षम बनायेगी।

इस पुस्तक की शुरुआत और इसके संवादपरक रूप में अंजली के विशेष योगदान के प्रति आभार स्वरूप यह पुस्तक उनके लिये समर्पित है।

इस त्रिफलक का अद्वैत अपनी कल्पना के विस्तार में वास्तविक लोगों को समेटने की प्रक्रिया में चित्र की चौहद्दी के परे अपने सौन्दर्य को विकीरित करता है। रहस्य और कृतज्ञता इस संयोग से और प्रगाढ़ हुए कि मेरी बेटी लीला अंजली के साथ एक चौंकाने वाला, मौद्गिल्यानीनुमा, सादृश्य रखती है। शायद, जब किसी कलाकार द्वारा एक अनूठी आकृति रची जाती है (मौद्गिल्यानी द्वारा रचे गये लम्बोतरे, अण्डाकार स्त्री सिरों की भाँति), तो वह आकृति किसी उद्विकासीय और क्रान्तिकारी अनिवार्यता की वजह से प्रकृति की कृतियों और कला में प्रतिबिम्बित होने लगती है।

'मुझे आश्चर्य है'', अंजली कहती है, फलक-३ की तीन मननशील स्त्रियों में से पहली की भाँति; प्रश्नाकुलता की उस कलात्मक, अरस्तूनुमा मुद्रा में ठुड्डी की ओर उठा हुआ हाथ, जिसको रोदाँ के मूतिशिल्प 'द थिंकर' ने प्रसिद्धि प्रदान की है, जिसमें उसने इस ग्रीक दार्शनिक को उकेरा है।

III

महात्मा गाँधी की विशेष समृति के अवसर पर दिल्ली में १९९१/९२ में उनकी शहादत के स्थल पर स्थापित गाँधी स्मृति संग्रहालय के परिसर में मुझे समकालीन भारतीय चित्रकला की एक छोटी-सी प्रदर्शनी आयोजित करने का सौभाग्य प्राप्त हुआ था। इस प्रदर्शनी में प्रस्तुत की गयी कृतियों में राम कुमार का लैण्डस्कैप (१९७७), तैयब मेहता की 'काली' (१९८६), विवान सुन्दरम की 'बिग शान्ति' (१९८२/८५), और दिवंगत नसरीन मोहमदी के कुछ रेखांकन (१९८० के दशक के मध्य और १९७० के दशक के मध्य के) शामिल थे। प्रदर्शनी के लिये इन कलाकृतियों का चुनाव इसलिये किया गया था कि ये अलग-अलग तरह से उस ''अँधेरे के बीच प्रकाश की हठ'' का आह्वान करती थीं, जिसकी बात गाँधी ने की थी, और जिसका उदाहरण उन्होंने १९४७ के भारत के विभाजन के नरसंहार के दौरान साम्प्रदायिक शत्रुता को मान्यता देने से इन्कार करते हुए किया था, जिसका नतीजा उनके वध में हुआ था।

महाविनाशकारी अवसाद के बीच उम्मीद की सम्भावना के इस त्रिफलक के चित्रण के बारे में लिखते हुए इस प्रदर्शनी और इसमें प्रदर्शित कृतियों को याद करना मेरे लिये अपरिहार्य था।

मैं राम कुमार और विवान सुन्दरम का आभारी हूँ कि उन्होंने मुझे उस प्रदर्शनी में दिखायी गयी अपनी कलाकृतियों को इस पुस्तक में प्रकाशित करने की अनुमति दी, और विवान सुन्दरम तथा गीता कपूर का आभारी हूँ कि उन्होंने मुझे नसरीन के रेखांकनों का पता लगाने में मेरी मदद की।

चेतना के आत्म-विकृतिकरण के रूप में विभाजन की विषय-वस्तु के साथ इस त्रिफलक की मुठभेड़, और आत्मबोध की अन्तर्निष्ठता के रूप में स्वतन्त्रता की इसकी दृष्टि की अपनी बढ़ती हुई समझ की रोशनी में मैंने अपने आपको अपर्णा कौर के चित्रों '१९४७' (१९९९), और 'वॉटर वीवर' (२००१) के बारे में भी सोचते हुए पाया। इस पुस्तक में अपने चित्रों को प्रकाशित करने की अनुमति देने के लिये मैं अपर्णा कौर का आभारी हूँ।

तैयब मेहता के 'शान्तिनिकेतन त्रिफलक' की मेरी यात्रा ने मुझे कई विषयान्तरों की इज़ाज़त दी, जिनसे मैं इस चित्र के अर्थों की उत्प्रेक्षा के उद्यम के लिये हमेशा तरोताज़ा होकर लौटता रहा।

IV

इस पुस्तक की अन्वीक्षा में मुब्तिला होने को प्रोत्साहित करने के लिये तैयब मेहता के प्रति, और पुस्तक को प्रकाशित करने के आग्रह के लिये वडेरा आर्ट गैलरी के अरुण वडेरा के प्रति गहरी कृतज्ञता के साथ, अब मैं इस भूमिका का समापन उन व्यक्तियों के प्रति विशेष आभार के साथ करूँगा जिनसे इस प्रकाशन का मज़मून तैयार करने में, और इसकी अवधारणा तथा विकास में अपने अपने आपको थामें रखने में मुझे बहुविध सहायता मिली।

इस पुस्तक के लिये प्रार्थनायें और शुभकामनायें व्यक्त करने के लिये परिवार और उन दोस्तों के प्रति धन्यवाद जो अपने नामोल्लेख की इच्छा नहीं रखते।

त्रिफलक के छायाचित्रों की इज़ाज़त के लिये मैं एनजीएमए के निदेशक राजीव लोचन का आभारी हूँ। इस पुस्तक में प्रकाशित की गयी कुछ चित्रात्मक सामग्री उपलब्ध कराने के लिये मैं सकीना मेहता, गीता कपूर, विवान सुन्दरम और अपर्णा कौर का आभारी हूँ।

कम्प्यूटर पर चित्रपरक सामग्री की स्कैनिंग और आकल्पन में मदद के लिये मैं रमेश भारती का आभारी हूँ। पूरे धीरज और उत्साह और सम्पादकीय चौकन्नेपन के साथ पाण्डुलिपि की टाइपिंग और रिटाइपिंग के लिये मैं जेहानारा वासी का शुक्रगुज़ार हूँ। अपर्णा कौर और रख्शान्दा जलील ने कुछ ऐसी कलाकृतियों से सम्बन्धित जानकारी को ढूँढ़ निकाला जिसको हासिल करना असम्भव प्रतीत होता था; इस मदद के लिये उनके प्रति मेरा आभार।

दिल्ली की आर्ट हैरिटेज़ गैलरी में मुझसे इस त्रिफलक के बारे में बोलने का आग्रह करने के लिये, जोकि इस कृति के बारे में मेरे विचारों की अभिव्यक्ति का पहला गम्भीर उद्यम था, मैं रोशन अल्काज़ी का आभारी हूँ। मैं तिब्बत हाऊस और उसके निदेशक श्रद्धेय दाबूम तुल्कू का कृतज्ञ हूँ जिन्होंने मुझे १९९९ के पद्मपाणी व्याख्यान के अन्तर्गत 'सेल्फ़ एण्ड एम्प्टीनेस' विषय पर बोलने को निमन्त्रित किया, जोकि, जैसाकि मैं पहले उल्लेख कर चुका हूँ, इस त्रिफलक के साथ की मेरी यात्रा का निर्णायक अनुभव साबित हुआ। स्वराज का पहला पाठक होने के लिये, और उनकी प्रतिक्रिया में निहित प्रोत्साहन के लिये मैं यू.आर. अनन्तमूर्ति को धन्यवाद देता हूँ।

यह पुस्तक एक असाधारण, बहुस्तरीय कलाकृति को समझने का महज़ एक सम्भावित ढंग है, और मेरे द्वारा किये गये इसके पाठ के निर्णायक या अन्तिम होने का मेरा कोई दावा नहीं है। लेकिन, अंजलि, मुझे बहुत गहरे ऐसा महसूस होता है कि इस चित्र ने कभी-कभी मुझसे बात की है।

रामचन्द्र गाँधी
९ जून, २००२

स्वराज

घूरो मत, पलकें झपकाओ !

अब मुझे याद नहीं कि वह किसकी कृति थी, हेनरी मूर की या बारबरा हैपवर्थ की, न ही उसकी 8नुमा आकृति और पारदर्शी मुखाकृति से आगे के किन्हीं विवरणों का स्मरण है; लेकिन एडिनबरा म्यूज़ियम ऑफ़ मार्डन आर्ट के गार्डन-रेस्तराँ में जिस जगह पर मैं बैठा हुआ था वहाँ से मैं बग़ीचे में स्थापित उस मूर्तिशिल्प पर से अपनी नज़रें नहीं हटा पा रहा था। एडिनबरा मैं ऑक्सफ़ोर्ड से आया हुआ था जहाँ मैं कॅण्टेम्पोरेरी एनालिटिकल फ़िलॉसॅफ़ी का अध्ययन करने हिन्दुस्तान से हाल ही में, जब हिन्दुस्तान में ब्रिटिश साम्राज्य को समाप्त हुए बहुत समय नहीं हुआ था, आया था।

वह गर्मियों का एक चमकीला अपराह्न था, और जब मैं कला की स्वतन्त्रता और हिन्दुस्तान के स्वराज के बारे में सोच रहा था, तो मैं इस बात का अनुमान नहीं कर सका था कि कुछ ऐसा घटित होने वाला था जिसको, दशकों बाद, मैं स्वराज के अर्थ की शिक्षा के रूप में याद करूँगा : स्व-राज और आत्मबोध, स्वतन्त्रता और ज्ञानोदय।

मैंने लक्ष्य किया कि मेरी मेज़ के क़रीब की एक दूसरी मेज़ पर एक श्वेत महिला बैठी हुई थी, हालाँकि मेरे मन्त्रमुग्ध ध्यान के केन्द्र में वह नहीं बल्कि बग़ीचे का वह मूर्तिशिल्प था। इसलिये उस वक़्त मैं भौंचक रह गया जब मैंने ये शब्द सुने कि "आप ख़ासे घूरने वाले हैं!", जोकि उस स्त्री के मूँ से निकले थे और स्पष्ट तौर पर मेरे लिये सम्बोधित थे, क्योंकि आसपास और कोई नहीं था।

मैं इस व्यापक विश्वास से परिचित था कि हिन्दुस्तानियों और पाकिस्तानियों समेत तमाम अश्वेत मर्द अक्सर श्वेत स्त्रियों की तरफ़ वासनाभरी नज़रों से देखते हैं, और इस विश्वास में निहित सामान्यीकरण तथा चयनधर्मिता को लेकर बहुत असन्तुष्ट हुआ करता था। इस तरह उकसाये जाने पर मैं यह सन्देहास्पद टिप्पणी करने वाले की ओर मुड़ा, और मैं कुछ इस तरह के तिरस्कारपूर्ण शब्द बोलने की तैयारी कर रहा था कि "आप अपने को बहुत आकर्षक समझती हैं, है न?" लेकिन मेरी शान्ति भंग करने वाली उस महिला ने मेरे भावों को पढ़ लिया और इन्कार में ज़ोर से अपना सिर हिलाने लगी।

"नहीं, नहीं, नहीं," उसने सफ़ाई देते हुए कहा, "मैं आँखों की डॉक्टर हूँ, मैंने ध्यान दिया कि

आप ज़रा भी पलकें नहीं झपकाते। पलकें झपकाना आँखों के लिये अच्छा होता है, एकटक घूरना नहीं।'' और इसके पहले कि मैं इस तरह के कोई शब्द बोल पाता कि ''शुक्रिया डॉक्टर, लेकिन क्या आपको आँखों की स्वास्थ्यवर्धक आदत के लिये इस तरह भड़काऊ ढंग से नुस्खा बताना चाहिए?'', वह भली महिला उठकर चली गयी। मैं ठगा-सा रह गया, हालाँकि मुझे ख़ुशी हुई कि किसी तरह की बहसबाज़ी नहीं हुई और शिष्टाचार बरकरार रहा।

अब जबकि मैं अपेक्षाकृत उम्रदराज़ और, उम्मीद है, अधिक अक़्लमन्द हूँ, मैं कामना करता हूँ उस एडिनबरा देववाणी की और इसकी कि काश मैं अपनी तीसरी दुनिया वाली तुनकमिज़ाजी पर और उत्केन्द्रियता की निर्दोषिता, अहिंसा, में उसके ऐकान्तिक विश्वास पर हँस सका होता और इस सूक्ति कि ''घूरो मत, पलक झपकाओ!'' का अद्वैत के सूत्रवाक्य की तरह, स्वराज के सिंहनाद की तरह, जश्न मना सका होता।

तैयब मेहता के 'शान्तिनिकेतन त्रिफलक' की आकृतियाँ (ख़ासतौर से अपनी झुकी हुई मननशील आँखों वाली स्त्रियाँ) हमसे नज़रें मिलाती हैं, मानो यह कहने के लिये कि ''हम तुम हैं, आत्मा, और उसकी आत्म-कल्पना। आत्मबोध की यात्रा, स्वराज की झलकियाँ : हमारे साथ ठहरो।''

१९८५ में पूरा हुआ यह त्रिफलक, एनजीएमए, नयी दिल्ली के स्थायी संग्रह का हिस्सा है। कैनवस पर तैलरंग से निर्मित तीन फलकों वाला यह चित्र ऊँचाई में २०९ सेण्टीमीटर और चौड़ाई में ४४४ सेण्टीमीटर के क़रीब है, और बीच वाला फलक अन्य दो समान आकार के फलकों के मुक़ाबले अधिक चौड़ा है।

कच्छप-योगी

ईंट की तरह लाल (शान्तिनिकेतन की धरती) की तीक्ष्ण धार-युक्त लम्बाइयाँ और गारे की तरह भूरे और काले का डरावना पच्चर (जो किसी मिसाइल की तरह, कुल्हाड़ी के फलक की तरह, या गिलोटिन की धार की तरह दीखता है)—इनसे निर्मित है वह उच्च भूमि (सिद्धि और वध्यता का पठार) जिस पर, और एक स्वच्छ किन्तु सख़्ती के साथ संक्षिप्तीकृत आकाश की पृष्ठभूमि में, यह त्रिफलक उस चीज़ को विन्यस्त करता है जिसको मैं बन्धन और आत्म-विकृतीकरण की शबीहों की (फलक-१ और ३); और स्वतन्त्रता, तथा आत्मबोध, आत्मा की सम्प्रभुता के रूप में स्वराज (फलक-१) की संज्ञा देना चाहूँगा।

एक बाँस का खम्भा (जो हल्का-सा तिरछा है) कुल्हाड़ी के फलक या गिलोटिन की धार से मध्यवर्ती फलक के शीर्ष तक ऊपर उठता है, जहाँ पहुँचकर वह सहसा समाप्त हो जाता है।

अगर यह बाँस किसी झण्डे का स्तम्भ है, तो इसकी कोई सम्भावना नहीं है कि वह अपने झण्डे के रूप में शून्यता या ख़ालीपन के अन्तहीन आकाश में उड़ रहा हो, उस व्योम की सर्वसमंजनकारिता में, जो अन्य वस्तुओं के विरुद्ध कोई वस्तु नहीं है (आत्मा की विराट आत्म-छवि, उसकी सम्प्रभुता का परिवेश, यानी स्वराज)। स्तम्भ के आसपास का अँधेरा संकेत करता है एक संकुल आत्म-पहचान के खुलने का : वैयक्तिकता या सामूहिकता के प्रदत्त रूप के तद्रूप एक "मैं" या एक "हम", जो वैयक्तिकता या सामूहिकता के अन्य रूपों, अन्य "मैं" या अन्य "हम", के विरुद्ध है, इन रूपों को धमकाता हुआ या इनसे धमकाया जाता हुआ। और इस ध्वजस्तम्भ के पैताने, जैसेकि किसी बलि-स्थल पर, यह त्रिफलक उस चीज़ को रखता है जो किसी कटे हुए हाथ और सिर जैसा प्रतीत होता है, "आत्मा" के हाथों "अनात्मा" की बलि के अवशेष : एक चिरपरिचित, आवर्ती कहानी?

इस बिन्दु पर, ज़बरदस्त ढंग से हस्तक्षेप करती हुई एडिनबरा की आँखों की डॉक्टर हमसे, दृश्य को अधिक अन्वेषणात्मक तरीक़े से जाँचने की बजाय महज़ बाँस के नीचे के भयावह प्रतीत होते विवरणों को घूरने को लेकर सावधान रहने को कहेगी। हम उसकी चेतावनी पर ध्यान दें, लेकिन आत्मछलपूर्ण ढंग से नहीं।

शान्तिनिकेतन त्रिफलक, १९८५ | १७०×४४५ सें.मी. ऑयल ऑन कैन्वस | तैयब मेहता

नीचे से बाँस को, और लम्बे हाथ को कलाई के क़रीब से काटता हुआ, नुकीला गिलोटिन-फलक उस बिन्दु पर समाप्त हो जाता है जहाँ धड़हीन सिर की गर्दन अपनी कच्छप-हँसुली से निरापद बाहर आती है : शेष काया आकाश के परदे से ढँकी हुई है। तब, आरम्भिक और डरावने प्रभावों के विपरीत, त्रिफलक का मध्यवर्ती फलक हमारा सामना कटे हुए सिर के साथ नहीं कराता। लेकिन फिर क्यों उसका चेहरा पीड़ा से विकृत है, मुँह हवा के लिये हाँफता हुआ, बमुश्किल खुली हुई बायीं आँख संसार से और हम असावधान दर्शकों से विदा लेती हुई है? और अलगाया हुआ हाथ?

फलक पर एक बकरी अपने तीन पैर जमाये हुए है, उसका चौथा पैर एक लम्बे इन्सानी हाथ में रूपान्तरित होकर उसके क़रीब ज़मीन पर बैठी स्त्री की कमर में लिपटा हुआ है। स्त्री का एक हाथ, जो बकरी की तरह सफ़ेद हो गया है, पारस्परिक लगाव के साथ उस जानवर की गर्दन के गिर्द पड़ा हुआ है। स्त्री, जिसके पूर्ण स्तन बकरी-मैडोना के स्तनाग्रों का काउण्टरप्वाइण्ट हैं, ने एक तीसरा पैर हासिल कर लिया है और वह उसको द्विपादीयता तथा मनुष्यता के अहंकार के परे उल्लसित, निर्द्वन्द्व, सहानुभूति के साथ फैलाये हुए है।

तीन ध्यानमग्न स्त्रियाँ आत्मबोध के इस चमत्कार की, स्वराज की इस अन्तरआंगिक देहरचना की, साक्षी हैं, लेकिन वे महज़ उसकी ओर विस्मय से नहीं घूरना चाहतीं। पलकें झपकातीं वे हमारा ध्यान खींचती हुई हमसे आग्रह करती हैं कि हम फलक पर बाँस के दूसरी ओर की रहस्यमय, लिंगभेद के परे, दोहरे सिर वाली आकृति को देखने के पहले कटे हुए प्रतीत होते हाथ और निश्चय ही सन्तप्त सिर के तकलीफ़देह सवाल की ओर मुड़ें।

अगर धारनुमा सतह, जिसपर त्रिफलक बकरी को खड़ा करती है, का उद्देश्य निरी प्रतीयमान नहीं बल्कि किसी वास्तविक गिलोटिन फलक या कुल्हाड़ी के फलक को प्रस्तुत करना होता, तो अपनी स्त्री साथी के साथ उस प्राणी की करुणा का उत्सवी वाल्ट्ज़ इस चित्र के मर्म में एक अवधारणात्मक बेहूदगी होती। यह कृति ऐसी किसी समस्या का सामना नहीं करती क्योंकि जिस सतह पर बकरी खड़ी हुई है वह कोई वास्तविक चीज़ न होकर वध के उपकरण का एक छाया-चित्र मात्र है। कलाई के ऊपर के हाथ के ग़ायब हिस्से को बिना किसी आशंका के छाया में छिपा हुआ और शरीर के बाक़ी हिस्से से जुड़ा हुआ माना जा सकता है, जो आकाश के परदे में छिपा हुआ है, जहाँ सिर भी है। लेकिन यह सौभाग्य से अंगभंग से बची रही गयी, किन्तु सन्तप्त सत्ता कौन है? और जहाँ वह है वहाँ क्यों है?

क्या वह महज़ एक उपकृत, भावी, स्थानापन्न बलि है, जिसको विनाशकारी वधिक ने तिरस्कारपूर्वक बख़्श दिया है? अपमानजनक असहायता के साथ मातृत्व के वध का साक्षी होने के लिये?

नैराश्य का हस्ताक्षर, तैयब की गिरती हुई आकृति की मौत की हाँफी?

विनाश की भविष्यवाणी?

मैं ऐसा क़तई नहीं सोचता।

जागते रहो, जागते रहो, कलाकार...तुम
चिरन्तनता के बन्धक और काल के क़ैदी हो।

—आन्द्रेइ तारकोव्स्की

यह अधोगामी जीव चित्र के अन्धकार में उम्मीद की एक किरण है जो इस त्रिफलक को हमारे अन्धकारमय युग में प्रकाश के एक सशक्त हस्तक्षेप की शक्ल प्रदान करती है।

हम इस जीव को एक नाम देते हैं, उसको "कूर्म-योगी" (Kurma-Yogi) ("कच्छप-योगी" = कयो) कहकर पुकारते हैं, के वाइ, उसकी उस कच्छप-गर्दन की वजह से जोकि, एक कच्छप की भाँति, अपनी इन्द्रियों और मस्तिष्क को अपनी अस्ति के, अपनी आत्मा के, सुरक्षित केन्द्र में वापस खींच लेने की एक योगी की सामर्थ्य की ओर संकेत करती है (यह पलायन नहीं है, यह आहरण प्रतीयमान "अन्यता" को वास्तविक अन्यता के रूप में देखने से योगी के इन्कार की ओर संकेत करती है; और अपनी अस्ति की गहराइयों से, आत्मा की आत्म-छवि से, प्रतीति के माध्यम से अस्पष्ट और हास्यास्पद बना दिये गये यथार्थ से, उबर आने के उसके संकल्प को भी)।

कयो अपने अधोमुखी रूप की वजह से भी यौगिक हैसियत का हक़दार है, जड़ें ऊपर की ओर और शाखायें नीचे की ओर, अश्वत्थ वृक्ष की भाँति, जो अपना पोषण ऊपर आकाश से प्राप्त करता है और अपनी तपस्या के सारे फल यहाँ, नीचे, इस ज़मीन पर बिखराता है : अपने बाँयें हाथ को आशीर्वाद-स्वरूप साहसिक उदारमनस्कता की मयूर मुद्रा में उठाये हुए, जहाँ अँगूठा और अनामिका सब कुछ को अभिषिक्त करने के लिये जुड़े हुए हैं (आत्मा की बहु-केन्द्रिकता को, आत्म-ज्ञान की जागृति को स्वीकार करो)। बाँयें हाथ का उपयोग और अधोमुखता योग (आत्मा और

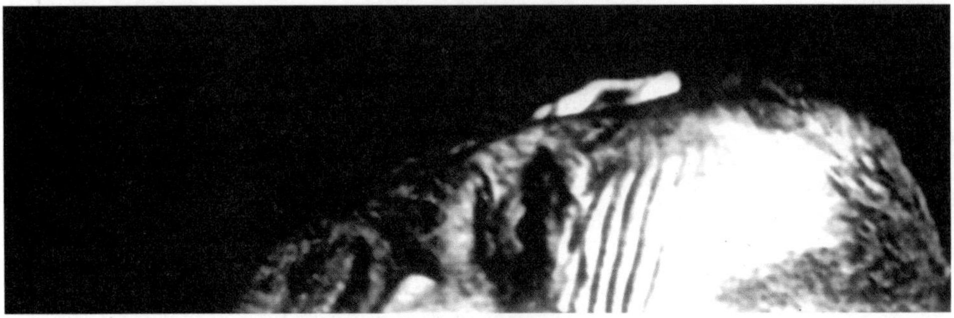

अन्त में सब कुछ उस सामान्य तत्व में सिकुड़कर रह जाता है जिसको व्यक्ति अपने अस्तित्व के लिये सारभूत मान सकता है : प्रेम करने की क्षमता।

—आन्द्रेइ तारकोव्स्की

तारकोव्स्की की फ़िल्म स्टॉकर का एक दृश्य

प्रतीयमान अनात्मा के संयोग) के कर्म के सन्दर्भ में कोई अपात्रता नहीं है, वे दाँयें हाथ के उपयोग में निहित प्रतिष्ठापरक, सर्वस्वीकृत अहंकार का उपचार हैं।

कयो हालाँकि ख़ास है। ज़रा उस लम्बे चिम्पांजी हाथ की ओर ध्यान से देखो, और तुम पाओगी कि उसकी छोटी अँगुली महज़ एक ठूँठ है। यहाँ एक विडम्बना है (गिलोटिन की तलवार का फलक एक अशक्त छाया-मात्र हो सकती है, लेकिन, चित्र मज़ाकिया लहज़े में कहता है, वहाँ एक अंग की क्षति है)। और कयो का सिर भी बालों के एक दो रेशों को छोड़कर लगभग गंजा है। हम छाया को पढ़ते हुए, इन विकलांगताओं के प्रतीकों को रेडियोएक्टिविटी के प्रभाव के रूप में पढ़ सकते हैं।

यह मुमकिन नहीं है कि वह आभासी तलवार इस त्रिफलक की एक डरावनी-युक्ति भर हो, जैसाकि जादू के तमाशों में होता है : पहले हमें इस ख़याल से डराते हुए कि बाँस के पैताने सिर और हाथ हत्यारी तलवार से काट दिये गये हैं, और फिर (वध्य किन्तु अक्षत बकरी की आकृति की मदद से) अचानक यह तथ्य उजागर करते हुए कि तलवार महज़ एक छाया है, और किसी को कोई क्षति नहीं पहुँची है! इसमें कोई सन्देह नहीं कि यह एक आभासी आतंक का अनुभव है जो यह चित्र हमारे ऊपर आरोपित करता है, लेकिन बाँस के खम्भे के पैताने एक छायाभासी गिलोटिन तलवार की एक गहरी अर्थवत्ता है, अगर और नहीं तो सिर्फ़ इसलिये कि यह छाया एक काटे जाने वाले उपकरण के रूप में अपनी अवास्तविकता के तथ्य के सामने आने के बावजूद बनी हुई है। उसके ख़तरे की वास्तविकता कयो के पीड़ा से विकृत चेहरे और खण्डित हाथ से, और उस हाथ द्वारा दिये जा रहे आशीर्वाद के अडिग उपहार में दृढ़ उम्मीद से प्रतिबिम्बित है।

कयो ने अपने आपको आकाश के किसी परनाले से उँडेला है, और अपने अंगों को बाँस के पैताने के आक्रान्त धरातल पर प्रदर्शित किया है जहाँ परस्पर अपवर्जक आत्म-पहचानें एक दूसरे के विरुद्ध और धरती तथा आकाश के विरुद्ध युद्ध छेड़े हुए हैं। पृथ्वी पर भरोसा करते हुए और उसके घावों को धारण करते हुए कयो हमें तारकोव्स्की की फ़िल्म *स्टॉकर* के नायक की याद दिलाता है।

एक पुरोहितनुमा व्यक्ति, जिसको फ़िल्म "स्टॉकर" ("आखेट खोजी", जो शिकारियों को उनके शिकार की ओर ले जाता है) की संज्ञा देती है, एक लेखक और एक वैज्ञानिक को भूतपूर्व सोवियत संघ के एक वर्जित इलाक़े में ले जाता है, जिसको फुसफुसाहटों में "द ज़ोन" कहा गया है, एक पवित्र स्थल जिसको सत्ता द्वारा बम से उड़ा देना चाहा गया है, लेकिन जो बचा रह जाता है और जहाँ आस्थावान व्यक्ति देश और काल और कारण-कार्य के बन्धनों से (और सम्भवत: लालच और भय और घृणा से भी) मुक्ति का अनुभव कर सकते हैं। उजाड़ भूमि पर हरियाली के थोड़े से अवशेष (जैसे कयो के सिर पर बालों के कुछ रेशे हैं) ही द ज़ोन में जीवन के दृश्यमान चिह्न हैं।

स्टॉकर इस उजाड़ भूमि की उत्तरजीविता और पुनर्नवीकरण की पवित्र शक्ति का जश्न मनाता हुआ उसपर लोटता है। दूसरी ओर, वैज्ञानिक और लेखक हैं जो अपनी विश्वदृष्टि के भौतिकतावाद और निराशावाद के विरुद्ध इस स्थल के धर्मद्रोही साक्ष्य से विचलित हैं, और वे अपने साथ एक पोर्टेबल परमाणु बम लेकर आये हैं जिसके सहारे वे इस ज़ोन को और उनकी सत्ता के लिये उसकी

चुनौती को, नष्ट कर देने की योजना बनाये हुए हैं; और वे मर जाने की इच्छा रखते हैं और इस प्रक्रिया में स्टॉकर को मौत के घाट उतार देने को उतावले हैं।

''हम तुम्हारे जीवन और प्रजनन-सामर्थ्य को ख़त्म कर देना चाहते हैं और इसके लिये तैयार हैं, भले इसमें धरती के सारे जीवन का उत्सर्ग ही क्यों न शामिल हो, भले ही उस चिता से राख का एक गुबार उठकर आकाश को ही क्यों न चीर दे।'' परस्पर अपवर्जक आत्मपहचानों को धारण करने वाले लोग एक दूसरे से इस तरह की बात आज कह सकते हैं तो महज़ इसलिये नहीं कि आज जनसंहारकारी और जैनेटिक विकलांगता को सम्भव बनाने वाले शस्त्र मौजूद हैं। विनाशकारी आकांक्षा और इरादे को कहीं ज़्यादा बुनियादी तौर पर आसान बना देने वाली चीज़ शत्रुओं और ग़ैरमानवीय जीवन की वह ''अन्यता'' है जो अपवर्जक आत्मपहचानों द्वारा परिकल्पित है। प्रलय-दिवस का टाइम-बम अहंकार है।

नरसंहार का आश्वासन देने वाली अशुभकामना इस कामना की पूर्ति से वस्तुतः कम पापपूर्ण नहीं हो सकती। कयो की भाँति हम सब जीवन के संकटापन्न सलीबीकरण के घाव का निशान धारण किये हुए हैं (इस त्रिफलक के कई हाथ ऐसे हैं जिनकी सारी की सारी पाँचों अँगुलियाँ अपनी जगह पर नहीं हैं)।

स्टॉकर में वैज्ञानिक, जिसका हृदय पृथ्वी के प्रति आखेट खोजी के निःस्वार्थ, उत्कट प्रेम से परिवर्तित हो जाता है (वैज्ञानिक और लेखक ने ईर्ष्या और झूठ से भरी अपनी दुनिया में सिर्फ़ स्वार्थपूर्ण और चालाक लगावों को ही जाना है), उस पोर्टेबल परमाणु बम का बटन बन्द कर एक जलाशय में फेंक देता है जो औद्योगिक कबाड़ से अँटा हुआ है (और जीवन ऐसे पानी में भी जारी है, अचानक कहीं से मछली प्रगट हो जाती है)।

इस आखेट खोजी की ही भाँति कयो भी हमें द ज़ोन पर ले जाता है, पृथ्वी पर, त्रिफलक के बलि-स्थल ध्वज-स्तम्भ पर, जहाँ एक क्रीड़ामय, पुनरुत्पादक जीवन (जिसका प्रतीक बकरी है) इस ध्वज-स्तम्भ के ठीक नीचे मौजूद है : काली, वधिक आकृति के गला घोंटने को तैयार हाथों और कुचलने को तत्पर पैरों से मारे जाने को प्रस्तुत (मैं यहाँ अन्वेषणात्मक ढंग से उस स्त्री को, जो बकरी और उसके रूपान्तरित होते अंगों के क़रीब बैठी है, और खड़ी हुई आकृति के उभयलिंगीय पक्ष को अपनी दृष्टि से ओझल कर रहा हूँ : लेकिन उन मननशील आकृतियों को नहीं, जिनको सत्य के साथ तमाम प्रयोगों का साक्षी होना अनिवार्य है।

कयो ने अपनी गर्दन आगे कर दी है और अपने सिर को संकटापन्न जीवन (जो किसी चंचल बकरी की तरह संकुल पहचानों की क़ैद से उछलकर आत्मा की लीला के अन्तहीन क्रीड़ांगन में आने को उतावला है) और अहंकार के आगे की ओर बढ़ते ऊँचे जूतों के बीच रख दिया है।

''हम थोड़े-से अन्तराल के बाद वापस लौटेंगे,'' फलक-२ की मननशील आकृतियाँ घोषणा करती हैं और, बढ़ते हुए तनाव के बीच, एनजीएमए के गलियारों की सुदूर सुविधाओं की ओर फुर्ती से भाग जाती हैं।

शान्तिनिकेतन त्रिफलक | फलक-१ | विवरण | तैयब मेहता

स्वराज के संकेत

(अंजली, आज २ अक्टूबर है, कयो की आकृति के साथ साझा तुम्हारा जन्मदिन। बहुत-बहुत शुभकामनायें!)

जब तक वे साक्षी बाहर हैं, मैं आपको जल्दी से यह बता दूँ कि मेरी नज़र में त्रिफलक की वे आकृतियाँ वास्तव में कौन हैं (अलावा इसके कि इनमें से कई स्त्रियाँ, अपनी हस्ती के मौद्गिल्यानीनुमा झुकाव के साथ, मुझे, तुम्हारी तरह और मेरी बेटी लीला की तरह लगती हैं)।

वे आत्मा के रूपक हैं, उसकी आत्म-छवियों की अद्वितीय वास्तविकता और विविधता : स्वराज के संकेत। मैं समझाता हूँ।

उनकी दैहिक बनावट के कुछ ख़ास लक्षण (घिसटते हुए पैर, दस्तानेनुमा हाथ) आपको यह सोचने के लिये उकसाते हैं कि त्रिफलक की आकृतियाँ अपनी सामान्य देहों पर "गर्दन तक" बॉडी सूट पहने हुए हैं (सिर और चेहरे इतनी सूक्ष्मता से उकेरे हुए और प्रांजल ढंग से भावपूर्ण हैं कि वे त्वचा से सटे हुए आवरणों से ढँके लग सकते हैं)। लेकिन, शारीरिक परिरेखाओं को क़रीब से देखने पर यह प्रभाव नहीं रह जाता। धड़ सहज ढंग से कन्धों और सिरों तक जारी रहते हैं और यह ख़याल टिका नहीं रह सकता कि त्रिफलक की आकृतियाँ वस्तुतः, हालाँकि आंशिक तौर पर, वेशभूषाओं से ढँकी हुई हैं। तब फिर इन आकृतियों के "बॉडी-सूट" को संकेतित करते लक्षणों का क्या उद्देश्य हो सकता है?

ये लक्षण हमें इन आकृतियों की उघड़ी हुई कायाओं (जिनमें सिर और चेहरे, दिमाग़ और व्यक्तित्व शामिल हैं) के बारे में इस तरह सोचने के लिये आमन्त्रित करते हैं कि वे अपने आप में "बॉडी-सूट" हैं : यानी "छबियाँ", न कि वस्तुएँ, त्रिफलक की उन आकृतियों द्वारा धारण की गयी आत्मा की आत्म-छबियाँ, जो हमारे सिवा कोई और नहीं हैं।

अंजली, वे साक्षी, चित्र में अपनी जगहों पर धीरे-से सरककर, थोड़ी देर के लिये वापस आ गयी हैं। (एकदम बायीं ओर वाली को देखो, वह तुम ही हो!) देखो, बिना घूरे, और सुनो :

"हम तुम हैं, आत्मा", वे हमसे कहती हुई लगती हैं, "हमारे लिये अपने बारे में इस तरह सोचना

शान्तिनिकेतन त्रिफलक | फलक-१ | तैयब मेहता

सम्भव नहीं है कि हम पूरी तरह से किसी प्रदत्त रूप, यानी अपनी कायाओं के समान हैं : और न ही इस तरह कि अन्य रूप अनात्मा हैं। ऐसा सोचना आत्मा के आत्म-बोध के अन्तहीन क्षेत्र में दरार पैदा करना होगा, यह कल्पना करना होगा कि आत्मा आत्म-बोध होना बन्द किये बग़ैर अनात्मा के प्रति सजग हो सकती है।'' (व्याख्या : आत्मा के आत्मबोध के अन्तहीन विस्तार के भीतर—जोकि त्रिफलक के आकाशों की निर्मलता से संकेतित है—हम अनात्मा का सामना यथार्थ रूप में नहीं कर सकते, बल्कि केवल एक प्रतीति के रूप में कर सकते हैं; और हम किसी भी प्रदत्त रूप को, पूरी तरह से, आत्मा के रूप में नहीं देख सकते, केवल एक प्रतीयमान आत्मा के रूप में देख सकते हैं। साहस, करुणा, जिज्ञासा—कर्म, विश्रान्ति, और क्रीड़ा—प्रतीयमान आत्मा और प्रतीयमान अनात्मा को आत्मा की आत्म-छबियों के रूप में, स्वराज के छवि-चित्रों के रूप में उद्‌घाटित करते हैं)।

त्रिफलक की आकृतियाँ इन मूल-आवासीय, आत्म-प्रश्नाकुल, मानवीय और अ-मानवीय रूपों में अपने होने के इस बुनियादी अर्थ में, अपने अनन्त रूप से प्राचीन और समकालीन होने के इस बुनियादी अर्थ में, आदिवासी हैं; और उन सन्थालों के साथ अपने किसी (सोद्देश्य या आकस्मिक) सादृश्य की वजह से नहीं जिनके उत्सवों को तैयब मेहता ने इस चित्र के पूरा होने के एक साल पहले १९८४ में शान्तिनिकेतन के क़रीब देखा था; और कलाकृति में इन उत्सवों की भावना की समृद्ध स्मृतियों के बावजूद।

हाँ, फलक-१ के उन्मादपूर्ण-अवसादमय, मादक-विषादमय, झुण्ड-नृत्य में अचूक रूप से आदिवासी लय है; और फलक-१ के कार्मिक-दल की प्रगाढ़ प्रबलता में भी। लेकिन ज़रा आम गेरुआ और लाल और तान्त्रिक काले में फलक-१ के वैरागियों पर ध्यान दो, अंजली। ये शान्तिनिकेतन के ''स्थानीयकृत'' विदेशी विद्यार्थी भले हों, लेकिन वे सन्थाल नहीं हैं; ढोल-वादक हैं। (काले रंग वाला तान्त्रिक Source-rer है। क्या तुम्हें इस श्लेष से नफ़रत है?) [source-rer में सम्भवत: इस मानी में श्लेष है कि इसका अर्थ ''ओझा'' भी होगा और स्रोत से ताल्लुक रखने वाला, यानी आदिवासी, भी होगा।—अनुवादक]

और फलक-२ और ३ की अलग बैठी हुई मननशील स्त्रियों में एकसाथ भारतीय आदिवासियों की उलझन-भरी उत्सुकता और तमाम युगों और स्थानों के सन्तों की प्रशान्ति है। वे सब की सब एडिनबरा की आँखों की डॉक्टर हैं, पलकें झपकातीं, सचेत करतीं, आत्मतत्त्व के मर्म में आत्मप्रश्नाकुलता का प्रकाश।

मुझे फलक-२ के सन्तापों की ओर लौटना होगा : कयो और बकरी की नियति और वधिक के आतंक की ओर (वह वधिक जो अभी भी अन्वेषणात्मक ढंग से, अपने ऊपर के उभयलिंगीय प्रभामण्डल के बग़ैर, दिखायी दे रहा है)।

(मैं तुमसे बाद में बात करूँगा, अंजली)।

पूर्ण और शून्य

रूपकात्मक बॉडी-सूटों की चर्चा के क्रम में, कयो अम्बर को अपनी देह की तरह धारण करता है—रिक्ति के रूप में आत्म-कल्पित, न कि अन्य वस्तुओं के बरक्स किसी वस्तु के रूप में—और मानो यह प्रतिस्पर्धा-रहित वस्तुरहितता है जिसके तौर पर वह स्वयं को अदृष्ट जीवन और निश्चिन्त घृणा के बीच सन्निविष्ट करता है।

अन्य दिव्यताओं के बरक्स किसी दिव्यता के रूप में, अन्य अवतारों या पैगम्बरों के बरक्स किसी अवतार या पैगम्बर के रूप में, अन्य धर्मग्रन्थों और इल्हामों के बरक्स किसी धर्मग्रन्थ और इल्हाम

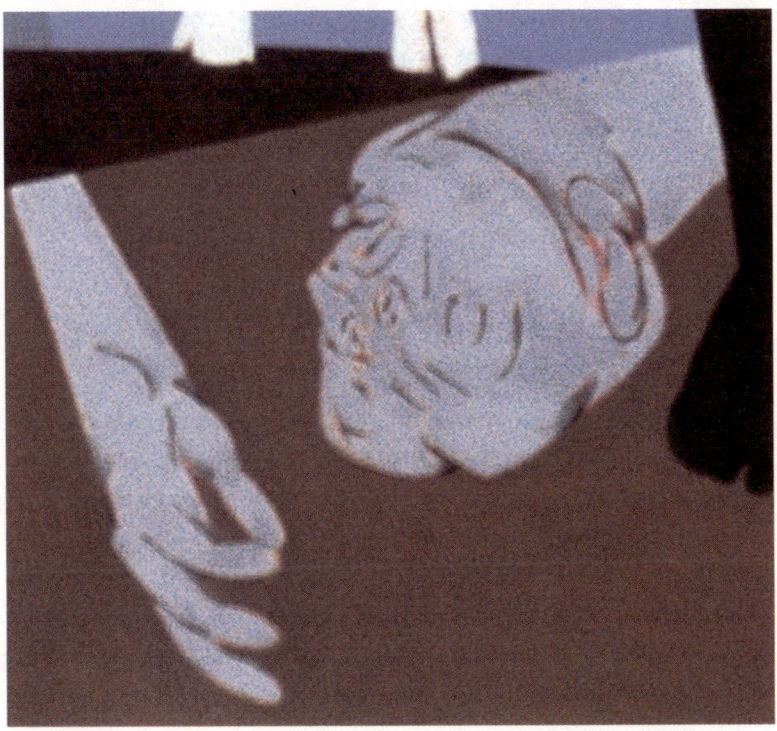

शान्तिनिकेतन त्रिफलक | फलक-२ | विवरण | तैयब मेहता

के रूप में नहीं। बल्कि आत्मबोध की अन्तहीनरूप से समावेशी जगह के रूप में (''अगर आप नीचे हैं, तो आप आकाश को बेहतर ढंग से देख सकते हैं,'' वह हमें सान्त्वना देता है : दिगम्बर कार्मयोगी, जिसे हम आगे से दिकूयो कहेंगे)।

लेकिन, संवृत आत्मपहचानों को धारण करने वाला (वधिक की तरह ''मोज़ा पहना हुआ'') रिक्तता या शून्यता को नकार के सिवा, जीवन के कब्रिस्तान के सिवा, और किसी भी रूप में नहीं देखता। ''अन्यों'' को उसमें झोंकने को धमकाते निर्वासनकर्त्ता सम्पूर्ण विनाश के आवेश में निर्वासित के साथ ही शून्य में प्रवेश करने के लिये तैयार होते हैं।

''काश कि तुम देख सकते कि, तुम्हारी ही भाँति मैं पहले ही शून्यता हूँ, तुम नहीं चाहोगे कि मुझे उसमें झोंक दो और ख़ुद भी उसमें झपट पड़ो,'' आतंक के हाथों बन्धक बना लिये गये जीवन के पक्ष से बोलते हुए बकरी हमसे कहती है।

दिकूयो आकाश और पृथ्वी का, शून्य और पूर्ण का द्विविध-गति आलिंगन है। आत्मा किसी अन्य वस्तु के बरक्स कोई वस्तु नहीं है, वह शून्य है। हम सब कुछ भी हैं, समस्त रूपों में आत्म-बिम्बित, अच्छे या बुरे ढंग से, लेकिन किसी भी रूप में विशिष्टतः या पूर्णतः नहीं। आत्मा पूर्ण है। दिकूयो का चेहरा उस आत्मबोध की विकृति की पीड़ा को धारण करता है जो आकाश और पृथ्वी के रूप में हमारे दोहरे आत्मनिषेध में निहित। हमारी पीड़ा को।

५

मयूर मुद्रा : तुम वह हो!

हम दिकूयो (दिगम्बर कार्मयोगी, अगर हम भूल गये हों तो) को अहंकार के हाथों हो रहे सर्वनाश से जीवन को उबारने स्वयं को एक वैकल्पिक उत्सर्ग के लिये प्रस्तुत करते बुद्ध या ईसा या (यहाँ किसी क़िस्म की आध्यात्मिक तुलना अभिप्रेत नहीं है) गाँधी की छवि के रूप में देख सकते हैं।

लेकिन हम, वधिक, उस चीज़ के विरुद्ध आत्मघात-हत्या के उग्र अभियान पर हैं जिसको हम चीज़ों के विधान (कि हमें एक प्रदत्त, वध्य, निकाय, या निकायों के समूह के सिवा, और तमाम अन्य रूपों को ममेतर, हम-नहीं के सिवा, हमारे विरुद्ध होने के सिवा, और कुछ नहीं होना चाहिए) के साथ बुनियादी अन्याय के रूप में देखते हैं; और किसी व्यक्ति, वह चाहे कितना ही नेक क्यों न हो, के प्रति करुणा या सहानुभूति हमें हमारे गौरव अभियान से डिगा नहीं सकते।

''अन्यों की'' घातक शत्रुता के हाथों अपने बाँयें हाथ की तीन अँगुलियों को गँवा देने के बाद बची रह गयी अपनी दो अँगुलियों से (ये अरुचिकर है, अंजली, लेकिन तुम वधिक की आकृति की ओर देखो) हम उसकी आँखें निकाल लेंगे। और पंजे की शक्ल में मुड़े अपने दाँयें हाथ से हम उस समूचे जीवन का गला घोंट देंगे जो (महज़ ''अन्य'' होने के नाते) हमारे रास्ते में आएगा।

पूर्ण-निर्दिष्ट विनाश हमारी ऐकान्तिक आत्म-पहचानों का ऐकान्तिक अभिविन्यास है। तारकोव्स्की के स्टॉकर के वैज्ञानिक के पोर्टेबल परमाणु बम की भाँति वह हमसे बाहर स्थित कोई अस्त्र नहीं है, जिसको दूर फेंका जा सकता हो। अहंकार हम सब को आतंकवादी बना देता है, व्यक्तियों को भी और समूहों को भी। हम क्या कर सकते हैं?

असहायता की इस दलील के जवाब के इस क्षण में दिकूयो के अँगूठे और अनामिका के आशीर्वाद की मुद्रा में जुड़ने की कल्पना करो (मैं तुम्हें आश्वस्त कर दूँ, अंजली, कि तस्वीर अब कहीं ज़्यादा उम्मीद से भरी हुई है)।

दिकूयो के दु:खभरे चेहरे ने हमें द्रवित नहीं किया। (जैसाकि हम अपनी परिस्थिति को देखते हैं, अनात्म के महासागर में फेंक दिये जाने के लिये असुरक्षित हस्तियाँ होने को लेकर) हमारा गुस्सा हमारे लिये कहीं ज़्यादा महत्त्वपूर्ण है, और हम आघात करने को तैयार बने रहते हैं। लेकिन योगी की वह हस्तमुद्रा हमें ख़तरनाक लग सकती है (क्या यह हाथापाई की नयी युक्ति है? हम

उद्विग्नतापूर्वक ख़ुद से पूछ सकते हैं)। और हम कच्छप-योगी के हाथ के साथ अपने हाथों की तुलना करना चाह सकते हैं, ताकि उसके साथ आमने-सामने की लड़ाई में हम अपनी जीत की सम्भावना का आकलन कर सकें, इस तथ्य से आत्मतुष्ट होकर अपने को बहकाये बग़ैर कि वह दाँये हाथ से वंचित दिखायी देता है। और इससे भी कि उसके उठे हुए बाँयें हाथ की छोटी अँगुली नहीं है।

हमारा—वधिक का—बाँयाँ हाथ भी अँगूठे और दो अँगुलियों से वंचित है, लेकिन हरकत में आने को तत्पर इसकी शेष दो अँगुलियों की आक्रमण-शक्ति अजेय प्रतीत होती है। और हमारा दाँयाँ हाथ एक उघड़ा हुआ पंजा है जिसका अँगूठा और चारों अँगुलियाँ अपनी जगह पर हैं, भले ही एक दूसरे से दूर हैं। दिकूयो से किसको डर है? (वह अपना हाथ ''उठाता है'' आघात करने के लिये नहीं, बल्कि आशीर्वाद के लिये, करुण शान्तिकामी!)

मननशील स्त्रियों के बीच तुमको देखते हुए, इस बिन्दु पर किसी क़दर गुस्से में देखते हुए, मैं यह सुनता हूँ: इसके पहले कि तुम मयूर मुद्रा का तिरस्कार करते हो, पहले अपने ख़ुद के हाथों को, अँगुलियों के अभिविन्यास और अँगूठे की अवज्ञा को जाँचो।'' ख़ासी चेतावनी, अंजली, इसलिये यहाँ एक हस्त-मूल्यांकन है।

अपने दाँयें हाथ पर अपनी जगह पर मौजूद अँगूठे का कोई विशिष्ट उपयोग नहीं है: मानो वह अपनी जगह पर तैयार है, महज़ एक अतिरिक्त, संकेत करती अँगुली के रूप में (निम्न कुल में जन्मे एकलव्य के प्रति हमारी कोई सहानुभूति नहीं हो सकती, जिसको अपने गुरु द्रोणाचार्य के लिये के अपना दाँया अँगूठा दान करना पड़ा था ताकि गुरु का प्रिय शिष्य अर्जुन एक धनुर्धारी के रूप में बेजोड़ बना रह सके)। ''शर्म!'', ''शर्म!'', ये अब कौन कह रहा है?

हमारे हाथ की अँगुलियों से भिन्न, अँगूठा किसी भी चीज़ की तरफ़ संकेत नहीं करता। वह होने को, आत्मा को, संकेतित करता प्रतीत होता है, यह या वह होने को नहीं: शून्यता को, आत्मा के आत्मबोध के अन्तहीन विस्तार को, अन्य वस्तुओं के बरक्स किसी वस्तु को नहीं (उपनिषद आत्मा को हमारे मर्म-स्थल में—चेतना के, आत्म-चेतना के, मर्म-स्थल में—अवस्थित ''अँगूठे के आकार'' की सत्ता बताता है)। और जिस तरह अँगूठे के उपयोग के बिना कोई प्रभावशाली धनुर्विद्या नहीं हो सकती, उसी तरह हम मात्र अँगुलियों से संकेत कर जगत को और स्वयं को सही ढंग से नहीं पहचान सकते। अपने दैहिक स्वरूप-मात्र की आत्मा के रूप में पहचान कराने, और, परिणामस्वरूप, शून्य को घेरते अज्ञात-रूप समेत, अन्य तमाम रूपों (जगत) की अनात्मा के रूप में पहचान कराने के लिये तत्पर अपनी अँगुलियों को सही दिशा देने के लिये हमें ''आत्मा'' की ओर संकेत करते अपने अँगूठे की आवश्यकता होगी।

अपने ही विरुद्ध व्यूहबद्ध, हमारे कायिक रूप की ओर और उससे परे संकेत करता हुआ, हमारा हाथ किसी घेर लिये गये पशु की भाँति है, एक ही साथ वध्य और ख़तरनाक: चेतना की ऐसी छवि जो आत्म-चेतना नहीं बल्कि कभी मैत्रीपूर्ण, तो कभी शत्रुतापूर्ण वस्तुओं की चेतना होने का दिखावा करती है, स्वयं अपनी चेतना होने का कभी नहीं। हमारे उत्सवों का धरातल इसी भ्रान्ति

शान्तिनिकेतन त्रिफलक | फलक-२ | विवरण | तैयब मेहता

शान्तिनिकेतन त्रिफलक | फलक-२ | तैयब मेहता

से अँधेरा है, और हम, बलि-स्थल के स्वामी, यानी वधिक होते हुए भी सन्ताप भोग रहे हैं। हम उसके सिर की ओर देखें, जो (अकेला) उस खोजपरक नक़ाब के पीछे से निकल रहा है जो हमने उस मिश्रित, खड़ी हुई आकृति पर आरोपित किया है।

क़यामत के दिन को चुनौती देता वह सिर आत्मोपलब्धि के रूपान्तरकारी ताप में बकरी की तरह सफ़ेद हो गया है (यहाँ पिकासो से एक सादृश्य है, और एक अनुरूपता है 'गुएर्निका' से, जहाँ इस दूसरी उद्बोधक कृति के शीर्ष पर अहंकार का विद्युत प्रकाश बम के टुकड़ों की बौछार कर रहा है)। आत्म-विरूपण (अहंकार की जालसाज़ी) की पीड़ा अभी भी उस चेहरे पर अंकित है, हालाँकि उसपर विभ्रम (अनात्म) के महासागर में तैरते रहने का संघर्ष करते तमाम रूपों के प्रति करुणा के गहरे सन्ताप का आवरण है।

मयूर मुद्रा प्रकाश के हथगोले की भाँति वधिक के चेहरे पर विस्फोटित है, जो उसको उसके अभिप्रेत, चौपाये शिकार में चित्रित कर रहा है। तुम्हें क्या लगता है, अंजली, यह विस्फोट किस चीज़ ने किया होगा? ''ख़ुद सोचो!'', तुम कहती प्रतीत होती हो, तुम तीनों, किंचित उत्तेजित ढंग से। ''मैं सोच-सोचकर थक चुका हूँ,'' मैं दलील देता हूँ। ''ठीक है, तब, सुनो,'' तुम सान्त्वना देने के भाव से कहती हो। ''सुनो कि दिकूयो क्या कह रहा है, उसकी मुद्रा क्या कह रही है, आतंकित आतंकियों से, हम सब से।'' सचमुच हमें सुनना चाहिए।

हस्त-मुद्रा किसी व्यक्ति या किसी वस्तु की ओर इशारा नहीं कर रही है। अँगूठा संकेत करती अनामिका से जुड़कर एक वलय या वृत्त की रचना कर रहा है, जिसमें रिक्ति या आत्मा (किसी

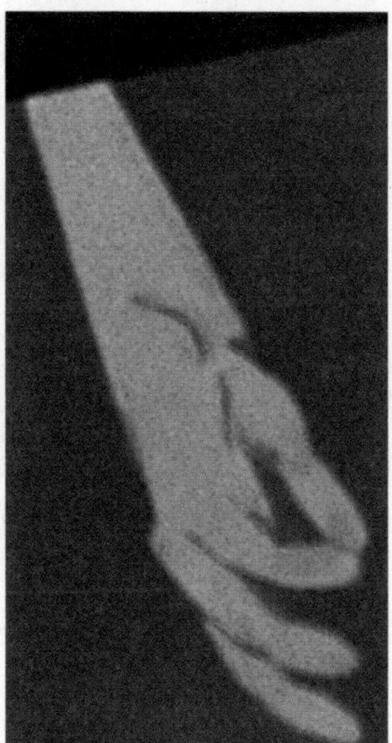

शान्तिनिकेतन त्रिफलक | फलक-२ | विवरण | तैयब मेहता

ANDROGYNOUS ADVAITA

शान्तिनिकेतन त्रिफलक | फलक-२ | विवरण | तैयब मेहता

अन्य वस्तु के विरुद्ध कोई वस्तु का नहीं) का संकेत है। और संकेतन के इस कृत्य में और इसके माध्यम से, मुद्रा यह संकेत दे रही है कि वही (आत्मा) है जो हम हैं : ''तत् त्वं असि'', ''तुम वह हो'', इस मुद्रा का उपनिषद का मन्त्र है। वाणी स्वयं ही वक्ता से इन शब्दों के माध्यम से बोलती है। (यहाँ उनको स्वयं तुम्हारी आवाज़ में, अंजली!)।

यह मन्त्र उस ऐकान्तिक सत्ता को चुनौती देती है, जो कहती है, ''मैं यह (कायिक रूप) हूँ, और कुछ नहीं हूँ'', और हम उस पर ध्यान देने को विवश हैं। अपनी आत्म-पहचान के ''मात्र यह''-पन से हम दुखी भले हैं, लेकिन हम यह जानने को उत्सुक हैं कि क्या हो सकता है ''वह'' जो योगी के मुताबिक हम हैं।

''तुम वह हो'' में ''वह'' क्या किसी अ-भौतिक इयत्ता की ओर, किसी आत्मा की ओर, संकेत हो सकता है, जोकि यह मन्त्र कदाचित आग्रह करता है कि हम वाक़ई हैं, भौतिक कायाओं के बरक्स, कि हमारा सच्चा और टिकाऊ आवास स्वर्ग है न कि पृथ्वी? हम कौन हैं से ताल्लुक रखने वाला इस तरह का दृष्टिकोण मुख्यतः ईश्वरवादी धार्मिक परम्पराओं से जुड़ हुआ है, हालाँकि वह अकेला उन्हीं से जुड़ा हुआ नहीं है; लेकिन यह दृष्टिकोण ''तत् त्वं असि'' मन्त्र का सन्देश नहीं हो सकता, वह उभयचर दिकूयो के आकाश और ज़मीन के, स्वर्ग और पृथ्वी के, रूप और अरूप के आलिंगन का अर्थ नहीं हो सकता।

हमारा अपना ''आत्म'' का दृष्टिकोण ''दैहिक रूप'' के दृष्टिकोण से बुनियादी तौर पर भिन्न नहीं है; वह नाममात्र को ही आत्म-सजगता की इस विकृति को कि ''मैं केवल यह दैहिक रूप ही हूँ'' को इस दूसरी विकृति से प्रतिस्थापित करता है कि ''मैं केवल यह अ-भौतिक इयत्ता हूँ'' और इस तरह आत्मभाव को स्थिर करता है और ''अन्यता'' के एक विजातीय वातावरण को प्रक्षेपित करता है। अमर आत्मायें, प्रतीयमान आत्मा और प्रतीयमान अनात्मा की भाँति, स्वर्ग में एक दूसरे से उसी तरह ख़ूंखार युद्ध में रत होंगी जैसे कि धरती पर नश्वर दैहिक रूप हैं।

और ''स्वर्ग-में-आत्मा'' के आत्म-पहचान के प्रत्यय में सर्वनाश का एक दुर्भाग्यपूर्ण आमन्त्रण निहित है। अगर हम तनिक भी दैहिक रूप नहीं हैं, बल्कि एक आत्मा हैं, जोकि इन रूपों में अस्थायी रूप से निवास कर रही है, और जिसका सच्चा और टिकाऊ ठिकाना स्वर्ग में है, तो फिर हमें वहाँ यथाशीघ्र ही क्यों नहीं पहुँच जाना चाहिए, भले ही इसके लिये जन-संहार-और-आत्महत्या की ज़रूरत ही क्यों न पड़े? यहाँ तक कि अगर हम यह कठोर क़दम उठाने से परहेज़ करते हैं, तब भी आत्म-पहचान का ''आत्मा''-दृष्टिकोण दैहिक रूपों और लिंग-भेदों और जीवन-ऊर्जाओं के सन्देह पर और भी क्रूरता का लंगर डालता रहेगा। कच्छप-योगी की मुद्रा सबको आशीर्वाद देती है, उसका मन्त्र सर्वनाश या क्रूरता या अधर्म को निमन्त्रित नहीं करता।

और तब भी वधिक अपनी संकटापन्न चेतना में दिकूयो की घुसपैठ की अवधान-योग्यता पर सन्देह कर सकता है। ''क्या यथार्थ के ''आत्मा'' वादी दृष्टिकोण में ही जगत और दैहिक रूपों का मिथ्यात्व निहित नहीं है?'' वह पूछ सकता है। और वह यह दुखद निष्कर्ष निकाल सकता है कि प्रतीयमान अनात्मा और प्रतीयमान, ऐकान्तिक, आत्मा, ही भ्रम का निराकरण कर सकते हैं,

और वे यथार्थ को क्षति नहीं पहुँचायेंगे। ''मुद्रा और आत्मा का मन्त्र सर्वनाश को हतोत्साहित नहीं करते, वे पृथ्वी और उसके जीवन के उससे ज़्यादा रक्षक नहीं हैं जितना 'स्वर्ग के लिये, शीघ्रता करो!' का आत्मा का आह्वान है,'' वह विजयी भाव से और आश्वस्त भाव से घोषणा कर सकता है : और किनारे की ओर एक और क़दम बढ़ा सकता है। लेकिन वह योगी के हाथ को निकट से देखने का फ़ैसला करते हुए एक बार फिर से रुक सकता है, यह सुनिश्चित करने के लिये कि कहीं उसमें कोई विस्फोटक तो छिपा हुआ नहीं है जो उसके द्वारा दुनिया को उड़ाने से पहले ही उसको उड़ा दे।

हाथ में कुछ भी नहीं है (सिवा रिक्ति और पूर्णता के!), उसकी छोटी अँगुली प्रतीकात्मक रूप से कैंसर (अविचारित पारस्परिक हत्या और स्वयं अपने जैसों का प्रजनन) की बलि चढ़ चुकी है। आत्मा और प्रतीयमान ''अन्यता'' के बीच नैरन्तर्य का वृत्त रचने को अनामिका अँगूठे से जुड़ती है। बाक़ी की दो अँगुलियों का भाव इशारा करने, निशाना साधने, ''अनात्मा''-प्रक्षेपण करने का नहीं है (वधिक इस बात को लक्ष्य करता है)। न ही वे अनामिका की भाँति, अँगूठे से संकेतित शुद्ध आत्म-बोध में लीन हो जाने के लिये, अन्दर की ओर मुड़ी हुई हैं : वे जगत और दैहिक रूपों को माया मानकर ख़ारिज नहीं करतीं (वधिक यह भी लक्ष्य करता है)। वे आशीर्वाद की कमान हैं और समस्त रूपों का, अनात्मा या ऐकान्तिक आत्मा के तौर पर नहीं बल्कि आत्मा की (विकसित या विकसनशील, प्रांजल या धुँधली) आत्म-छवियों के तौर पर, अनुमोदन हैं। ''वह'' है जोकि हम हैं, योगी कहता है : आत्मबोध के दीवार-रहित और अन्तहीन दीर्घा-विस्तार के भीतर स्थित आत्मा की आत्म-कल्पना का कलाकर्म।

दिकूयो की मुद्रा द्वारा प्रस्तुत दोहरी मुक्ति—जड़ आत्मभाव की बेड़ियों से और परिकल्पित, व्यापक अनात्मभाव के आतंक से—प्रकाश का ग्रेनेड विस्फोट है, वह जगमगाहट जो वधिक को यह देखने में सक्षम बनाती है कि उसका अभिप्रेत शिकार, बकरी, उतनी ही आत्मा की (स्वयं उसकी) आत्मछवि है जितनी कि वह उसका मानवीय रूप है : उसके चेहरे की ''बकरीनुमा सफ़ेदी'' जो करुणा के सन्ताप में बदलती आत्म-विकृति की दमित पीड़ा को उजागर करती है। अंजली, अब एक दूसरे से मुखातिब दिकूयो और वधिक आत्मसिद्धि की रोशनी में एक दूसरे के प्रतिबिम्ब हैं।

गुएर्निका की मयूर मुद्रा

अब हम फलक-२ की आकृतियों के ऊपर से अन्वेषणात्मक परदे को पूरी तरह हटा देते हैं; और कच्छप योगी द्वारा बलि-स्तम्भ के पैताने घटित स्वराज के जादू के सम्पूर्ण विस्तार का उत्सव मनाते हैं।

लेकिन 'गुएर्निका' और वधिक के सन्तप्त 'पिकासो' चेहरे से विदा लिये बिना नहीं। तुमने उस चित्र को प्रत्यक्ष देखा होगा, अंजली। मैं केवल कल्पना ही कर सकता हूँ कि रिप्रॉडक्शनों के माध्यम से उसके सामने खड़े होना कैसा अनुभव देता होगा। तैयब के त्रिफलक के साथ की मेरी यात्रा ने मुझे १९३७ में पूरी हुई इस कृति को देखने में मदद की, उस तबाही के मातम से कहीं ज़्यादा जो गुएर्निका की स्पहानी बस्ती पर नाज़ी वायुसेना ने दूसरे विश्वयुद्ध की हवाई हिंसा के पूर्व परीक्षण के तौर पर मचायी थी : और त्रिफलक को 'गुएर्निका' की प्रतीक-व्यवस्था की अपेक्षाकृत अधिक पूर्ण व्याख्या के रूप में देखने में भी।

दीवार के ऊपर की लपटें बाहर और ऐंठी हुई रूपाकृतियों वाले गुएर्निका के अँधेरे अन्दरूनी कक्ष में आग का संकेत देती हैं। जलती हुई पृष्ठभूमि अर्धग्रामीण, पारम्परिक-आधुनिक बस्ती पर

गुएर्निका, १९३७ | ऑयल ऑन बोर्ड | पाब्लो पिकासो

अकारण किये गये नाज़ी हवाई हमले के ऐतिहासिक तथ्य को दर्ज़ करती है। लेकिन अन्दरूनी हिस्सा, यानी ऐतिहासिक तथ्य के केन्द्र में यह चित्र, सम्पूर्ण रूप से ऐकान्तिक आत्मपहचान, जोकि जर्मनी के नस्लीय व्यक्तिवाद और सामूहिकतावाद के नाज़ी संस्करण तक सीमित नहीं है, के परिणामों के अपने इन्दराज़ में नाटकीय रूप से सार्वभौम है।

चित्र के ऊपरी सिरे पर छत से लटकता हुआ विद्युत लैम्प हर दिशा में रोशनी के खंजर फेंकता है, वे उन्मादग्रस्त अँगुलियाँ जो अनात्म के रूप में सब कुछ को निशाना बना रही हैं : एक पैर पर खड़े हुए हतप्रभ कलियुग वृषभ को (उसकी आकृति के औपचारिक चार पैर छायापरक ढंग से सूचित हैं, लेकिन सफ़ेद की एक लम्बाई एक पैर वाले वृषभ के विचार को आमन्त्रित करती है। पिकासो हिन्दूधर्म में शिक्षित है), चीत्कार करते हुए अश्व को (वेद का ब्रह्माण्डीय रूप), माँ और बच्चे की, और जॉब-नुमा पिता की आकाश की ओर मुड़ी हुई रूपाकृतियों को, निष्प्रभ मोमबत्ती को थामे फ़्लोरेंस नाइटेंगल फ़रिश्ते को, फ़र्श पर अहंकार के अपहर्ता प्रकाश के लिये गिड़गिड़ाते एक और फ़रिश्ते को, टूटी हुई तलवार को अपने एक हाथ में जकड़े एक भूलुण्ठित योद्धा को।

इन सन्तप्त प्राणियों के प्रति किसी तरह की हिंसा स्पष्ट रूप से नहीं दर्शायी गयी है। लेकिन उनके ऊपर नस्लीय आत्मपहचान के विस्फोटक लैम्प द्वारा फेंका जा रहा परायेपन का लांछन वह मूलभूत हिंसा है जो जीवन के नैरन्तर्य और अन्तर्निष्ठता को (वृषभ और अश्व, शक्ति और लय को) विकलांग और नपुंसक बना देने वाली है।

अंजली, 'गुएर्निका' के दस में से सात दर्शक अंधकार की इस शबीह में उम्मीद का प्रतीक लक्ष्य

गुएर्निका, १९३७ | विवरण | ऑयल ऑन बोर्ड | पाब्लो पिकासो

नहीं करते, लेकिन मैं पक्के तौर पर जानता हूँ कि तुम करती होगी। ध्वस्त वीरता (पारम्परिक सैनिक) के हाथ के क़रीब, ज़मीन पर पड़े हिम्मत मत हारो कहने वाले फ़रिश्ते के गेंदबाज़ हाथ द्वारा उछाला गया एक छोटा-सा फूल है। (यह फ़रिश्ता कौन है?)

इस योद्धा से तुम्हारा अनुरोध है कि वह अपने हाथ की टूटी हुई तलवार को छोड़ दे, एके ४७ उठाने के लिये नहीं, बल्कि अपना हाथ ख़ाली करने के लिये ताकि वह उस फूल को उठाकर उसको एक मुद्रा के रूप में थाम सके, उस मुद्रा के रूप में जो आत्मा की आत्मछवियों के तमाम रूपों को समेटती, हमारी अपनी इयत्ता के भीतर से खिलती हुई चेतना को सूचित करती है। अब ज़रा त्रिफलक की वधिक आकृति के 'गुएर्निका' पर प्रक्षेपित किये जाने की कल्पना करो, जिसमें उसका काले शिरोवेष्टन से युक्त सिर विद्युत अहंकार-लैम्प की जगह पर हो, और ज़मीन पर गिरे हुए योद्धा की जगह पर त्रिफलक के फ़र्श पर पसरा हुआ कच्छप-योगी हो।

''फूल, अकड़ना मत!''—यह प्रक्षेपास्त्र-मन्त्र होगा सैनिक के आशीर्वाद में पुनुरुज्जीवित उस हाथ का जो इस 'त्रिफलक-गुएर्निका' के अन्तर्गुम्फन के भीतर से उभरेगा। उसके सख़्त हो गये हृदय को भेदता हुआ यह मन्त्र वधिक के (बन्द आँखों वाले) पिकासो चेहरे पर आत्म-सिद्धि की चमक ले आएगा : गुएर्निका नगर पर हुई बमबारी की वेदना और उस वेदना की 'गुएर्निका' कलाकृति में रूपान्तरित करुणा, दोनों को उजागर करता हुआ।

उस चेहरे पर एक उद्विग्नता भी है—नस्ल-सीमित, निरी मानवीय आत्मपहचान की उद्विग्नता, वह पहचान जिसका पिकासो की राजनीति शायद पक्ष लेती : लेकिन जो हमें ग़ैर-मानवीय जीवन और निर्जीव पदार्थ तथा शून्यता से काट देती है। सर्वहारा का राज, या निरी मानवीय सम्प्रभुता का कोई भी दूसरा रूप, स्वराज नहीं होगा : वह आत्म-पहचान को गाढ़ा कर जमा देगा और बोध को आत्म-क्षय की पीड़ा में, शून्य में लुप्त हो जाने के आतंक में, ऐंठा देगा (वह अमर चित्रकार मौत से भयभीत था)। चीख़ती हुई 'गुएर्निका' एक छोटे-से, बमुश्किल लक्ष्य किये जाने योग्य फूल की मदद से आतंक का सामना करती है, उसपर क़ाबू पाती है : त्रिफलक स्वराज की आत्मछवियों के संस्थापन के कटे-फटे बाँयें हाथ के उद्घाटन से यही काम और भी स्पष्टता और विस्तार के साथ करता है।

गुएर्निका, १९३७, विवरण
ऑयल ऑन बोर्ड | पाब्लो पिकासो

उभयलिंगीय आत्मबोध

बकरी की निरापद चतुष्पादीयता, यानी स्वराज, की ओर वधिक का—और हमारा—ध्यान दिकूयो की मयूर मुद्रा द्वारा उत्प्रेरित वधिक के इस बोध के नाते आकर्षित होता है कि असहाय बकरी, यानी उसका अभीप्सित शिकार, उतना ही उसकी—आत्मा की—वह आत्मछवि भी है, जिसके अनुसार वह एक ऊर्ध्वमुख, प्रभुताशाली, दो पैरों वाला प्राणी है, और यह कि वह अदृश्य ''अन्यता'' उसको बलि की बकरी की भाँति ध्वजस्तम्भ के पैताने फेंक दे सकती है। स्वराज किसी अलग-थलग स्वायत्तता के रूप में नहीं, बल्कि पालथी मारे बैठी मैडोना के साथ परस्पर आंगिक स्तर पर जुड़े हुए रूप में : बकरी का चौथा पैर एक मानवीय हाथ में बदलकर स्त्री को सहनर्तकी की तरह थामे हुए है, और स्त्री अपना तीसरा पैर विकसित कर रही है और बकरी की तरह के अपने मैत्रीपूर्ण सफ़ेद हाथ को चौपाये के गले में डाले हुए है। (यह दृश्य मेरी जानकारी में इस चित्र का सबसे गर्मजोश आलिंगन है।) यह योरोपीय कला में बकरी को पैशाचिक रूप से कामुक ढंग से चित्रित की जाने वाली परम्परा से स्पष्ट विच्छेद है; और सिर्फ़ इसलिये नहीं कि त्रिफलक की बकरी मादा है। संकटग्रस्त जीवन को उससे ज़्यादा सशक्त और मर्मस्पर्शी ढंग से चित्रित नहीं किया जा सकता जितना उसको मातृक मादा, मानवीय और उस अन्य रूप में किया जा सकता है जो एक वध-स्थल पर अपने काटे जाने की प्रतीक्षा कर रहा है, उन तीन स्त्री आदिवासियों की निगाहों के सामने जिन्होंने युगों-युगों से जीवन को पोषित और सम्मानित किया है। स्त्री और बकरी का परस्पर सूँघने के स्तर का एक दूसरे का साथ दोनों में उपस्थित आत्मबोध के रतिभाव की महक देता है, भयानक ख़तरे के बीच भी आत्मा की बहु-आत्म-कल्पनाशील सम्प्रभुता, अर्थात् स्वराज, के आह्लाद की महक।

स्वराज-स्थित, मादा आकृतियों, जिनमें बकरी और मननशील स्त्रियाँ शामिल हैं (स्वराज कट्टरपन्थी एक्टिविज़्म नहीं है, वह सन्मति भी है) के साथ आकाश-आच्छादित, ज़मीन का आलिंगन करता, भग्न योगी है : समूह के सदस्य या किसी बाहरी व्यक्ति के रूप में नहीं, बल्कि रिक्ति और पूर्णता के उस एकत्त्व के रूप में जो रूपहीन समेत तमाम रूपों को उजागर करता है, अन्य वस्तुओं के बरक्स वस्तुओं के रूप में नहीं, बल्कि आत्मा की आत्म-छवियों, या निर्मिति-की-प्रक्रिया-में-आत्मछवियों के रूप में। यही वह आत्मा की सम्प्रभुता और उसकी आत्म-कल्पना की शक्ति है

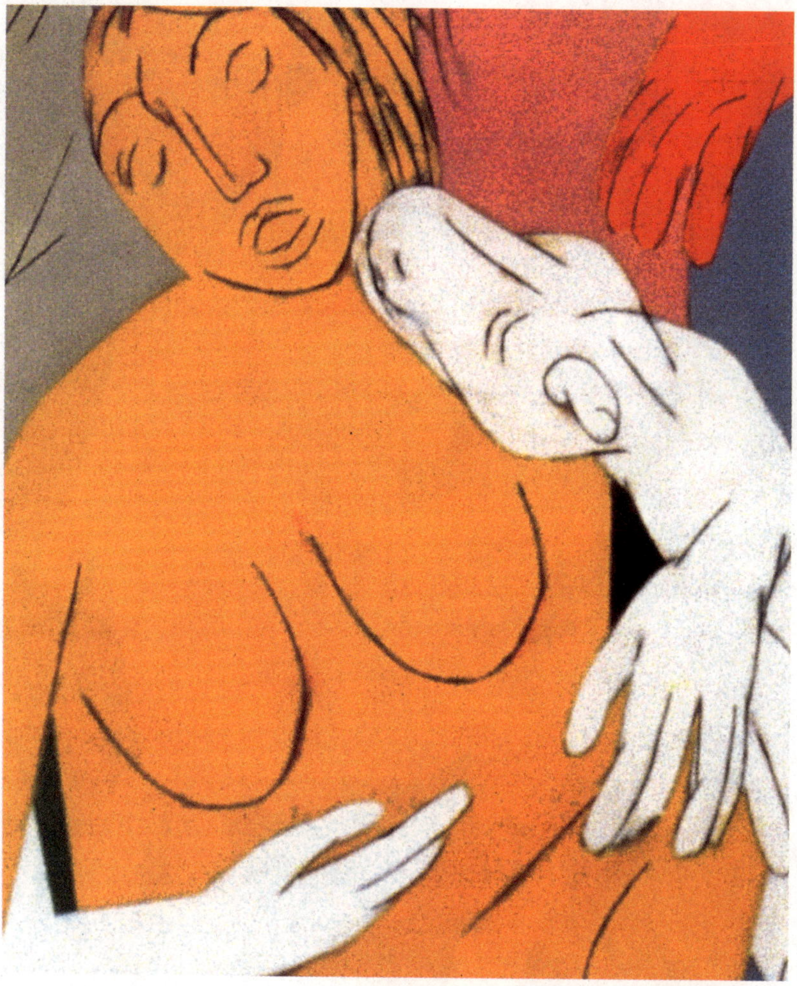

शान्तिनिकेतन त्रिफलक | फलक-२ | विवरण | तैयब मेहता

बन्धुत्व

वूमन विद गोट, १९८७ | १५०×१२० सेण्टीमीटर | ऑयल ऑन कैन्वस | तैयब मेहता

शान्तिनिकेतन त्रिफलक | फलक-२ | विवरण | तैयब मेहता

आत्मसिद्धि
जन्म और मृत्यु के धुँधलके के बीच

जो सर्वनाश की ओर बढ़ते वधिक के क़दमों को रोकती है और उसको ऐकान्तिक आत्म पहचान से, प्रतीयमान अनात्म के बन्धन से मुक्त करती है।

यह मुक्ति उसके धड़ में एक मादा सिर और वक्ष के अतिक्रमण (या उसके जमे हुए हृदय के भीतर की वास्तविकता के सतह पर आ जाने) और उन झूलते हुए हाथों के माध्यम से निरूपित है, जिनमें से एक हाथ बकरी को आशीर्वाद देता है और दूसरा भूतपूर्व वधिक की अब भी भिंची हुई मुट्ठी और तने हुए दाँये हाथ को रोकता है।

आत्मबोध के रूप में स्वराज की इस भोर में उस अशुभ वध-स्तम्भ को शून्य और पूर्ण को एक दूसरे से जोड़ते हुए देखा जा सकता है, उस प्रकाश-स्तम्भ की भाँति जो अरुणाचल पर्वत से आकाश की ओर उठता है, रमण महर्षि का क्रीड़ा-स्थल : अलगाववादी आत्मपहचानों के विभ्रम में फँसी हुई तमाम ज़िन्दगियों के लिये उम्मीद का प्रकाश-स्तम्भ।

अद्वैत वेदान्त की शिव-शक्ति परम्परा की रोशनी में देखें तो त्रिफलक के मध्यवर्ती फलक की मिश्रित, उभयलिंगीय आकृतियों को प्रलय को रोकने के लिये शिव में शक्ति के अतिक्रमण के रूप में देखा जा सकता है : अर्धनारीश्वर या अर्धनारीश्वरी की शोभा का प्रगटन।

ऊपर : १९४७ के साम्प्रदायिक जनसंहार के दौरान तैयब अपनी खिड़की से एक व्यक्ति को पत्थरों से कुचला जाता देखते हुए | लेहरी हाउस, मोहेम्मदली रोड, बम्बई | स्याही का रेखांकन | तैयब मेहता

नीचे : फ़ालिंग फ़िगॅर, १९६७ | विवरण | तैयब मेहता

मुम्बई में एक खिड़की से

त्रिफलक के मात्र मध्यवर्ती फलक का नहीं, बल्कि समूचे त्रिफलक का आधार ध्वज-स्तम्भ के पैताने का सन्तप्त सिर और मयूर मुद्रा में उसके अँगूठे और अनामिका का जुड़ना है, जो प्रतीक है समस्त प्रतीयमान अन्यताओं और दैहिक रूपों के ऐकान्तिक आत्मभाव के तमाम दावों के अस्वीकार का, आत्मा की आत्मछवियों के रूप में समस्त रूपों के परिशोधन का। इस स्खलित आकृति में एक विशिष्ट विमोचनकारी गुण है, जो हमें तैयब की कृतियों की स्खलित और स्खलनशील आकृतियों के महत्त्व और विकास पर एक नज़र डालने के लिये आमन्त्रित करता है।

१९४७ में भारत के विभाजन के बाद बड़े पैमाने पर साम्प्रदायिक हिंसा हुई थी; वह एक जीवित देह की चीरफाड़ थी जैसाकि उसको गाँधी ने देखा था, स्वराज की वह क़ीमत जो अपने क़दम पीछे हटाती साम्राज्यवादी सत्ता ने हिन्दू-मुसलमान मतभेद से विभाजित राष्ट्र से ऐंठी थी। बम्बई (जो अब देवी माता मुम्बा देवी के नाम पर मुम्बई कहलाती है) की एक अपार्टमेण्ट इमारत की एक ऊँची खिड़की से तैयब मेहता ने (जो तब बाईस बरस के थे) उन्मादग्रस्त भीड़ के हाथों उस असहाय नौजवान की क्रूर हत्या को देखा था जो एक ''अन्य'' धार्मिक सम्प्रदाय से ताल्लुक रखता था।

इस घटना को याद करते हुए तैयब ने कहा था, ''भीड़ ने उसको पीट-पीट कर मार डाला था, उसका सिर पत्थरों से कुचल दिया था, मैं उसके बाद कई दिनों तक बुखार में तपता रहा था और वह दृश्य मुझे लगातार याद आता रहा था।'' इस चित्रकार के 'फ़ालिंग फ़िगर्स' नामक चित्र (१९६७, १९९४) उस मनहूस खिड़की से सिर के बल गिरते प्रतीत होते हैं जहाँ से इस भावी नौजवान चित्रकार ने भारतीय स्वाधीनता के उत्सव को देखने की उम्मीद की थी, उन लोगों द्वारा मनाये जाते उत्सव की जो अपने विशिष्ट आध्यात्मिक आचारों के साथ एकजुट होते, न कि वे जो धार्मिक, ऐकान्तिक पहचानों के आधार पर आपस में बँटे हुए थे।

१९६७ का 'फ़ालिंग फ़िगॅर', जिसकी परिकल्पना १९६५ के उस भारत-पाकिस्तान युद्ध के आसपास की गयी थी जिसको तैयब ने सरकार द्वारा लड़ाई के मोर्चे पर भेजे गये कलाकारों के समूह के एक सदस्य के रूप में देखा था—'फ़ालिंग फ़िगॅर' की उस विशालकाय उलटी मानवीय आकृति को, जिसका उसकी काया के अनुपात में छोटा सिर शून्य में तेजी से नीचे की ओर गिर

रहा है, निरी मानवीय आस्था के ध्वंस के रूप में देखा जा सकता है : उलटकर धरती पर गिरती हुई और उसके सम्पूर्ण जीवन को (ताज़ा संक्षोभ की रोशनी में भविष्यसूचक जीवन को) ख़तरे में डालती हुई हमारी अहम्मन्य, ऊँची उड़ती, नस्ल-विशिष्ट या संस्कृति-विशिष्ट आत्म-पहचान के रूप में।

इस विशालकाय गिरती हुई आकृति का (कम से कम) आत्मविनाशी पतन इस आकृति के परिकल्पित आत्मभाव, विशेष रूप से शून्य की उस ''रूपहीन'' अन्यता जो तमाम रूपों के लुप्त हो जाने का ख़तरा पैदा करती है, से भिन्न तमाम रूपों के प्रतीयमान ''अनात्मभाव'' के भय से गिराया जाता हुआ प्रतीत होगा; और, काल के रूप में, विरूपण, क्षय और रोग से युक्त दैहिक अस्तित्व के रूप में सामने आता है (इस ढहती हुई आकृति की विशाल काया बुरी तरह से विदीर्ण और विकृत है)। अगर हम इस बात को दिमाग़ में रखें कि तैयब १९५९ से १९६४ के दरम्यान पाँच वर्ष तक लन्दन में रहे, तो इस बात की कल्पना विश्वसनीय ढंग से की जा सकती है कि फ्रांसिस बेकॅन के शून्यवाद (निहिलिज़्म) और चीत्कार करते दैहिक रूपाकारों ने इस विभाजनोत्तर भारतीय चित्रकार की १९६७ में रची गयी विनम्र व्युत्क्रमण और अनस्तित्व में छलांग की शबीह पर प्रभाव डाला होगा।

तैयब की एक त्रिफलकोत्तर (१९८९) कृति 'द प्ले' बेकॅनीय निराशा से उनकी सहानुभूतिशील मुक्ति को नाटकीय रूप देती है, आत्मछलपूर्ण दैहिक सौन्दर्यबोध और भौतिक सच्चरित्रता और अमरता में नहीं, बल्कि एक आदिवासी पुरुष ढोलवादक के प्रतीकात्मक गर्भ की रक्षात्मक स्थल में एक स्खलनशील, बेकॅनीय भ्रूण को ग्रहण करने की गुंजाइश देकर। आदिवासी रूपाकार तैयब के चित्रों के संग्रह में त्रिफलक के बाद प्रगट होते हैं; और जैसाकि मैंने पहले भी कहा है, वे सन्थालों जैसे स्थानीय भारतीय आदिवासियों का प्रतिनिधित्व नहीं करते, वे आत्मा के रूपकों की भूमिका निभाते हैं, आत्मा जो तमाम रूपाकारों का स्रोत और आत्मा की आत्मछवियों में उनके रूपान्तरण की प्रयोगशाला है।

अपने रूपान्तरित गर्भ में शिशु को धारण करने की पुरुष की समलैंगिकता की यातनामय फन्तासी की स्वीकृति के आत्मा के इस अभूतपूर्व चित्रण में फ्रांसिस बेकॅन का समलैंगिकता के प्रति करुणा का भाव भर नहीं है, बल्कि उससे ज़्यादा कोई चीज़ है। यहाँ एक बुनियादी संकेत है : कि ''आत्मा'' का प्रतीकीकरण करती मनुष्यता का प्रजनन और आत्मबोध के गर्भ में उसका पोषण, महज़ स्त्री का जैविक कर्म नहीं हो सकता, बल्कि वह समस्त मनुष्यता की ज़िम्मेदारी है, वह पुरुष, स्त्री, नपुंसक, जिस किसी भी यौनपरक स्थिति से ताल्लुक रखती हो।

मैंने तुमसे कुछ देर से बात नहीं की है, अंजली, जबकि तुम वहाँ उन मननशील स्त्रियों के बीच बैठी हो, इस उम्मीद में कि मैं इस लेखन को अधिक तेजी से आगे बढ़ाऊँगा! यह त्रिफलक अपने रहस्यों को आपकी परीक्षा लेते हुए उजागर करता है, और उसको पढ़ने के लिये मुझे उसकी बहुत प्रतीक्षा करनी पड़ती है। लेकिन तुम्हें विश्वास दिलाने के लिये कि मैं सो नहीं गया हूँ, तुम्हारे लिये एक विचार है, 'गुएर्निका', तैयब के १९६७ के 'फ़ालिंग फ़िगॅर' और फ्रांसिस बेकॅन की चीत्कार करती आकृतियों (अपने सिंहासन पर एक पोप, अपने काँच के पिंजरे में एक एक्ज़ीक्यूटिव,

फ़ालिंग फ़िगॅर, १९६७ | १८३.५×१२२ सेण्टीमीटर
ऑयल ऑन कैन्वस | तैयब मेहता

फ़ालिंग फ़िगॅर, १९९४ | १५०×१०० सेण्टीमीटर
एक्रिलिक ऑन कैन्वस | तैयब मेहता

जिनमें से पहला अपने प्रोटोकॉल में छिपा हुआ है और दूसरा सार्वजनिक अवलोकन के लिये उजागर है, और दोनों ही सन्ताप में हैं) पर एक तुलनात्मक टिप्पणी।

'गुएर्निका' के गिरे हुए योद्धा के हाथ के क़रीब का फूल कैनवॅस के भीषण अन्धकार में उम्मीद का एक बीज है, सामूहिक (नस्लपरक, अत्याचारी) आत्मपहचानों के घेरे से आज़ादी का एक आश्वासन। तैयब का १९६७ का 'फ़ालिंग फ़िगॅर' और फ्रांसिस बेकॅन की चीत्कार करती आकृतियाँ स्पष्ट रूप से आत्मा के साथ अपने तादात्म्य में, अपने दैहिक-सांस्कृतिक रूपों सहित अपने आप में, कुछ इस तरह फँसी हुई हैं कि उनका उन्मोचन असम्भव है : वे अन्य चीज़ों और शून्यता के विरुद्ध हठीले ढंग से कोई चीज़ हैं, निराशाजनक और विनाशकारी अहंकार का भयावह रूप से हूबहू प्रतिबिम्ब। कदाचित इस फ़र्क़ के साथ कि तैयब के धमाके से गिरते हुए पर्वतीय पुंज का, बेकॅन के अपेक्षाकृत अधिक निजी, यद्यपि उतने ही विचलनकारी, आत्मपहचान के प्रारूपों के मुक़ाबले, एक अधिक स्पष्ट राजनैतिक (जीवन-और सभ्यता को ख़तरे में डालता) पक्ष भी है। तैयब ने १९४७ में ऐकान्तिक आत्मपहचान की जिस विक्षिप्तता को देखा था उसका साक्षी होने से वे नहीं चूक सकते।

बाँयें : पोप II, १९५१ | १९८×१३७ सेण्टीमीटर | ऑयल ऑन कैन्वस | फ्रांसिस बेकॅन

दाँयें : स्टडी फ़ॉर पोर्ट्रेट, १९४९ | ५८''×५१.५'' सेण्टीमीटर | ऑयल ऑन कैन्वस | फ्रांसिस बेकॅन

जमी हुई आत्मपहचान की चीत्कार

द प्ले, १९८९ | १५०×१२० सेण्टीमीटर | ऑयल ऑन कैन्वस | तैयब मेहता

फ़िगॉर ऑन बैड, १९७२ | फ्रांसिस बेकॅन

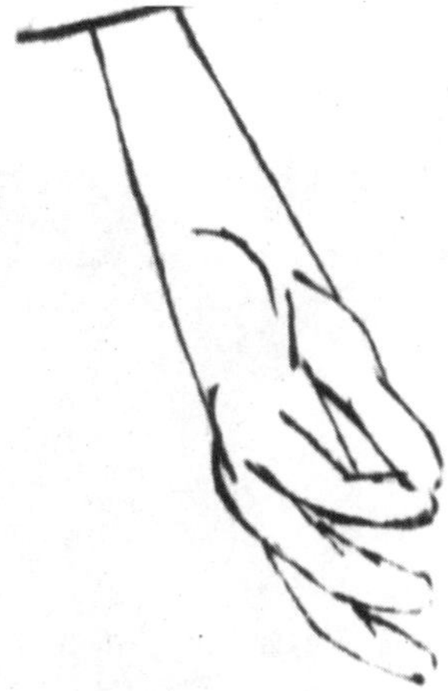

शान्तिनिकेतन त्रिफलक | फलक-२
विवरण | तैयब मेहता

गुएर्निका | विवरण | ऑयल ऑन कैन्वस
पाब्लो पिकासो

अन्धकार के मध्य रोशनी

'गुएर्निका' का फूल और त्रिफलक की मयूर मुद्रा वे चीज़ें हैं जो उनकी गिरती हुई आकृतियों को आत्माच्छादन के द्वारा आत्मबोध के ग्रहण का ही नहीं बल्कि आत्मसिद्धि की अदम्यता का प्रतीक भी बनाती हैं : "मृत्यु, अन्धकार, और असत्य के बीच जीवन, प्रकाश और सत्य" का हठ जिसकी बात गाँधी करते थे।

१९९४ की गिरती हुई आकृति में एक मुक्तिदायी हास्योत्पादकता है, वह भी हालाँकि भारतीय स्वाधीनता में निहित द्वैत के प्रति मोहभंग की १९४७ की खिड़की से गिरती जीर्ण-शीर्ण आकृति है : इसका आनन्द लो, अंजली!

चमकीली पोशाक पहने, गद्दीदार तल वाली इस गिरती हुई आकृति का फ़ैशनेबुल बालों से युक्त जोकरनुमा चेहरा है, और उसके अंगों में एक सन्तुलन है जो उसके अवरोहण को आसान बनाता है। दो सफ़ेद डैनेनुमा हाथ उसको शून्य (आत्मा की एक छवि, जो किन्हीं अन्य वस्तुओं के विरुद्ध कोई वस्तु नहीं है) की अवलम्बधर्मिता से आश्चर्य में डालते हैं और वह गिरने की बजाय उड़ रहा है। उसकी ठुड्डी से टिका हुआ एक जिज्ञासु हाथ यह सवाल पूछता है : "क्या मैं महज़ यह दैहिक जोकर रूप हूँ? क्या मैं शून्य को, और तमाम रूपाकारों के कलाबाज़ी-के-जालनुमा आधार को, मेरी ही तरह की आत्मा की आत्मछवियों को, अपने कर्म-क्षेत्र और क्रीड़ा-मंच और विश्राम-स्थल को भी नहीं थामे हूँ?"

आत्मबोध (जिसमें आत्मभाव की ऐकान्तिकता का और अनात्म के आरोपित पीड़नोन्मादी वातावरण का कोई बोध नहीं है) के अन्तहीन विस्तार का मुक्त घूमन्तू अन्वेषक वध-स्तम्भ के पैताने दिकूयो के रूप में अवतार लेने जा रहा बोधिसत्त्व है, होलोकास्ट-घृणा के कैंसरीय कंपनों में अपने बालों और एक अँगुली को गँवाता हुआ, वधिक द्वारा जिबह किये जाने के लिये रखी गयी बकरी की जगह लेने को उद्विग्न, और प्रगटनों को स्वीकृति देती, लेकिन अन्यताभाव को नकारती अपनी हस्त-मुद्रा से सबको आशीषता हुआ।

डासिंग फ़िगॅर, १९९७ | १५०×१२० सेण्टीमीटर | एक्रिलिक ऑन कैन्वस | तैयब मेहता

फ़ास्ट फॉर्वर्ड

त्रिफलक के फलक-१ और ३ को मैं भूला नहीं हूँ, अंजली, मैं तुमसे वादा करता हूँ! फलक-१ में नाचती हुई आकृतियाँ हैं, पुरुषों और स्त्रियों की (और तुम फिर से वहाँ हो, एक से ज़्यादा जगहों पर), जैसे कि फलक-१ में मैडोना और क्रीड़ामय बकरी है; और फलक-२ और ३ में बैठी हुई मननशील-साक्षी स्त्रियाँ हैं, फलक-१ और ३ की हवा में तैरती आकृतियों का तो ज़िक्र करने की भी ज़रूरत नहीं है जो फलक-२ के वधिक से उभयलिंगीय रूतान्तरण के बग़ैर भयानक रूप से मिलती जुलती हैं; और फलक-१ के हाथों के घालमेल से आता फलक-२ में घुसपैठ करता, पहली मननशील स्त्री, यानी, तुमको खोजता एक कत्थई हाथ! इस तरह तीनों फलकों के बीच एक पेचीदा क़िस्म का अन्तर्सम्बन्ध है और आत्मबोध के मध्यवर्ती फलक पर कुछ देर टिके रहने पर ही अन्य दो फलकों में प्रवेश के द्वार खुलते हैं, वे इससे अन्वेषण की कूट खोलने वाली निगाह से ओझल नहीं हो जाते। इसलिये चिन्ता मत करो!

जिस तरह १९९४ की गिरती हुई, उड़ती हुई जोकरनुमा आकृति १९८५ के गिरे हुए योगी पर प्रकाश डालती हुई समय में पीछे की ओर जाती है (कुछ-कुछ 'गोदार' की इस धारणा के द्रष्टान्त का अनुकरण करती हुई सी कि फ़िल्म में एक आरम्भ, मध्य और अन्त तो होना चाहिए, लेकिन यह ज़रूरी नहीं है कि वे तीनों इसी क्रम में हों) कुछ वैसे ही १९९७ का 'डांसिंग फ़िगॅर' अतीतलक्षी क्रम में १९८५ के त्रिफलक की कायान्तरित होती, चपल बकरी की उकडू बैठी नर्तक साथी की ओर देखती है, उस बकरी की साथी की ओर जो अपने वध के क़रीब आने को लेकर बेख़बर है।

१९९७ की नृत्यरत आकृति एक बार फिर से अस्मिता की त्रिफलकोत्तर परिपृच्छा है। यह नर्तकी अपने बाँयें हाथ की अँगुलियों से अपने दैहिक रूपाकार की ओर संकेत करती है, मानों यह जताने के लिये कि वह पूरी तरह से वह, यानी आत्मा, यानी वह स्वयं है : और वह आलोड़ित है उस आत्मपहचान के जम जाने की उद्विग्नता से जो आत्मभाव की इस तरह की घेरेबन्दी में, और परिणामत: अन्यता के वातावरण के द्वारा परिकल्पित आत्मभाव की घेराबन्दी में, आत्मभाव की अतिशयता के उत्सव में नृत्य की मुक्त गति के निषेध में निहित है। नर्तकी का दाँयाँ हाथ हमसे एक तीख़ा सवाल पूछता है : क्या मैं महज़ यह दैहिक रूप ही हूँ? अगर मैं अपनी, आत्मा की, आत्मछवि के विस्तार में पहले से ही अन्य तमाम रूपों को समाहित नहीं किये हूँ, तो फिर मैं अपने

टू फ़िगर्स, १९८४ | १५०×११० सेण्टीमीटर | एक्रिलिक ऑन कैन्वस | तैयब मेहता

नृत्याभिनय में वे अन्य रूप कैसे धारण कर सकूँगी?

१९९४ की दो आकृतियाँ (''टू फ़िगर्स'') ऐकान्तिक अस्मिता के मज़ाक़ उड़ाते, धमकाते, आइडियोलॉग हैं, अशोक वाटिका की वे राक्षसियाँ जो सीता (१९४७ की नृत्यरत, या सम्भावित रूप से नाचने जा रही आकृति) पर जड़ीभूत, नृत्यवंचक, आत्मपहचान की क़ैद आरोपित कर रही हैं। कदाचित उसको उस बँधे हुए बैल (१९५६) की अवस्था में घटा देने की धमकी देती हुई, जो आत्मावनति की रस्सियों से दैहिक पहचान के स्थिर रूपों में जकड़ी आत्मा की जीवन्त आत्मकल्पनाशील प्राणशक्ति है, स्वामित्व और अधीनीकरण का विषय, न कि स्वतन्त्रता का विषय (सीता ने अन्तरात्मा के इस तरह के कारावास को लंका और अयोध्या दोनों ही जगहों पर अस्वीकार किया था)।

ट्रॅस्ड बुल, १९५६ | १०१.६×१२७ सेण्टीमीटर | ऑयल ऑन कैन्वस | तैयब मेहता

त्रिफलक की त्रयी

''...जिस सबसे पहली आकृति को मैंने गम्भीर विचार और अनुभूति के साथ चित्रित किया था वह बँधे हुए बैल की आकृति थी,'' तैयब कहते हैं, और यह कि ''एक आकृति के अन्वेषण के तौर पर बँधा हुआ बैल मेरे लिये कई स्तरों पर महत्त्व रखता था। एक ऐसी असामान्य ऊर्जा का वक्तव्य जो अवरुद्ध या बँधी हुई है। जिस तरह लोग पशु के पैर बाँधकर जिबह करने के पहले उसको बूचड़खाने के फ़र्श पर पटक देते हैं, उससे आप महसूस करते हैं कि कोई बेहद जीवन्त चीज़ ख़त्म हो गयी है। बँधा हुआ बैल राष्ट्रीय दशा का प्रतिनिधि भी प्रतीत होता है... मनुष्यता का पुंज जोकि अपनी ज़बरदस्त ऊर्जा को प्रवाहित करने या दिशा देने में सक्षम नहीं है। शायद मेरे अपने शुरुआती जीवन को लेकर मेरी अनुभूति भी।''

ज़मीन पर पड़ा हुआ और भीड़ के द्वारा जिबह किया जाता वह नौजवान १९४७ की स्वराज की सड़क की वास्तविकता को देखते इस नौजवान कलाकार को बँधे हुए बैल जैसा ही प्रतीत हुआ होगा; और बाद में, आत्म-जिज्ञासा के त्रिफलक-काल में उस हत्यारी भीड़ और उसके अपने अपार्टमेण्ट-दुर्ग की अलग-थलग सुरक्षा की स्मृति भी तैयब के मन में बैल-आत्मा के एक सीमांकित, स्थिर, बँधे हुए शारीरिक बल में घटा दिये जाने के रूप में बनी रही होगी : वैयक्तिक और सामूहिक स्थानीय पहचान में संकुचित सर्वव्यापी स्वतन्त्रता के रूप में।

यह १९८४ का शान्तिनिकेतन और उसके सन्थाल वातावरण में प्रवास का वह दौर रहा होगा जब तैयब ने बकरी को, बँधे हुए बैल से भिन्न पीड़ामुक्त, क्रीड़ामय विश्वासी जीवन से युक्त रूप में तान्त्रिक अनुष्ठान के लिये ले जाये जाते हुए देखा होगा; और ख़ुद से सवाल करती १९९७ की नाटी नृत्यरत आकृति निश्चय ही त्रिफलक की ''मूलभूत प्रेरणा'' है : ''(सन्थाल) उत्सव में सफ़ेद वस्त्रों में एक नाटी स्थूलकाय स्त्री। वह आयी और उसने खम्भे के पास थोड़ा-सा पानी उँडेला और चली गयी। पता नहीं कहाँ। वहाँ एक अस्थायी मन्दिरनुमा कोई चीज़ थी, मुझे यह जरा भी नहीं सूझा कि वह एक झोपड़ी के अन्दर बैठी होगी। मैंने उसको केवल बाहर से ही देखा क्योंकि मुझको अन्दर जाने की इज़ाज़त नहीं थी और वह अन्दर चुपचाप बैठी थी।''

मेरा सुझाव है कि उस खम्भे (वध-स्तम्भ नहीं बल्कि धरती और आकाश को जोड़ने वाला प्रकाश-स्तम्भ) को पानी देने वाली वह (१९९७ की ख़ुद से सवाल करती नर्तकी में रूपान्तरित)

नाटी, स्थूल स्त्री, त्रिफलक की जोख़िम में पड़ी किन्तु निश्चिन्त बकरी की ऐन्द्रिय मैडोना साथी है : स्त्री और चौपाया, सन्त और जीवन, साझा अंगों के चमत्कार को झेलती हुई और एक ऐसे स्वराज की कल्पना करती हुई जो ''चारों पैरों पर'' है, वधिक की आत्मजड़ीभूत असुरक्षित द्विपादीयता से भिन्न, अपनी बहुपादीयता में सुरक्षित। यह सन्त कौन है, अंजली, बकरी की यह संगिनी देवी?

''वक़्त आ गया है जब तुम यह पूछो,'' तुम समेत मननशील स्त्रियाँ कहती हैं; साथ में, कदाचित एक ईसाई स्वर में, बाद में लगा कि एडिनबरा की आँखों की डॉक्टर की आवाज़ में, यह मशविरा भी देती हैं कि ''पलकें झपकाते हुए सोचो।''

त्रिफलक के क्रूस के पैताने बकरी के रूप में ईसा हैं, लुप्त हो जाने के जोख़िम में पड़े समग्र जीवन की क्रीड़ामय ऊर्जा। त्रयी के प्रथम पुरुष के रूप में ईश्वर पिता भी है और माँ भी है, और वह अपनी बकरी-बालिका की मदद के लिये पुरुष योगी के रूप में शून्यता (रूपहीनता) के आकाश से नीचे उतरकर, और पवित्र त्रयी, तीन आदिवासी स्त्री-मैगी, की तृतीय मूर्ति के रूप में पृथ्वी की गहराइयों से उभरकर आता है।

''पिता'' और ''माँ'' आत्मा के रूपक हैं, सम्पूर्ण प्रकटन के स्रोत, आत्मबोध का गर्भ जिसमें कोई 'अनात्म', कोई ऐकान्तिक आत्मभाव, प्रकट नहीं हो सकता, उसमें केवल आत्मा की आत्मछवियों का प्रकटन ही सम्भव है। पिता के रूप में ईश्वर या आत्मा किसी अनात्मा को नहीं देखता और वध के लिये चिह्नित बकरी की जगह लेने की इच्छा व्यक्त करता है तथा अपने ही एक और बालक (एक गहन रूप से छद्मावृत, अस्पष्ट, आत्मछवि) वधिक को यह दर्शाता है कि विनाशवादी उद्विग्नता और विस्तीर्ण शान्ति दोनो ही हमारे हाथों में हैं : ''अन्यता'' आरोपित करने वाली अपनी अँगुलियों को ''आत्मा'' को प्रतीकित करते अपने अँगूठे के साथ मिलाने, यानी चेतना को उस तरह पुनर्विन्यस्त करने की हमारी अक्षमता या या सक्षमता में, जिसका आनन्द उसको निरूपित करने वाली हस्तमुद्रा के सौन्दर्य में प्रतिबिम्बित है।

और माँ के रूप में ईश्वर या आत्मा दूसरों की ख़ातिर सिर्फ़ दुःख ही नहीं झेलती बल्कि अपने को सक्रिय रूप से अपनी बकरी-आत्मछवि के साथ, अपनी ईसा-बालिका के साथ, क्रीड़ा में तदात्म कर लेती है, उस परस्पर-रूपान्तरकारी आलिंगन में जो आत्मा की निरन्तरता को व्यक्त करता है, आत्मछवि के साथ आत्मान्वेषण के तादात्म्य में; और आत्मबोध की प्रक्रिया में आत्मा के साथ आत्मछवि के तादात्म्य में।

और सचेत मैगी, यानी अनन्त आत्मबोध और आत्मपरिकल्पना के अनन्त क्षेत्र के रूप में ईश्वर या आत्मा, शून्यता हैं, उस कालहीनता का परदा जिसपर आत्मपरिकल्पना का, आत्मविरूपण और आत्मोपलब्धि का चलचित्र प्रक्षेपित है, काल और इतिहास का नाटक प्रक्षेपित है।

इसलिये, अंजली, शिव-शक्ति और शून्य का पुनर्मिलन आत्मबोध, यानी स्वराज का पुनर्जन्म है। आध्यात्मिक परम्परायें भी आत्मा की आत्मछवियाँ हैं; और उनके अन्तरसम्बन्ध के मेरे अन्वेषण में रमण महर्षि का आशीर्वाद और तुम्हारी शुभकामनायें और प्रार्थनायें हो सकती हैं।

लेकिन सन्त मैडोना का मेरा अन्वेषण अभी पूरा नहीं हुआ है। ज़रा तैयब के त्रिफलक–पूर्व के चित्र 'रिक्शा–पुलर' (१९८२) में उसकी उपस्थिति पर ध्यान दो; मेरा ख़याल है यह कोलकाता से प्रेरित है, जहाँ आज भी हाथ से खींचे जाने वाले रिक्शे हैं, और तब भी यह चित्र अपनी छवि और अर्थ में पूरी तरह से सार्वभौम है। लेकिन पहले एक नज़र एक बाद वाले रिक्शा अध्ययन (१९९४) पर डालो, जो पुनरावलोकी क्रम में १९८२ की कृति पर प्रकाश डालता है।

ट्रॅस्ड बुल ऑन रिक्शॉ, १९९४ | १५०×१२० सेण्टीमीटर
एक्रिलिक ऑन कैन्वस | तैयब मेहता

रिक्शा ढोने वाले का साक्ष्य

किसी कृशकाय, नंगे पैर आदमी द्वारा हाथ से खींचे जाते रिक्शे पर दो या और भी ज़्यादा थुलथुल, अघाये लोगों की सवारी समाजवादियों द्वारा प्रशासित पश्चिम बंगाल की राजधानी कोलकाता में अभी हालहाल तक एक चिरपरिचित और घृणा उपजाने वाला दृश्य रहा है। इस असाधारण नगर के तमाम अन्य पर्यटकों की भाँति तैयब को भी इन दृश्यों को देखकर आघात पहुँचा होगा। रिक्शा ढोने वालों का उनका पहला अध्ययन बँधे हुए बैल के ज़माने में, १९५० के दशक में सामने आया था; लेकिन, अंजली, मैं तुम्हारा ध्यान एक त्रिफलकोत्तर ''रिक्शा'' कृति (१९९४) की ओर आकर्षित करना चाहता हूँ, जिसका शीर्षक है ''ट्रस्ड बुल ऑन रिक्शा'' (''रिक्शे पर सवार बँधा हुआ बैल''), जहाँ एक रिक्शा तो है लेकिन रिक्शा ढोने वाला नहीं है, केवल एक सवारी है— बँधा हुआ बैल!

अस्मिता के ''आदिवासी'', ''स्रोतान्वेषक'' ''आत्ममूलक'' अद्वैतवादी अन्वेषण की रोशनी में, जो मैं समझता हूँ कि तैयब के त्रिफलक में और त्रिफलकोत्तर कृतियों में उद्घाटित होता है, बँधे हुए-बैल-को-ढोते-और-ढोये जाते रिक्शे को हमारे गहन रूप से विचलनकारी किन्तु शिक्षाप्रद सत्य की तरह देखा जा सकता है।

निर्धनता से विवश होकर कोलकाता में हाथ से ढोया जाता रिक्शा चलाने आया गाँव से निर्वासित एक व्यक्ति निश्चय ही सामाजिक शोषण और प्रौद्योगिकीय प्रतिगामिता का शिकार है; लेकिन इससे भी ज़्यादा बुनियादी तौर पर वह हमारे युग की प्रभावी आत्मछवि का भी शिकार है, विशेष रूप से उस आत्मछवि का जो उसको, यानी आत्मा को, पूरी तरह से, जीवन और जगह-को-भरती चेतना की परगामी उछाल से रिक्त, मात्र उसके दैहिक रूप में पहचानती है : एक बँधा हुआ बैल, संकटग्रस्त, बन्धन में पड़ा हुआ जीवन, मृत ईसा, जो त्रिफलक के वध-स्थल के पैताने नृत्यरत, अंग-आन्तरित, मेरी (या श्री रामकृष्ण की सन्त-वधू शारदा) की कृपा से आत्मबोध के पुनर्जन्म की प्रतीक्षा कर रहा है : चेतना का एक पुनर्विन्यास जो रिक्शा ढोने वाले और उसके शोषकों को उनकी जड़ीभूत आत्मपहचानों से मुक्त कर उनको समतावादी और पर्यावरणीय उत्तरदायित्वों तथा अस्तित्वपरक संवेदनशीलता से युक्त एक व्यापकतर और गहनतर आत्म-पुनरीक्षण की ओर ले जाता है।

रिक्शॉ-पुलर, १९८२ | विवरण | तैयब मेहता

रिक्शॉ-पुलर, १९८२ | विवरण | तैयब मेहता

रिक्शा ढोने वाले के १९८२ के अध्ययन में दैवकृपा सबसे निकट है। इस श्रमशील आकृति ने एक उत्कृष्ट घोड़े के एक ओर झुके सिर का शर्मीलापन हासिल किया हुआ है, उसकी बैल जैसी सामर्थ्य वापस लौटी हुई है (उसमें 'गुएर्निका' की तरह की चीख़ नहीं है, न ही वह वह पंगु या बँधा हुआ है जैसे कि तैयब के १९५६ के दूसरे अध्ययनों में है : वह अपने जीवन के स्पष्ट नियन्त्रण में, स्वराज में, है)। "तुम कौन हो ?" हम उससे पूछते हैं, उसको कटघरे में खड़ा करते हैं। उसकी रूपरेखा, और यही वह चीज़ है जो वह प्रदर्शित करता है, एक साक्ष्य है, शायद यह साक्ष्य :

"उस आत्मबोध की रोशनी में जो उसके द्वारा संकेतित है जो मेरी बगल में खड़ी है, और जो आत्मबोध मेरे हृदय में जाग रहा है, उसकी रोशनी में मैं स्वयं को अन्य चीज़ों के विरुद्ध किसी चीज़ के रूप में नहीं, बल्कि आत्मा की आत्मछवि के रूप में देखता हूँ, ऐसी आत्मछवि जो अद्वितीय भी है और तमाम अन्य आत्मछवियों के साथ अन्तर्गुम्फित भी है। एक सामाजिक रूप से शोषणपरक पेशे की शिकार होने के बावजूद मेरी द्विपादीयता (उन सवारियों के बोझ के अधीन जिनने अपनी द्विपादीयता को तजकर अपने शरीरों का सारा बोझ मेरे ऊपर डाल दिया है, और इस तरह मेरी इस ग़लतफ़हमी को गहरा दिया है कि "मैं महज़ एक दैहिक रूप हूँ, तमाम अन्य चीज़ों जैसी ही एक चीज़")—इस सब के बावजूद मेरी द्विपादीयता आत्मा की कोई अहंकारी आत्मछवि ("आत्मनिर्भरता", "अपने पैरों पर खड़े होना") नहीं है।

"मेरे हृदय का आत्मबोध का प्रकाश (और साक्षात रूप में शारदा माँ का मेरे साथ चलना, जैसे ईसा अपने शिष्यों के साथ एमाउस के रास्ते पर चले थे) मेरे सामने इस बात को उजागर करता है कि हाथ से रिक्शे ढोने वाले तमाम दूसरे लोग मेरी अपनी आत्मछवियों की बिरादरी से हैं, और हमारी एकजुटता को हमारी निर्धनता का शोषण करने वालों द्वारा समझा जायेगा, उस एकजुटता को जो सिर्फ़ हमारे पीड़ादायी कठोर श्रम के बदले हमें मिलने वाली मज़दूरी के विरुद्ध ही नहीं है बल्कि वह आत्मा की, यानी स्वयं हमारी, प्रांजल छवि के रूप में हमारी उस द्विपादीयता की अखण्डता के पक्ष में भी है, जो हमारे अपमानजनक कठिन परिश्रम के द्वारा उन्मूलित है; और जन सामान्य की अन्तरात्मा हमारी दुर्दशा को कम करने तथा आत्मा (उनकी और, अविभाज्य रूप से, हमारी भी, क्योंकि वे भी मेरी आत्मछवियाँ हैं) की एक अपमानित छवि को उसकी गरिमा तथा कुशाग्रता में बहाल करने के लिये प्रेरित होगी।

"नैतिक रूप से परस्पर बँधा हुआ मानव समुदाय जहाँ व्यक्ति और संघटक सामूहिकतायें आत्मा के स्व-प्रतिनिधित्वों के रूप में समान स्तर पर प्रतिष्ठित हों, वही मानव समुदाय स्वराज का एक सशक्त दृश्य होगा : ऐसा मानव समुदाय नहीं जो एक दूसरे से विलग हो।"

"मेरा घोड़ेनुमा व्यवहार मुझे अपनी तमाम ग़ैर-मानवीय आत्मछवियों का स्मरण दिलाता है। ग़ैर-मानवीय प्राणियों का ऊर्जस्वित और तब भी पर्यावरणीय दृष्टि से संयमित (भूख की अनिवार्यताओं से परे किसी तरह की भक्षणपरक हिंसा नहीं) जीवन आत्मा की स्वयं-पर्याप्तता की एक नाटकीय आत्मछवि, या नाटकीय आत्मछवियों की एक शृंखला है। इन सर्वोत्कृष्ट रूप से सुन्दर जीवन-रूपों के प्रति अपनी क्रूरता के चलते हम इन आत्मछवियों को कितना गहरे तक विरूपित करते

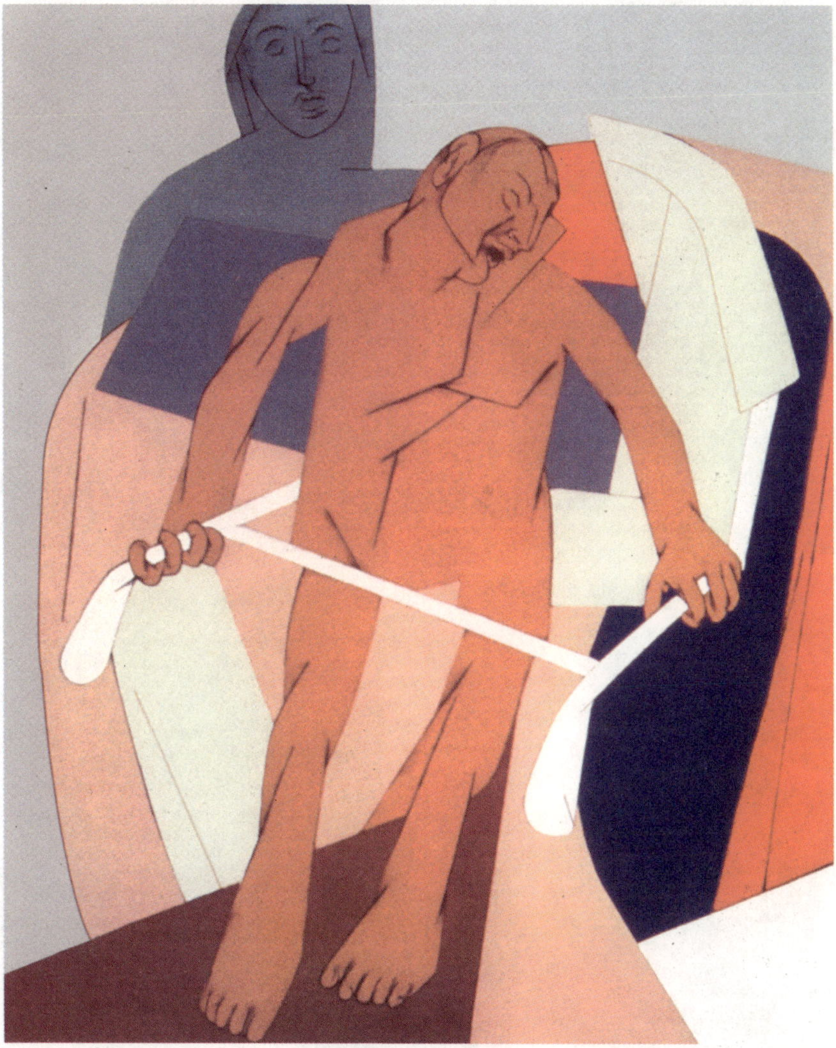

रिक्शॉ-पुलर, १९८२ | १५०×१२० सेण्टीमीटर | ऑयल ऑन कैन्वस | तैयब मेहता

''क्या ये स्वराज है'' नोआखाली में गाँधी, १९४७

नोआखाली में गाँधी, १९४७ | अपने पैर मापते हुए

हैं; यहाँ तक कि एक दूसरे के विरुद्ध मनुष्यों की हिंसा, वैयक्तिक और सामूहिक दोनों ही स्तरों की हिंसा, शान्तिपूर्ण परस्पर निर्भरता और सम्मानजनक और सहअस्तित्वपूर्ण परस्पर भिन्नता के मनुष्यता के आत्मप्रतिबिम्बनशील कला-कर्म को तहसनहस कर देती है।

''और पृथ्वी की गोलाई, जीवन-रहित वास्तविकता, आत्मा की सम्पूर्णता की शबीह, मेरे नंगे पैरों के प्रहार को झेलती है, एक ऐसे समय में जबकि वह रॉकेटों द्वारा छोड़े जा रहे प्रक्षेपास्त्रों से क्षत-विक्षत हो रही है : और उसके पर्वत वृक्षों के आवरण से हीन हो रहे हैं, उसकी नदियाँ और महासागर और सुरक्षात्मक आकाश हमारे विचारहीन लालच से प्रदूषित हो रहे हैं।''

''हे समुद्राच्छादित, पर्वत-वक्षधारी धरती माता, मुझे क्षमा करना कि हम तुझे रौंधते हैं! हे सर्वव्यापी आत्मबोध की संगिनी (उसकी आत्मछवि), हे शून्यता की संगिनी, तुझे प्रणाम करता हूँ, हमें क्षमा कर देना!''—रिक्शा ढोने वाला कहता प्रतीत होता है, और इन शब्दों के साथ, स्वतन्त्रता में पहला क़दम रखते हुए वह देवी की एक प्राचीन प्रार्थना को प्रतिध्वनित करता लगता है।

भारहीन रिक्ति उसकी सवारी है, अन्तहीन आत्मबोध, आत्मा, उसकी पथप्रदर्शक दिव्यता है। हमारे समय की भावना के अनुसरण में बायीं ओर मुड़ते हुए वह अपने उस बाँयें मुड़ने को, अपनी नियति पर निगाह रखती आत्म-शक्ति की प्रदक्षिणा तक विस्तार देने को तत्पर है—आत्मबोध, अर्थात् स्वराज की खोज में, विश्व पर वर्चस्व की खोज में नहीं।

अंजली, रिक्शे पर सवार (लेकिन टाँगे फैलाकर नहीं) उस दीप्तिमान अलौकिक-नारी-सन्त (शारदा या त्रिफलक की मैडोना) की भूमिका उस स्टेचू ऑफ़ लिबर्टी जैसी ही है, जो क्रान्ति-उत्तर फ्रांस ने अमेरिका की तत्कालीन नयी दुनिया को उपहार में दी थी, सन्तप्त मनुष्यता को स्वतन्त्रता के तट पर आमन्त्रित करते हुए: लेकिन प्रतिशोधपूर्ण हिंसा को वैधता दिये बग़ैर (देखो, डेलाक्रोइक्स का चित्र 'लिबर्टी')।

त्रिफलक के आसपास तैयब द्वारा किये गये आत्मपहचान के अन्वेषण से ताल्लुक रखने वाली कृति 'रिक्शा पुलर' (१९८२) कुछ बरस पहले दिल्ली के बुद्ध जयन्ती पार्क में दलाइ लामा द्वारा स्थापित बुद्ध की भूमि-स्पर्श प्रतिमा के क़रीब बैठती है। तुमको इसके सन्दर्भ की जानकारी है।

बुद्ध ने बोधि वृक्ष के नीचे बैठकर ज्ञान प्राप्त किया है। प्रलोभक मार (संशायात्मा, हँसी उड़ाने वाला, त्रिफलक का वधिक—कहानी के एक सम्भाव्य रूपान्तरण में अंगुलिमाल?) बुद्ध से माँग करता है कि वे अपनी ज्ञान-प्राप्ति का साक्ष्य प्रस्तुत करें। बुद्ध भूमि का स्पर्श करते हैं, वह साक्षी है, बुद्ध का मार्ग उसपर और उसके पूरे जीवन पर कोई भार नहीं है।

१९८२ का रिक्शा ढोने वाला जिस रिक्ति को ढो रहा है वह आत्मा के शारदा-मैडोना चेहरा की भारहीन पूर्णता है, अनुग्रह न कि बोझ, बोध न कि शोषण।

और एक अन्तिम तुलना हमारे समय के सबसे शिक्षाप्रद फ़ोटोग्राफ़ से जो गाँधी स्मृति म्यूज़ियम में प्रदर्शित है जहाँ मैंने तुम्हें ले जाने का वादा किया हुआ है, तुम्हारा गाइड बनकर।

गाँधी नोआखाली में, विभाजन के बाद बंगाल (जोकि अब बांग्लादेश में है) के जनसंहार के इस

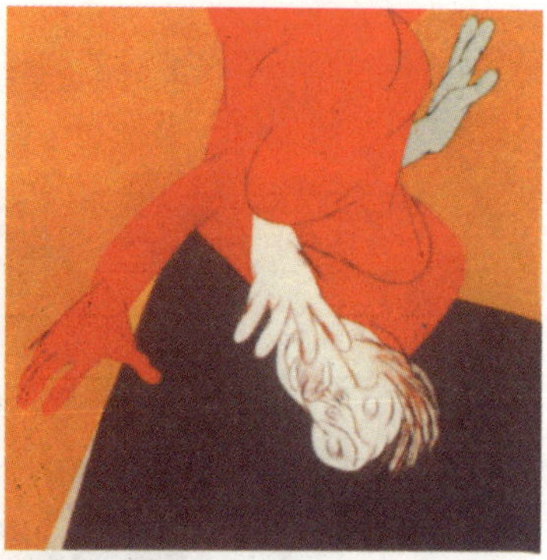

फ़ालिंग फ़िगॅर, विवरण | तैयब मेहता

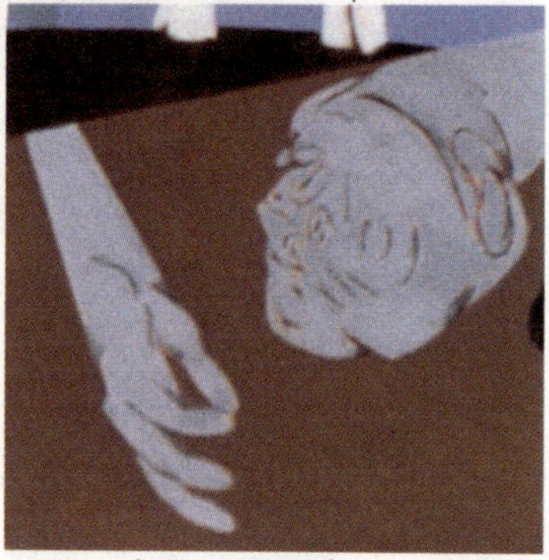

कच्छप-योगी, शान्तिनिकेतन त्रिफलक फलक-२, विवरण

इलाक़े में, सहानुभूति और सान्त्वना और शक्ति-संवर्धन की अपनी मुहिम के तहत, अकेले बाँस का बना एक सँकरा पुल पार कर रहे हैं। उनके हाथ में एक लाठी है जो उनसे ज़्यादा लम्बी है (मापदण्ड, ब्रह्मदण्ड, जोकि हिन्दू, मुस्लिम, यहाँ तक कि मनुष्यता की आत्मपहचान से भी बड़ा है)। उनकी निगाहें उनके पैरों पर जमी हुई हैं और वे बन्धन से स्वराज के अपने रास्ते को इस मापदण्ड से मापते चल रहे हैं, जोकि अहंकार की नहीं बल्कि लम्बी लाठी द्वारा प्रतिबिम्बित सर्व-समावेशी पहचान का मापदण्ड है। वे लक्ष्य की ओर नहीं ताक रहे हैं। ज्ञानोदित नियति के पक्ष में अहंकारपरक अस्मिता का परित्याग अपने आप में स्वराज है। वह शुभ की सम्प्रभुता की हृदयस्पर्शी तस्वीर है जो उनको दिल्ली में शहादत के सीधे और सँकरे रास्ते पर ले जाती है।

१५ अगस्त १९४७ को, भारतीय स्वाधीनता दिवस पर, गाँधी कोलकाता में थे और शहर में एक कार में अपनी आँखों से इस दोषपूर्ण किन्तु आध्यात्मिक रूप से अत्यावश्यक भारतीय स्वराज के उत्सव को देख रहे थे।

अंजली, मैं यह कल्पना करना चाहूँगा कि वे अपनी कार से उतरते हैं और एक रिक्शा ढोने वाले से आग्रह करते हैं कि वह कुछ देर उनको उसका वाहन खींचने दे। हर साँस के साथ "राम" का मन्त्रोच्चार (एक आध्यात्मिक गतिविधि जिसका संस्कार उनको उनके बचपन में एक घरेलू दाई रम्भा द्वारा दिया गया था) करते हुए बूढ़े मोहनदास गाँधी ने अपने पैरों में एक हल्केपन का, एक बोझहीनता का, आत्मबोध की एक झलक का अनुभव किया होगा, और सम्भव है रम्भा को अपने आसपास और अपने भीतर महसूस किया होगा जो उनको हिन्दुस्तान के विभाजन को जाँचने और नाकाम करने के लिये, और इस तरह हिन्दुस्तान की आध्यात्मिक परम्परा के सम्मान की रक्षा के लिये और मात्र हिन्दू नहीं बल्कि व्यापक मानवीय बिरादरी के हित में शहादत को हासिल कर हिन्दुत्व के ईसाई आलोचकों को जवाब देने लिये एक असमाप्य गृहयुद्ध की शुरुआत करने से रोक रही होगी।

नोआखाली का एक डरा देने वाला छायाचित्र है जिसमें आहत गाँधी एक दीवार के क़रीब खड़े हुए हैं; निश्चय ही कटे हुए शरीरों को देखते हुए, जैसे तैयब ने उसी समय के आसपास मुम्बई में देखे थे।

इस चित्रकार की १९९४ की कृति 'फ़ालिंग फ़िगॅर' में, और त्रिफलक के कच्छप-योगी की मूलभूत आकृति में, गाँधी की प्रेम की अथक साधना—मुक्ति की भारहीनता और संवेदना की अथक साधना—की पराकाष्ठा की एक झलक मौजूद है।

वूमन ऑन अ रिक्शॉ, १९९५ | १५०×१०० सेण्टीमीटर | एक्रिलिक ऑन कैन्वस | तैयब मेहता

क्या स्वराज अटल है?

तैयब का हाथ से खींचे जाना वाला रिक्शा हमारी ''देहात्मबुद्धि'' की, अपने साथ, अर्थात् आत्मा के साथ, अपने दैहिक रूपों के साथ, हमारे तादात्म्य की एक सशक्त छवि है। सवारी के रूप में, और रिक्शा ढोने वाले के रूप में, हम परिकल्पित आत्मभाव और प्रक्षेपित अनात्म के बीच एक तीव्र संघर्ष की शुरुआत करते हैं : वर्ग, वर्ण, नस्ल, लिंग, प्रजाति से सम्बन्धित और अन्य युद्ध। रिक्शे से जुड़ी दो असाधारण कृतियाँ (दोनों का शीर्षक है ''वूमेन ऑन अ रिक्शा''), दोनों ही १९९५ में निर्मित, बन्धन की हमारी रिक्शा परिस्थिति को उजागर करती हैं और रिक्शा, अर्थात् हमारी भौतिकता, को तजे बिना स्वतन्त्रता की ओर ले जाने वाले मार्ग का संकेत करती हैं।

ये कृतियाँ कोलकाता के रिक्शा ढोने वालों के रेखांकन नहीं हैं यह बात, अगर मैं ग़लत नहीं हूँ तो, इस तथ्य से उजागर होती है कि इस महानगर में कोई रिक्शा ढोने वाली स्त्रियाँ नहीं हैं। स्त्रियाँ रिक्शों में विश्राम कर रही हैं (i) और सोयी हुई हैं (ii), जैसा कि उनको ढोने वाले पुरुष अक्सर दोपहर की गर्मी में या रात के समय बिस्तर के अभाव में करते हैं। यौगिक प्रतीकात्मकता छिपी हुई नहीं है, जैसे कि वह त्रिफलक के उभयलिंगीय वधिक और मुद्रा-बोधक कच्छप-पुरुष और बकरी तथा मैडोना के जीवात्मा-परमात्मापरक पारस्परिक कायान्तरण में भी छिपी हुई नहीं है।

हमारे रिक्शावतार में निहित ''मैं पूरी तरह से यह दैहिक रूपाकार हूँ'' की चेतनापरक प्रवृत्ति में एक सोयी हुई, अर्धजाग्रत शक्ति निहित है, ''मैं हूँ'' (न कि ''मैं यह हूँ या वह हूँ'') की चेतना, आत्मा का शुद्ध आत्मबोध: वधिक के, अर्थात् हमारे, ''मैं अनात्म द्वारा आखेटित हूँ, मैं अपने साथ-साथ उसको नष्ट कर दूँगा'' के आत्मबोध के मर्म में गहरे दफ़्न आत्मोपलब्धि का सुप्त सौन्दर्य।

यह द्वैत के घावों के निशान लिये दादुर-राजकुमार, दिकूयो, कच्छप-साधु को टोपधारी वधिक के आतंकित और आतंकदायी हृदय में सोयी हुई देवी-शक्ति को जगाने की ओर, मयूर मुद्रा के खिलते हुए पुष्प के सामंजस्य स्थापित करने वाले जादू की ओर, ले जाता है।

और रिक्शों में सोयी हुई उन्नत उरोजों और एकाधिक पैरों वाली स्त्रियाँ त्रिफलक-मैडोना का चिरस्थायी रूप है। परस्पर आलिंगनबद्ध आत्मा-ब्रह्म और बकरी-जीव, एक दूसरे में विलीन होते हुए, मार्मिक प्रार्थना और तत्काल प्रतिश्रुति। स्वराज का देदीप्यमान प्रकाश, जो साक्षी चिन्तनशीलों

वूमन ऑन अ रिक्शॉ, १९९५ | १५०×१०० सेण्टीमीटर | एक्रिलिक ऑन कैन्वस | तैयब मेहता

को एडिनबरा डॉक्टर के नुस्खे की ओर आज्ञापरायण ढंग से पलकें झपकाने को विवश कर रहा है। क्या स्वराज अटल है, क्या आत्मविकृतिकरण के कारणों को हटा दिया गया है? क्या सर्वनाश को स्थायी रूप से टाल दिया गया है? क्या हमने देवी माँ को अक्षम्य रूप से घायल नहीं कर दिया है? क्या वह अकेली, शिव के बिना, पृथ्वी पर आत्मा की लीला को पूरा कर पायेगी? हम मदद के लिये 'काली' (१९८६) की ओर और 'महिषासुर' (१९९८) की ओर मुड़ते हैं।

काली II, १९८८ | १७०×१३७.५ सेण्टीमीटर | ऑयल ऑन कैन्वस | तैयब मेहता

बंगाल में मैं हर कहीं काली की उपस्थिति को अनुभव कर सकता था

त्रिफलक का मध्यवर्ती, दूसरा फलक जो अपने संक्षिप्तीकृत आकाशों और उस कटे हुए ध्वज-स्तम्भ से युक्त है जो अपने पैताने गिलोटिन की धार की छाया डाल रहा है तथा जिसके चारों ओर वह मातृवत स्त्री तथा बकरी और एक क्षत-विक्षत योगी एकत्र हैं जो पृथ्वी पर मौजूद समस्त जीवन के आत्मघाती हत्यारे होने को उत्सुक पीड़ोन्मादी वधिक के हाथों वध किये जाने के लिये चिह्नित हैं—त्रिफलक का यह मध्यवर्ती फलक आदिवासी चिन्तनशीलों द्वारा चुपचाप देखे जाते प्रलय का नग्न दृश्य है। लेकिन योगी की मुद्रा के प्रस्फुटनशील प्रतीक द्वारा वधिक का उभयलिंगकारी कायान्तरण और स्त्री तथा बकरी का कायान्तरणकारी, एक को दूसरे के अंगों में साझीदार बनाता आलिंगन यह अकाल संकेत देता है कि सब कुछ ठीक-ठाक है, कि काल और छद्म अस्मितायें स्थायी रूप से कालहीन आत्मोपलब्धि में मुक्त कर ली गयी हैं।

अन्धकार में प्रकाश के, मृत्यु और असत्य में जीवन और सत्य के ऐसे हस्तक्षेप की सम्भावना से इन्कार किये बिना, त्रिफलक हमें पलकें झपकाती, आत्मछल से मुक्त (तुम जैसी) अपनी चिन्तनशील साक्षियों के माध्यम से चेतावनी देता है कि फलक-१ और ३ए फलक-३ में उनकी संशयात्मक उपस्थिति की और फलक-१ में उनकी सहभागी, उच्छेदक भूमिका की माँग करते हुए इस तरह की सान्त्वना से रहित हैं। स्पष्ट ही तब ऐसा लगेगा कि तैयब प्रकाश के मध्य अन्धकार के इस अस्तित्व से परेशान होकर प्रार्थना की मुद्रा में काल की प्रचण्ड दिव्यता, काली, की ओर मुड़ते हैं।

चित्रकार ने स्वीकार किया है कि "मैं देवी माँ की ओर हमेशा आकर्षित रहा हूँ...वह एक आद्य छवि है...शान्तिनिकेतन, बंगाल में मैं काली की उपस्थिति को हर कहीं अनुभव कर सकता था।"

चलते-चलते, अंजली, मैं तुम्हें कुछ समकालीन भारतीय कलाकारों की उस प्रदर्शनी के बारे में बताना चाहता हूँ जिसको गाँधी जी के शहादत स्थल पर स्थित स्मारक संग्रहालय 'गाँधी स्मृति' दिल्ली में १९९१ में आयोजित करने का सौभाग्य मुझे प्राप्त हुआ था। तैयब की १९८६ की कृति 'काली' भी इस प्रदर्शनी में शामिल थी। विवान सुन्दरम की 'बिग शान्ति', रामकुमार का एक भूदृश्य चित्र और नसरीन मोहमदी के रेखांकनों का एक सैट इस प्रदर्शनी की अन्य कृतियाँ थीं। यह प्रदर्शनी अयोध्या 'रथयात्रा' द्वारा उत्पन्न साम्प्रदायिक तनाव के उन दिनों में गाँधी जी की

शहादत के उत्सव का एक हिस्सा थी।

'गाँधी स्मृति' का भ्रमण करने हर दिन देश भर से बड़ी संख्या में लोग आते हैं, जिनमें बहुत से निरक्षर और बच्चे भी होते हैं, और वे समकालीन कलाकृतियों की इस प्रदर्शनी को देखने भी आये। इन लोगों के समक्ष हिन्दी में इन कलाकृतियों का महत्त्व बताते हुए इनके गाईड की तरह काम करना मेरी ज़िन्दगी का अत्यन्त सन्तोषजनक सम्प्रेषणात्मक अनुभव रहा था।

नसरीन के त्रिकोण और रेखायें, त्रिकोणों के भीतर त्रिकोण और समानान्तर, केन्द्रापसारी और केन्द्राभिसारी रेखायें शून्य की एक कार्डियोग्राफ़ी हैं, जोकि नसरीन की चिन्तनाभिमुखी कला का केन्द्रीय सरोकार है। इन सीधी-सादी किन्तु प्रेरक ''ड्राइंग्स-आऊट'', अनफ्रीज़िंग्स के, देश और काल और जीवनी और इतिहास में मौजूद इन ''बिन्दुओं'', जहाँ हम अपने आपको पाते हैं, के बड़ी संख्या में ऐसे दर्शक थे जो ''ईसीजी'' के पैटर्नों से परिचित थे, और इन पैटर्नों तथा नसरीन की ज्यामिती के बीच समानताओं को तुरन्त लक्ष्य कर पा रहे थे; और जब मैंने उनको यह सुझाया कि ये रेखांकन ''हमारी विक्षुब्ध और विभाजित भूमि के ऊपर के आकाश की करुणामय हृदय की धड़कनों को प्रतिबिम्बित करते हैं'' तो मैंने महसूस किया कि वे नसरीन मोहमदी की कला को महज़ कौतूहल से देखने की बजाय उससे सान्त्वना महसूस कर रहे थे, जैसीकि वे तब महसूस करते हैं जब कोई डॉक्टर उनको सूचित करता है कि उनके परिवार के बीमार सदस्य की ईसीजी रिपोर्ट ''वास्तव में सामान्य'' है। आस्था विभाजन के जनसंहार के बावजूद बची रह सकी थी।

इसी तरह रामकुमार के विस्तृत अमूर्त्त चित्र से संकेतित किसी भूस्खलन या बाढ़ में तबाह तहस-नहस होकर बिखरी हुई संरचनाओं को एक जिज्ञासु दर्शक-समूह ने धार्मिक-बहुलतावादी मार्ग पर किये गये इस उपमहाद्वीप के कुविचारित विभाजन द्वारा थोपे गये साम्प्रदायिक सद्भाव और एकता के विघटन के साथ (थोड़े-से उकसावे के बाद) आसानी से जोड़ लिया।

और अन्तर्गुम्फित जीवन के ध्वंस को सहारा देती सुनहरे की हस्तक्षेपकारी लम्बाई को—कट्टरपन को ललकारते तथा सत्य को जाग्रत करते विवेक के मापदण्ड को—गाँधी के उस संकल्प के रूप में तत्काल पहचान लिया गया जो उन्होंने ध्वस्त ज़िन्दगियों को फिर से खड़ा करने और जीवन के शिवत्व के प्रति तहस-नहस आस्था तथा दिव्यता की महानता का उसके प्रस्फुटन की समूची विविधता में पुनर्वास करने के लिये किया था, वह संकल्प जो उनकी हत्या की वजह से विफल रह गया।

हताशा के बीच आशा के रामकुमार के इस आह्वान के लिये मैंने उनको जो नाम सुझाया था वह था ''सन्मति'', जो गाँधी का प्रिय शब्द हुआ करता था।

दर्शकों का झुण्ड विवान की कृति 'बिग शान्ति' को घेरे खड़ा रहता था (यह कृति शान्ति का बहुआयामी रूपंकरण है, अपने ढंग से 'शान्तिनिकेतन' का एक आह्वान)। एक हिजड़ा (?) दंगे के दौरान अपने कोठे के बाहर गली में पहरा दे रहा है (भद्र कट्टरतावाद के लिये अनुपलब्ध, अर्धनारीश्वर की साहसिक छवि)। अंगारों की तरह प्रतीत होते फूलों के छापों वाली सलवार-कमीज़ पहने बिग शान्ति का चेहरा अवज्ञा की तस्वीर है (श्री रामकृष्ण होते तो वे उसमें काली

अनटाइटल्ड, १९८० के दशक के मध्य | ७.५"×७.५" , पेंसिल ऑन पेपर | नसरीन मोहमदी

अनटाइटल्ड, १९७० के दशक के अन्तिम दौर में
२०.२५"×२८.२५", इंक ऑन माउण्ट बोर्ड | नसरीन मोहमदी

लैण्डस्कैप, १९७७ | ७०'×५०' सेण्टीमीटर
ऑयल ऑन कैन्वस | राम कुमार

को देखते)। उसका दाँयाँ पैर, असुर के ऊपर रखे हुए दुर्गा के पैर की भाँति, उस इलाक़े के सम्भवत: एक मात्र पानी के पम्प पर टिका हुआ है : पारम्परिक मूर्तिविधान के साथ एक असाधारण समरूपता, हालाँकि एक फ़र्क़ के साथ)।

बिग शान्ति, १९८२.८५	२००×११० सेण्टीमीटर
ऑयल ऑन कैन्वस	विवान सुन्दरम

बिग शान्ति किसी असुर को नहीं कुचल रही है, वह पानी के एक पम्प की रक्षा कर रही है, जीवन-रक्षक जल की और, प्रतीकात्मक रूप से, उस पवित्र परम्परा के आत्मापोषक स्रोत की जिसकी वह उतनी ही उत्तराधिकारी है जितने समाज के स्तम्भ हैं। और वह कुछ कहती हुई लग रही है,

शायद यह : ''जीवन और प्रज्ञा के इस आम स्रोत को नष्ट करने की हिम्मत मत करना। तुमको मुझसे निपटना होगा। मैं एक अतिपुरातन शोषण की शिकार हूँ और मैं इस गली को आग के हवाले कर सकती थी। लेकिन मैं आग बुझाऊँगी, उसे जलाऊँगी नहीं।'' झुण्ड की एक स्त्री नेता, जो मैं समझता हूँ, महाराष्ट्र से है, अपने झुण्ड को एक ओर ले जाती है और दिग्भ्रमित धर्मनिष्ठता तथा कट्टरपन के साथ उसके समझौते के लिये दी गयी बिग शान्ति की चुनौती के बारे में अपनी प्रतिक्रिया झुण्ड के कानों में फुसफुसाती है।

यह क्रिस्मस का समय है, अंजली, और मेरे मन में नीचे अंकित विचार आ रहा है, जिसको प्रदर्शनी की भीड़ के सामने व्यक्त करने के लिये काफ़ी देर हो चुकी है। जैसाकि मैं सोचना चाहूँगा, ईसा ने यौनपरक और सामाजिक शोषण के शिकारों के प्रत्युपकार और उनके प्रति तथा यौनपरक वंचना को भोगने वालों के प्रति करुणा की भंगिमा के तौर पर कामभावना को अस्वीकार करते हुए ही यह घोषणा की थी कि ''कुछ लोग स्वर्ग के साम्राज्य की ख़ातिर हिजड़े हैं।'' मनुष्यों की यौनपरक ज़िम्मेदारी सन्तों और ऋषियों के आनन्दमय ब्रह्मचर्य के द्रष्टान्त पर आधारित है; यहाँ तक कि दिव्यता, जिसको ईश्वर या आत्मा या शून्य के रूप में परिकल्पित किया जाता है, के साथ संसर्ग का आध्यात्मिक संवेग भी रतिपरक संसर्ग के आनन्दातिरेक के द्रष्टान्त पर आधारित है, भले ही वह आनन्द अपूर्ण क्यों न हो।

तैयब की कृति 'काली' ने व्यापक दर्शक समूह को आकर्षित किया।

''काली माता हमसे नाराज़ हैं,'' मैंने गम्भीरतापूर्वक फुसफुसाते हुए कैफ़ियत दी; और स्त्रियों ने ये शब्द परेशान भाव से एक दूसरे से दोहराये। ''किसी ने उसकी पीठ में तलवार भोंक दी है, जो शायद उसके हृदय के क़रीब से होती हुई उसके सीने के पार निकल गयी है,'' मैंने कहा और उसकी गर्भावस्था (जीवन के भविष्य) की वध्यता की ओर ध्यान खींचा। चीख़ती, घायल, गर्भवती बाघिन काली तब भी अपना बाँयाँ हाथ अभय मुद्रा में उठाये हुए है।

उसने पृथ्वी के क्लान्त नारी रूप को अपने कन्धे पर उठा रखा है और इस तरह वह जीवन की उत्पादकता और उसको सहारा देने वाले पर्यावरण की उनपर हमारे अहिर्निश आक्रमण से रक्षा कर रही है। क्या इनके साथ हमारी हिंसा के बाद पृथ्वी बची रह पायेगी? क्या काली एक सुरक्षित भविष्य को जन्म देगी? ''हमें क्षमा कर दे माँ, हमें क्षमा कर दे,'' हम प्रार्थना करते हैं।

''वह शायद हमें दीक्षित कर रही है, जैसे रम्भा ने बालक मोहनदास को रामनाम में दीक्षित किया था। वह निश्चय ही हमें क्षमा कर देगी और एकबार फिर प्रेम की कृष्ण लीला का और बुद्ध की संयम विधि का सुयोग घटित होगा,'' मैं ऐच्छिक ढंग से सान्त्वना देता हूँ।

दर्शकों के उस समूह (जिसको उसका भ्रमण-आयोजक जल्दी-जल्दी ले जा रहा है) की मूक प्रार्थना से मेरी आँखें नम हो जाती हैं।

उनको दरवाज़े से पुकारते हुए मैं चिल्लाता हूँ, ''उसके बाँयें पैर के क़रीब पड़े मुचड़े हुए कपड़े को देखो जिस पर एक इंसानी चेहरे के नाक-नक़्श अंकित हैं! वह किसी असुर या किसी मनुष्य का सिर नहीं है। वह हमारे ऐकान्तिक स्वत्व के रूप में मनुष्यता का मुखौटा है जिससे हमने अपने

अपरिमित आत्मबोध को, अरूप शून्य के साथ अपनी समरूपता को, आत्मा की समस्त आत्मछवियों को ढँक रखा है। काली ने इस मुखौटे को हटा दिया है, जिसको हमने यथार्थ मान रखा था और कल्पित आत्मा तथा प्रक्षेपित, कथित अनात्म के बीच अहिर्निश युद्ध शुरू कर रखा था। क्या हम मानवीय रूप समेत तमाम रूपाकारों को प्रेम नहीं कर सकते, उनको अपनी ही आत्मछवियों की तरह देखते हुए, और उस मृत्यु की शून्यता से न डरते हुए या उसका पीछा करते हुए, जो स्वयं भी आत्मा को किसी अन्य वस्तु के विरुद्ध किसी वस्तु के रूप में नहीं बल्कि (आत्मबोध की) एक असन्दिग्ध वास्तविकता के रूप में देखती है? हमें क्षमा कर दिया गया है, हम बचा लिये गये हैं, मुक्त हैं, हम स्वतन्त्र हैं! क्या सचमुच? हे चिन्तनशील स्त्रियो, हाँ या नहीं में जवाब दो!''

नहीं, अंजली, ये ठीक-ठीक वही शब्द नहीं हैं जो मैं उस जाते हुए समूह से बोला था। मैंने उनका ध्यान काली के पैर के पास पड़े मुचड़े हुए कपड़े की ओर और हमारे युग की दैत्य रूपी मानव प्रजाति का मुखौटा हटाये जाने की ओर खींचा था: लेकिन मैंने इस प्रतीयमान, ऐकान्तिक, आत्मभाव, और प्रक्षेपित, परिकल्पित ''अन्यता'' से सम्बन्धित शब्दावली का प्रयोग नहीं किया था। यह शब्दावली तो त्रिफलक के साथ मेरी यात्रा के दौरान और श्री रमण महर्षि तथा बुद्ध की शिक्षाओं के दौरान, और इन पृष्ठों को लिखते हुए तुम्हारे साथ धीरे-धीरे विकसित हुई है! सुष्ठु आदिवासी चिन्तनशील साक्षियो, धीरज रखो! मुझे अभी काफ़ी दूर, और इस यात्रा के परे जाना है, तभी मैं यह कह सकूँगा कि मैंने मयूर मुद्रा के जादू को समझ लिया है, और पलक झपकाने के अर्थ को, चीख़ती हुई काली की उत्थित लैंगिक जिह्वा को समझ लिया है जो हमारे मस्तिष्कों को आत्मोपलब्धि के बीज-मन्त्रों से भेदने की कोशिश कर रही है।

काली, १९८८, विवरण | तैयब मेहता

फ़ास्ट फारवर्ड : महिषासुर 1998

अंजली, अब मैं १९८६ (और १९८८) की काली से परेशान हूँ। तर्कसंगत रूप से, हम उसके द्वारा निरपेक्ष, निरे मानवीय आत्मभाव के ख़तरनाक आडम्बर से मुक्त कर दिये गये हैं, और रूपहीन शून्यता में, असीमित आत्मबोध में उन्मुक्त छोड़ दिये गये हैं। लेकिन यहाँ एक भय मँडराता है कि हम शून्य में, अनस्तित्व में बिला जायेंगे, यह सन्देह कि "आत्मबोध" और "शून्यता" विनाश के लिये निरी शिष्ट शब्दावली भर है : कि काली के कन्धे पर क्लान्त नारी आकृति, पृथ्वी का जीवन, एक शव है और हम, जोकि 'भूहत्या' के लिये ज़िम्मेदार हैं, काली के द्वारा नेस्तनाबूत कर दिये गये हैं। काली का विकृत, विक्षिप्त रूप आत्मविकृत आत्मपहचान द्वारा काल का विकृतीकरण, विरूपण है।

मैं दार्शनिक तौर पर यह देख सकता हूँ कि हम आत्मा के आत्मबोध के असीम क्षेत्र हैं : कि आत्मा स्वयं को, किसी वस्तु से, यानी तमाम अन्य वस्तुओं के विरुद्ध एक मानवीय रूपाकार से एकात्म नहीं कर सकती, जब तक कि वह अनात्म के प्रति सजग होकर और आत्मबोध होना, अर्थात् स्वयं हमारा होना, बन्द कर, चेतना की जकड़बन्दी (काली का भीषण विरूपण) की पीड़ा नहीं भोगती, और "अन्यता" के वातावरण को प्रक्षेपित नहीं करती। असावधान वेदान्त का यह पण्डिताऊ संकेत कि तमाम रूपाकार माया हैं, और असावधान बौद्ध दर्शन का यह संकेत कि कोई भी रूपाकार आत्मा (या आत्मा की आत्मछवि) नहीं है, आत्मोपलब्धि (असीम आत्मबोध) की शिक्षा को और समस्त नश्वरता के असन्दिग्ध आधार यानी निर्वाण को उद्विग्न, संघर्षरत आत्मचेतना के लिये अनुपलभ्य बना देते हैं। न सिर्फ़ 'काली' १९८६ (और १९८८) बल्कि मसलन 'काली' (सिर), १९९६ (और १९९७) भी हमें यह आश्वासन देने में विफल रहती हैं कि असीमित आत्मबोध और असन्दिग्ध शून्यता में उन्मोचन समक्रमिक रूप से और अविभेद्य रूप से कल्पना की ऐसी सामर्थ्य है जो हमें तमाम रूपाकारों को आत्मा की (या शून्यता की) आत्मछवि के रूप में देखने में सक्षम बनाती है; और वह उस विवरण-रहित रूपहीनता में, अनुनादी रिक्ति में लय हो जाना नहीं है जोकि न तो मोक्षजन्य पूर्णता है और न ही रिक्तिजन्य शून्य है। भय उम्मीद का पीछा करना जारी रखता है, और त्रिफलक के फलक-२ में आत्मबोध के रूप में स्वराज फलक-१ और ३ द्वारा अपर्याप्त रूप से सहारा पाता है।

काली हैड, १९९६ | ७५×६१ सेण्टीमीटर | एक्रिलिक ऑन कैन्वस | तैयब मेहता

काली हैड, १९९६ | ७५×६१ सेण्टीमीटर | एक्रिलिक ऑन कैन्वस | तैयब मेहता

यह, मैं समझता हूँ, 'महिषासुर', १९९८ है जिसमें तैयब पारम्परिक मूर्तिविधान के एक साहसिक विस्तार में इस मुश्किल को हल करते हैं। लेकिन मैं पहले इस मुश्किल को संयोजित कर दूँ (दर्शन की मज़ा बिगाड़ने वाली एक प्राचीन परम्परा और ज़िम्मेदारी है!)।

मानवीय दैहिक रूप के साथ हमारा, अर्थात् आत्मा का, तादात्म्य दोनों ही रूपों में व्यक्त होता है : आत्मकल्पना के इस एकवचनात्मक रूप में भी कि "मैं यह (दैहिक रूप) हूँ" और इस सामूहिक रूप में भी कि "हम ये (दैहिक रूप) हैं"। (आत्मकल्पना की इन विधियों को हम ई-१और ई-२ कहकर पुकारेंगे)। ई-१ व्यक्तियों के रूप में हमारा आत्म-तादात्म्य होगा और ई-२ समूहों के रूप में हमारा आत्म-तादात्म्य होगा।

ई-२ अपनी पहचान को सामूहिक रूप से परिरक्षित करता है, उस वक़्त तक भी जबकि उसको गढ़ने वाले व्यक्तियों के मर जाने के बाद उनकी जगह वैसे ही व्यक्ति ले लेते रहते हैं, और इस तरह की संरचनायें अक्सर असाधारण दीर्घायु रखती हैं। लेकिन, "अन्य" ई-२ विन्यास, और "अन्य" सत्तायें तथा सामूहिकतायें हमेशा टकराव का ख़तरा पैदा करती हैं, और ई-२ कल्पनाओं के सम्पूर्ण लोप की सम्भावना से कभी भी इन्कार नहीं किया जा सकता (जातिसंहार, सांस्कृतिक विनाश या रूपान्तरण, मसलन अतीत की पहचानों से वंचित करने वाले धार्मिक या सेक्युलर मत-परिवर्तन, सामूहिक मौतें, इत्यादि)। ई-२ आत्मकल्पना के व्यापकतर रूप—जिसमें आप चाहें तो "भूमण्डलीकरण" को शामिल कर सकते हैं—किसी भी सीमित ई-२ संरचना की सम्भवतः इसी सहजात वध्यता पर टिके होते हैं, और महज़ वर्चस्वपरक एकीकरण तथा विस्तार की प्रक्रियाओं के कथित तौर पर नैतिक रूप से आकर्षक और प्रगतिशील चरित्र पर नहीं (मज़ा बिगाड़ने वाला विचार है यह, अंजली)।

यहाँ एक अद्भुत प्रतीत होती ई-२ सम्भावना ख़ुद को पेश करती है : उन मौजूदा वस्तुओं, जिनके साथ अहंकारपरक "मैं" अपना तादात्म्य बिठा सकता है, की समग्रता के "हम" रूप पर आधारित एक विशद अस्तित्वपरक अहंकारमूलक सामूहिकता : संसार की समस्त मानवता, समस्त जीवन, समस्त भौतिक पदार्थ, समस्त ऊर्जा। सृष्टि अपने आप में एक दैत्याकार "हम" है, व्यापकतम परिकल्पनीय ऐकान्तिक आत्मपहचान : वस्तुओं के इस विस्तीर्ण समवाय में अकेली शून्यता है जिसका प्रवेश वर्जित है।

और इस तरह के एक "अस्तित्व की सृष्टि" का एक महाकाय अम्बार होना ज़रूरी नहीं है; उसको बारीकी के साथ अलगायी गयी व्यक्तिमत्ताओं से, भिन्नताओं और निरन्तरताओं की संवेदनशील निकटता से भी निरूपित किया जा सकता है। शून्य में विलीन हो जाने के विचार से जुड़ी व्यक्तिगत उद्विग्नता इस तरह की निकटता में न्यूनतम स्तर पर परिकल्पनीय परिमाण में घट जायेगी।

बढ़ती हुई नैतिक-पर्यावरणपरक संवेदनशीलता और अन्तर-सांस्कृतिक समझ के साथ, और उस कम्प्यूटेशनल प्रौद्योगिकी के प्रभाव के चलते जो सृष्टि में विद्यमान समस्त वस्तुओं और क्षमताओं का ब्यौरा देने में समर्थ है, आत्मपहचान की ऐसी समग्रता या समग्रता की ऐसी आत्मपहचान, पूरी तरह से कपोलकल्पना नहीं है : एक विश्वव्यापी "हम", यानी अधिकतम विस्तृत अहंकार (अलेक्ज़ेण्डर द ग्रेट की पूर्ण-अभिलाषा) के अधीन (शून्य को छोड़कर) तमाम प्रतीयमान

महिषासुर, १९९८, विवरण | तैयब मेहता

महिषासुर, १९९८ | २६०×१७५ सेण्टीमीटर | एक्रिलिक ऑन कैन्वस | तैयब मेहता

अनात्मों का समावेश।

यह "हम", यह आत्मा कौन है? मेरा ख़याल है, महिषासुर! महिष यम का, मृत्यु का, वाहन है, यानी उन तमाम रूपाकारों का जो ऐकान्तिक आत्मपहचानें हैं, जो वे नहीं हैं उनमें मृत, अनात्म। मृत्यु उनकी सवारी करती है। दुर्गा के द्वारा मारे गये महिषासुर में कोई भी रूप धारण कर लेने की सामर्थ्य थी : यह निश्चय ही लचीले पदार्थ का विचार है जो अपनी ऊर्जाओं की मदद से तमाम वस्तुओं को, तमाम संश्लिष्ट इयत्ताओं को "रूप देता है"। पदार्थ-ऊर्जा के इन विन्यासों की समग्रता ही भौतिकवादी सृष्टि है, महाकाय सत्ता—तमाम विन्यासों का समूहन—जिसके साथ हम में से हर एक में मौजूद आततायी अपनी पहचान स्थापित करेगा, संचयधर्मी पहचान, जिसमें केवल शून्य शामिल नहीं होगा।

वह आत्मचेतना जो इस क़िस्म के दैत्याकार झूठ को आश्रय देती है [(तथाकथित आत्मा के रूप में घनीभूत की गयी सत्ता तब भी प्रक्षेपित अनात्म (शून्य) के प्रति सजग होती है और इसलिये वह आत्मसजगता नहीं है)] वह आत्मचेतना निश्चय ही आत्मसजगता का गहनतम परिकल्पनीय विकृतिकरण करेगी (दुर्गा का कोप, आत्मसजगता की अखण्डता का परिरक्षक दुर्ग)। महिषासुर पदार्थ के विन्यासों का अवशेष-रहित एकत्व है, जिसके संघटक यदि शून्यतावंचक समग्रता के अत्याचार के विरुद्ध विद्रोह करते हैं तो वह उनको कुचल सकता है (मैं यहाँ कल्पित स्वयंपर्याप्तता, स्वायत्तता, स्वराज से सम्बन्धित विद्रोह और असन्तोष के बारे में सोच रहा हूँ, अस्तित्वपरक समग्रताओं से सम्बन्धित विद्रोह के बारे में, आन्तरिक मतभेदों के बारे में नहीं, भले ही वे गम्भीर क़िस्म के हों)।

आत्मजिज्ञासा, आत्मबोध, आत्म-न्यास, दुर्गा को आत्मभाव के इस विद्रूप से संघर्ष करना अनिवार्य है। और वही वह तैयब की कृति 'महिषासुर' (१९९८) में करती है। इस दहकती हुई दीप्ति से युक्त कृति में दुर्गा का सिंह-वाहन महिष के साथ लड़ता है ('महिष' शब्द का अर्थ भैंसा भी होता है, जोकि अड़ियलपन का, आत्मभाव की सुरक्षा का ढोंग करती "समूहभूत भौतिकता" का, दुर्भाग्यपूर्ण रूपक है, जबकि वास्तव में वह मृत्यु का—गहनतम आत्मविस्मृति का—वाहन है)।

घनीभूत आत्मपहचान, छद्म स्वायत्तता, विरूपित स्वराज की अनम्यता को निरूपित करता यह भैंसा या महिष सिंह के विपरीत है ('सिंह' शब्द का अर्थ है वह जो हर दिशा में देखता है, आत्मबोध की बहुदिशात्मकता, असीमता)।

[(अंजली, धर्म-चक्र को सहारा देते सिंह (आत्मसजगता की यह हर दिशा की ओर उठती निगाह), जोकि भारतीय आस्था का अशोकीय प्रतीक है, धर्म की आधारशिला हैं, वह जो शून्य समेत तमाम वस्तुओं को उनकी जगह पर धारण करता है।)]

पौराणिक कल्पना में एक बदलाव, आध्यात्मिक रूपकों में एक परिवर्तन, हमारी बेहतर मदद करेगा यह समझने में कि दुर्गा और महिषासुर के वाहनों के बीच ही नहीं स्वयं दुर्गा और महिषासुर के बीच की इस लड़ाई में क्या चीज़ दाँव पर है।

अनेक सिरों वाला (इयत्ता-संचयी) राक्षसराज रावण स्वाभाविक ही ''लंका'' का अधिपति है। लंका, जिसका अर्थ है ''द्वीप'', अहंकार का ''वस्तुभाव'', अलग या संचित, जो शून्य का समावेश नहीं करता।

सीता आत्मा के (राम के) आत्मबोध की शक्ति है। उसको चीज़ों के विलगित जगत में, भले ही उस जगत में वे सारी चीज़ें मौजूद हैं जो उसमें हैं, बन्दी बनाकर नहीं रखा जा सकता, जब तक कि उसके भीतर अनात्म के रूप में शून्यता असमाविष्ट है, जोकि सीता को उस अनात्म के प्रति सजग बनाएगा और जिसके परिणामस्वरूप वह आत्मबोध होना, स्वयं होना, आत्मा होना बन्द कर देगी।

इसमें गहरी शिक्षा निहित है कि राम द्वारा रावण का वध विजयदशमी के दिन किया जाता है जोकि दुर्गा द्वारा महिषासुर के वध का स्मृतिदिवस है। रावण महिषासुर का ही एक संस्करण है।

दुर्गा को ब्रह्मा, विष्णु और शिव की ऊर्जाओं से गढ़ा गया था। ये सृष्टि, पोषण और संहार की ऊर्जायें हैं। ये ऊर्जायें जागृति (जिनमें हम रूपाकारों का सामना करते हैं), स्वप्न (जहाँ जिन रूपाकारों से जाग्रत अवस्था में हमारा सामना होता है, वे सुरक्षित और बरकरार रहते हैं लेकिन इस तरह कि वे हमारी आत्मछवियों के रूप में प्रगट होते हैं), और सुषुप्ति (जहाँ सारे रूपाकार प्रतीयमान शून्य में बिला जाते हैं) की अवस्थाओं के तुल्यरूप भी हैं।

और दुर्गा को इन संयुक्त ऊर्जाओं से महिषासुर को नष्ट करने के लिये गढ़ा गया था। क्या यहाँ हमें एक अत्यन्त शक्तिशाली शत्रु, एक सुपरटेरॅरिस्ट, के विनाश के लिये शीर्षस्थ देवताओं के गठबन्धन की अनिवार्यता के इस विचार का ज़रा भी अन्दाज़ा है? मुझे कतई नहीं लगता, अंजली।

जिस किसी भी उद्देश्य से जागृति, स्वप्न और सुषुप्ति की तीन ऊर्जाओं का संगठित होना चेतना में स्वप्नावस्था और आत्मकल्पना की उसकी शक्ति की केन्द्रीयता की ओर ही ध्यान खींचता है, क्योंकि जाग्रतावस्था आत्मा की आत्मकल्पनात्मक शक्ति की उतनी ही क्रियाशीलता और परिणाम है जितनी कि वह स्पष्ट स्वप्नावस्था की आत्मकल्पनात्मक शक्ति की क्रियाशीलता और परिणाम है। और सुषुप्तावस्था अन्य वस्तुओं के विरुद्ध कोई वस्तु न होकर एक रिक्ति या वस्तुत्व-रहितता होने की आत्मा की आत्मछवि है, जोकि एकबार पुनः स्वप्न जैसी ही स्थिति है (अगर ऐसा न होता, तो हम जाग्रत और स्वप्नावस्थाओं में आत्मबोध न होते, यानी हम होना बन्द हो जाते, जैसाकि नहीं होता)। ब्रह्मा की सृजनात्मकता जागतिक रूपाकारों के विष्णु के परिरक्षण के मुक़ाबले कम नहीं है; न ही वह गहन निद्रा के ब्रह्माण्डीय समतुल्य में शिव द्वारा किये जाने वाले इन रूपकाकारों के समापन से कम है।

इसलिये इन शीर्षस्थ देवताओं का गठबन्धन आत्मा से और उससे अविभाज्य तथा एकीकृत उस आत्मा की आत्मछवि की शक्ति से तनिक भी कम नहीं है जो अपने ही होने-अर्थ-होने (''मैं''-''मैं'') के अनवरत अन्वेषण के रूप में आत्मबोध है। एक बे-दरो-दीवार का दुर्ग जिसके भीतर समस्त रूपाकार उतने ही सुरक्षित हैं, जितनी रूपाकारहीनता सुरक्षित है : ''दुर्गा''—अर्थात् ''दुर्ग''—स्त्रीलिंग है क्योंकि वह आत्मबोध की ''गर्भनुमा'' समंजकता है, और आत्मबोध के स्थल के भीतर स्थित आत्मा की आत्मछवियों की, बच्चों की विविधता जैसी, विविधता है।

महिषासुर, १९९७ | १५०×१२० सेण्टीमीटर | एक्रिलिक ऑन कैन्वस | तैयब मेहता

और दुर्गा का शत्रु पर्वताकार, फिर भी ऐकान्तिक, आत्मपहचान है; एक ''वस्तुभाव''—एक अखण्ड ''हम'' के रूप में तमाम वस्तुओं के संचयन और अधिग्रहण के माध्यम से अधिकतम विस्तार पाया हुआ—जो, चन्द्रमा (घनीभूत भौतिकता, अहंकार) की भाँति, पूर्ण ग्रहण के दौरान आत्मबोध के प्रकाश को पूरी तरह अवरुद्ध कर देना चाहता है : पृथ्वी पर, भिन्नता और निकटता के वैविध्य के क्षेत्र पर, छाया डालता हुआ, और उनके भीतर लोप का आतंक और एक दूसरे के प्रति सन्देह और विनाशकारी आक्रोश जगाता हुआ, जैसा कि हम अपने समय में भी देख रहे हैं।

महिषासुर उस चीज़ का ग्रहणोन्मुख, विनाशकारी अन्धकार है जिसको हम भौतिकीय कट्टरतावाद की संज्ञा दे सकते हैं।

महिषासुर १ द्वारा संकेतित एक महिषासुर २ भी है, उन चुने हुओं का विनाशकारी अन्धकार जो स्वयं को, आत्मा को, मानवीय दैहिक रूपाकारों के रूप में नहीं देखते, बल्कि सूक्ष्म अस्तित्व के रूप में देखते हैं, एक अपार्थिव अन्त:करण के रूप में जो, उनका अनुमान है, उस दैहिक रूपाकार की मृत्यु के बाद बची रह जायेगी जिसमें वह तात्कालिक तौर पर किराये से रह रही है। यह अन्त:करण, और अन्त:करणों का एक चुना हुआ समुदाय, इस बात को माने बैठे हैं कि उनके वास्तविक घर, यानी स्वर्ग, में उनके लिये एक जगह सुरक्षित है और धरती पर उनके साथ हो रहे कथित अन्याय को देखते हुए वे धरती पर मौजूद समस्त जीवन और सभ्यता के विनाश का जोख़िम उठाने को तैयार हैं। उनके द्वारा परिकल्पित आत्मभाव (पार्थिव और अपार्थिव दोनों ही तरह की) अन्य वस्तुओं के विरुद्ध एक वस्तु भी है (जो अगरचे अपार्थिव है), एक घनीभूत आत्मपहचान जो इस तरह प्रोग्राम्ड है कि वह आत्मबोध को समस्त रूपाकारों में मौजूद आत्मछवियों के साथ नहीं बल्कि अनात्म के साथ अगर मैं ग़लत नहीं हूँ तो, टकराव की स्थिति में लाकर उसको उन्मूलित कर देगी। यह महिषासुर २ धार्मिक कट्टरतावाद का ग्रहणोन्मुख अन्धकार है।

अब हम तैयब की कृति 'महिषासुर' (१९९८) की ओर रुख करते हैं। दुर्गा–महिषासुर संग्राम से सम्बन्धित जितनी भी धार्मिक कला मैंने देखी है, उसमें कहीं पर भी मेरे देखने में नहीं आया कि दुर्गा का उद्धारक हाथ ध्वस्त दैत्य की ओर उठा हुआ हो, जिसका ख़ुद का हाथ भी दुर्गा के करुणामय प्रत्युत्तर की आशा में उठा हुआ है।

दुर्गा शुभ्र वस्त्र धारण किये हुए हैं (जोकि इस बात का संकेत है कि उनका रूप आत्मा की उज्ज्वल आत्मछवि का है, जैसा कि मसलन त्रिफलक के मध्यवर्ती फलक में बकरी के प्रकरण में देखा जा सकता है, 'काली' १९८६ और १९८८ में सफ़ेद–दास्ताने युक्त दाँयें हाथ में देखा जा सकता है, और १९९४ के 'फ़ालिंग फ़िगॅर' में सफ़ेद पंखों आदि के प्रकरण में देखा जा सकता है, आदि); और उसी तरह उनका सिंह वाहन भी है। दुर्गा के ऊपर का उज्ज्वल नीला आकाश, आत्मबोध का क्षेत्र, रिक्ति, महिषासुर के लिये एक आमन्त्रण है, सिर्फ़ इस बात का नहीं कि वह शून्य को तमाम व्यक्तिमत्ताओं और एकजुटताओं की पहुँच और पकड़ से बाहर करने की बजाय उसमें प्रवेश करे; बल्कि इस बात का भी कि वह स्वयं को आत्मोपलब्धिमूलक साधना की अपनी प्रयोगशाला में आत्मा की एक छवि के रूप में फिर से ढाले : इस तरह के प्रयोग के लिये महिषासुर (१ और २) की तत्परता उसकी आकृति की हड्डीनुमा सफ़ेदी से संकेतित है।

यही वह परिप्रेक्ष्य है जिसमें विशेष रूप से 'महिषासुर', १९९८ए 'काली', १९८६ और १९८८ और 'काली' (हैड), १९९६ और १९९७ से परे उस दिशा में एक विकास है जो इस ओर सशक्त संकेत करती है कि आत्मबोध शून्य में, या निर्गुण मोक्ष या निर्वाण में लुप्त हो जाने के लिये कोई शिष्टोक्ति नहीं है : बल्कि वह असीम आत्मबोध (मैं हूँ या मैं हूँ कि मैं हूँ) के चिरस्थायी क्षेत्र के भीतर आत्मा की समुचित आत्मकल्पना का नाटक या सिनेमा है।

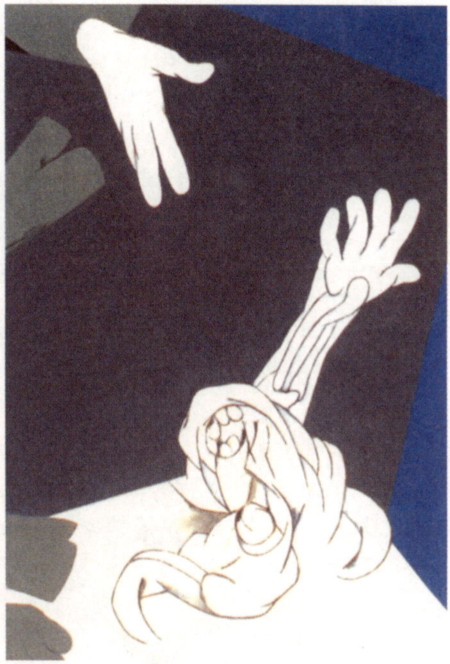

महिषासुर, १९९८, विवरण | तैयब मेहता

अंजली, 'महिषासुर' चित्र एक तरह का ''कमल-सूत्र'' है। यह सूर्य का आमन्त्रण और बुद्ध का ज्ञानोदय ही हैं जो बोध के कमल को कीचड़ के भीतर खिलने में सक्षम बनाते हैं। इसी तरह, महिषासुर, जो दैत्याकार ऐकान्तिक आत्मपहचान के अन्धकार में डूबा अहंकार है, को दुर्गा का करुणामय हाथ ऊपर उठाता है। यह सम्भव हो पाता है क्योंकि ''अन्धकार में डूबा होना'' ''प्रकाश में डूबे होने'' के ही समान है, विकृत रूप से ही सही किन्तु समान है। दूसरे शब्दों में, वह आत्मबोध ही है, आत्मभाव की विमर्शात्मकता। और उससे भी ज़्यादा। रिक्ति कमल को प्रकाश के प्रति उसकी ग्रहणशीलता की आत्मछवि के रूप में ढालती है; और आत्मबोध हस्तमुद्राओं द्वारा प्रतिबिम्बित है, जैसे कि ''अन्यता''-आरोपी अँगुलियों के ''आन्तरिक'' घुमाव और ''आत्म''-निरूपक अँगूठे के साथ उनके पुनर्संयोजन में मयूर मुद्रा, और 'महिषासुर' में ''हाथ की ओर बढा हुआ हाथ''। त्रिफलक का योगी, दिकूयो, लगातार अपने असाधारण उत्क्रमणों के साथ वध-स्थल की कठोरता में प्रवेश करता हुआ स्वयं एक प्रकाशन है, ''ऊर्ध्व'' द्विपादीयत को लिंग-वैविध्य, नस्ल-वैविध्य, मुद्रा-वैविध्य (जिसमें उठना, बैठना, भाग लेना, साक्षी होना शामिल है) के आलिंगन के लिये और आत्मबोध अर्थात् स्वराज में कुसुमित होने के लिये आमन्त्रित करता एक भूमिगत सूर्य।

और पंखयुक्त, विदूषक आकृति ('फ़ालिंग फ़िगॅर', १९९४), सूफ़ी-वेदान्ती, उस नवयुवक की जगह लेने के लिये नीचे की ओर लहरा रहा है जिसको भीड़ उसकी धार्मिक ''अन्यता'' की वजह से पीट-पीटकर लगभग मारे डाल रही है : वह त्रिफलक के उस दिकूयो का ही एक रूपान्तर है जो वध-स्थल पर अपना सिर प्रस्तुत करने के लिये आकाश से नीचे उतर रहा है। मुझे ऐसा लगता है कि यह १९९४ की गिरती हुई आकृति में ही हुआ है जहाँ तैयब हताशा की उस प्रेत-बाधा से पूरी तरह मुक्ति पा सके हैं जिसने उनकी आत्मा में उस वक़्त प्रवेश किया था जब उन्होंने मुम्बई की अपनी खिड़की से भारतीय स्वराज की अपनी कल्पना को ध्वस्त होते हुए देखा था। पक्ष लेने की कोई हड़बड़ी नहीं है, लेकिन अँधेरे के मर्म में प्रकाश के साथ छलांग लगाये बिना गली की वास्तविकता में बन्धन से मुक्ति की ओर बदलाव की सम्भावना नहीं दीखती।

डायगोनल, १९७४ | १५०×१२५ सेण्टीमीटर | ऑयल ऑन कैन्वस | तैयब मेहता

एक ऑडिट आपत्ति

अंजली, मैं दावे से कह सकता हूँ कि तुम यह जानना चाहती हो कि मैं त्रिफलक के फलक-१ और ३ की ओर कब देखना शुरू करूँगा, और मुझे यह याद दिलाना चाहती हो कि मैं समग्र त्रिफलक के साथ अपनी यात्रा को पुनर्सृजित कर रहा हूँ न कि उसके चकित कर देने वाले, चुनौतीपूर्ण मध्यवर्ती फलक-२ के साथ। तत्काल, और फलक-१ की आकाश से गिरती हुई उस आकृति पर ध्यान केन्द्रित हुए जो सफ़ेद पट्टियों में बेतरह लिपटी हुई है, जोकि आत्मा की आत्मछवि के रूप में इस आकृति की हैसियत का संकेत देती है, एक नाभि नाल जो उसको पृथ्वी से जोड़ती है और उसको कलह और उच्च आश्वासन की उसकी अपनी दुनिया की ओर वापस खींचती है : मध्यवर्ती फलक के ज़मीन पर उतरे हुए योगी का एक पूरक, जिसके घाव उघड़े हुए हैं, उन पर पट्टी नहीं बँधी है।

बाईस वर्ष का एक उदीयमान कलाकार जिसने एक 'अजनबी' को उन्मत्त भीड़ द्वारा पत्थरों से पीट-पीटकर कर मारा जाते हुए देखा था, वह भी उस सबसे भयभीत और घायल हुआ था जो कुछ उसने देखा था, और उसने इस सन्ताप को झेला था—जैसा सन्ताप पूरा देश झेल रहा था—कि वह अपने सुरक्षित घेरे से कूदकर प्रतीयमान आत्मा और प्रतीयमान अनात्म की इस लड़ाई में हस्तक्षेप नहीं सकता और आत्मभाव की अखण्डता और उसके प्रकटनों की विविधता को नॉर्सिसिज़्म और उन्माद से नहीं बचा सकता : ताकि वह भारत के विभाजन में प्रतिबिम्बित आत्मा के प्रतीयमान विभाजन को अनहुआ कर सकता, अपने चित्र में, चेतना में, आत्म-विकृतीकरण के पेचीदा मकड़जाल को सुलझा सकता।

मुमकिन है तैयब ने चित्र की समस्या को—अपने लिये—ठीक इसी पदावली में समझा हो या न समझा हो। लेकिन जब उन्होंने १९५४ में लन्दन और पेरिस की पाँच वर्ष की यात्रा की तो उन्होंने अपने सारे आरम्भिक कामों को ठुकरा दिया था और इसी दौरान उन्होंने 'ट्रस्ड बुल' (१९५४) और चेतना को झकझोर देने वाली कृति 'रिक्शा पुलर' की रचना की थी, जोकि ऐकान्तिक आत्मपहचानों के घनीभूतीकरण और अलगाववादी आत्मपहचान के क्रूर परिश्रम की सशक्त छवियाँ थीं, तो ये तथ्य इस बात की ओर संकेत करते हैं कि आत्मभाव की पवित्रता और विकृतीकरण के प्रति उसकी वध्यता की समस्या बेचैनी की वह ऊर्जा थी जो इस चित्रकार की चेतना में गहरे कार्यरत

थी और वह कभी शिथिल नहीं पड़ी।

'डायगोनल' (१९७४) ने गीता कपूर के मन में बहुत गहरे महसूस की गयी प्रतिक्रिया को जगाया था : "इस आकृति के अंग एक असाधारण रूपकात्मक सुस्पष्टता के साथ अपनी जगह से उखड़े हुए हैं। आकृति विस्थापित मुँह से युक्त एक चेहरा बन जाती है; काया कुबड़े कन्धों से युक्त हो जाती है; दबी हुई जाँघें, मुड़े हुए हाथ; खुरनुमा पैर। अंग चित्र की सतह पर अनेक मुद्राओं में निलम्बित हैं। अगर हम उनको अलग-अलग ढंग से पढ़ते हैं, तो ये मुद्रायें सन्देह का भाव व्यक्त करती हैं; हालाँकि कुल छवि आतंक का भाव पैदा करती है।"

बिजली की एक मुड़ी हुई पट्टी (आप चाहें तो कह सकते हैं) फ्रेम को दोफाँक कर देती है और आकृति (एक बार फिर से, गिरती हुई आकृति) तिरछे ढंग से चित्र के निचले बाँयें कोने से ऊपरी दाँयें कोने तक फैलती चली जाती है। त्रिफलक और त्रिफलकोत्तर आकृतियों के मुक़ाबले बॉडी-सूट में कम स्पष्टता के साथ ढँकी किन्तु सफ़ेद सतह से युक्त आकृति का निचला त्रिकोण, एक स्त्री है, दाँये हाथ की मुद्रा के साथ जिसकी महत्त्वाकांक्षा अभय-मुद्रा होने की है किन्तु इस रूप में वह हमें क़ायल नहीं करती (जो 'काली' ii, १९८८ और 'काली' १९८६ की असन्दिग्ध रूप से बाँयें हाथ की अभयमुद्रा से भिन्न स्थिति है)। प्रतीयमान, सम्भाव्य आत्मा : अविभाज्य आत्मबोध नहीं।

ऊपर का त्रिकोण अनेक हाथों-पैरों वाला है, जैसा कि प्रतीयमान अनात्म होता लगता है, "अतिरिक्त", "बहुसंख्यकतावादी", प्रतीयमान आत्मा के एकल, "अल्पसंख्यकतावादी" चेहरे से भिन्न। एक और अनेक दो हिस्सों में बँटे हुए हैं और आत्मा की आत्मछवियों की अवधारणा के सन्दर्भ में ऐकान्तिकतावाद और अन्यता की समस्या का त्रिफलक का समाधान अभी बहुत दूर है। स्वराज, आत्मभाव की सम्प्रभुता, स्थायित्व और स्वायत्तता की सम्भावना के रूप में प्रतीयमान आत्म और प्रतीयमान अनात्म के, वर्चस्ववादी या लोकतान्त्रिक किसी भी तरह के, मिश्रण के प्रति बिजली एक ऑडिट-आपत्ति है। अपवर्जित शून्यता वह चीज़ है जो इस हम्प्टी-डम्प्टी के टपकने का कारण बनती है। (अंजली, क्या व्यय या आय के आँकड़ों में 'शून्य' की अनुपस्थित पर ऑडीटर की भृकुटियाँ तनती हैं?)

यह ऑडिट-आपत्ति रद्द हो जाती है 'महिषासुर', १९९८ में, जहाँ दुर्गा के सिंह के महिषासुर के भैंसे से टकराने के तिरछे विन्यास द्वारा युद्धरत दुर्गा और महिषासुर (शून्यता के विरुद्ध अस्तित्वों के चरम मिश्रणकर्ता/मिश्रण) एक दूसरे से अलग स्थित हैं। नीचे के हिस्से के दाँयें कोने में अलग-थलग "वस्तुभाव" में संकुचित महिषासुर अपना दाँयाँ हाथ प्रार्थना में उठाता है, और दुर्गा प्रतीयमान आत्म/प्रतीयमान अनात्म की सीमा के पार अपना उन्नयनकारी हाथ बढ़ाती हैं, और उम्मीद जागती है कि वस्तुभाव का दैत्य न सिर्फ़ दुर्गा को एक प्रभामण्डल के रूप में, आत्मा की एक आद्य छवि (वस्तु-राहित्य-भाव, न कि अन्य वस्तुओं के विरुद्ध कोई कोई वस्तु) के रूप में, अलंकृत करते शून्य के गहरे नीले को देख रहा है, बल्कि तमाम वस्तुओं को भी आत्मा की उन विभिन्न आत्मछवियों के रूप में देख रहा है जिनको भयवश मिश्रित होने की या सन्देहवश एक दूसरे से अलग होने की ज़रूरत नहीं है। 'डायगोनल' (१९७४) स्वराज के द्वैत से पार पाने की प्रतीयमान

असम्भावना की दोटूक आत्मस्वीकृति है; 'महिषासुर' एक ऐसी मूर्तिविधायी योजना का त्रिफलकोत्तर प्रगटन है जो इस प्रतीयमान असम्भावना को एक स्थायी आमन्त्रण में परिणत कर देता है।

त्रिफलक-पूर्व का बँधा हुए बैल और आरम्भिक रिक्शा ढोने वाले (जोकि अपनी ही ऐकान्तिक उत्पीड़ित-मानवीय-आत्मपहचान का बोझ ढो रहा है) की छवियाँ त्रिफलक की उस क्रीड़ामय बकरी में रूपान्तरित हो गयी हैं जो वध्य किन्तु किसी ऐकान्तिक बकरी-पहचान से मुक्त है; और 'रिक्शा पुलर', १९८२ में, बायीं ओर झुका हुआ मेहनतकश (देवी के रूप में आत्मकल्पित) प्रबोध के मार्गदर्शन में आत्मा की कृष्ण आत्मछवि के सारथीत्व के अपने आत्मबोध की ओर उत्प्रेरित है, जो उसको स्रोतोन्मुख यात्रा की ओर प्रेरित कर रहा है (उत्तर-शीतयुद्धीय समाजवाद के आन्तरिक मोड़ का एक रूपक)।

शान्तिनिकेतन त्रिफलक | फलक-१ | विवरण | तैयब मेहता

शोभनीय दुख

क्या कारण है कि पट्टियों में बेतरह लिपटी हुई वह आकृति, जो उस नाभिरज्जु से जुड़ी हुई है जो उसको पृथ्वी से जोड़े उसकी ओर ठेल रही है (भीड़ की क्रूरता का बाईस साल पुराना असहाय गवाह), एक संघटित, 'महिषासुर', समूह में छलांग लगा रही है? अपनी हास्यास्पद, पंखयुक्त, क्षमता से युक्त १९९४ का 'फ़ालिंग फ़िगॅर' भी वैसा ही कर रहा है। लेकिन उस क्रीड़ामय हस्तक्षेप के बीज फलक-१ की पट्टी में लिपटी आकृति में होने चाहिए।

हमें गिरती, उड़ती, प्रच्छन्न आकृति के कूट को समझने के लिये फलक-१ के असाधारण समूह की ओर देखना होगा (''आख़िरकार!'', क्या तुम यही नहीं कह रही हो, अंजली? ऐसा ही है तुम्हारा प्रतिरूप, बायीं ओर से दूसरे नम्बर की खड़ी हुई आकृति)।

इस समूह के लोग निश्चय ही उस हत्यारी भीड़ जैसे नहीं दीखते जिसको तैयब ने १९४७ में सक्रिय देखा था। वे किसी ख़ास धार्मिक समुदाय से जुड़े मुम्बई के लोगों जैसे भी नहीं दीखते। उनमें एक ''धुत्त'' भारतीय आदिवासी के मिश्रित रूप और उनकी बहुपादीयता की पदगतियों की लय है; ढोलवादक सन्थालों जैसे दीखते हैं; लेकिन स्त्रियाँ—तुम्हारे जैसी समरूप—महानगरीय अभिनेत्रियों जैसी दीखती हैं (मुम्बई या मेलबॉर्न की); और कुछ आकृतियाँ हिन्दू-बौद्ध गेरुआ चोगों में हैं, एक मठवासी तान्त्रिक काले चोगे में है; और एकदम बायीं ओर, एक भुतही-सी पैतृक आकृति है, जो पीढ़ियों का अतिक्रमण करती मुद्रा वाले समकालीन साथियों से घिरी है (जैसा कि मैंने बाद में पाया, वह कहीं ज़्यादा अनिष्टसूचक है)।

ये उनके बॉडी-सूट-रूप हैं जो उनकी ''आदिवासी'' पहचान बताते हैं, पोषाक धारण किये, अनेक तरह के रूपों में उद्गम तलाशती-निवास करती आत्मकल्पित चेतना : और पूरी तरह प्रजातीय भारतीय आदिवासी नहीं। इस तरह नृत्यरत मनमौजियों का दल (मैं यह नये वर्ष की पूर्वसन्ध्या पर लिख रहा हूँ) प्रतिनिधि मानवीय प्रजातीय अस्मिताओं का मिश्रण नहीं है, इस मानी में वह कोई वैश्विक नृवैज्ञानिक पॉप-समूह नहीं है, बल्कि उन मनुष्यों के रूप में आत्मा की आत्मछवियों का पैटर्न है जो बोझिलता-रहित, शोषण-रहित ढंग से, पैर घसीटकर किये जाने वाले नृत्य की मुद्रा में ज़मीन पर हल्के-हल्के पैर रखते हैं। क्या वाक़ई? (मैं तुम्हें आगाह कर दूँ कि बाद में मैं उनको इससे कम ख़ुशनुमा ढंग से देखने वाला हूँ)।

प्रगाढ़, मुड़ी हुई, ईंट के रंग की लालिमा से युक्त शान्तिनिकेतन की ज़मीन, निश्चय ही, अंजली, एक ऐसा स्थानपरक हस्ताक्षर है जो विशुद्ध विलक्षण प्रतिभा का परिचायक है। और अगर तुम मुझसे दिकूयो की मयूर मुद्रा के अभिसामयिक अँगूठे के अतिरिक्त त्रिफलक के किसी ऐसे एक लक्षण को, या लक्षणों के किसी ऐसे एक सैट को पहचानने को कहो जिसको, स्वयं ''आत्मा'' का प्रतीक कहा जा सकता हो, तो मैं तुम्हारा ध्यान हर ओर फैली, मुड़ी हुई ईंट के रंग की लालिमा से युक्त उस पट्टी की ओर आकर्षित करूँगा जो इन सारे फलकों को आधार प्रदान करती है : धरती माता की साड़ी की किनारी, आत्मा का अपनी आत्मछवियों की क्रीड़ा के लिये ज्ञेय क्षेत्र, महादेवी के बच्चों का खेल का मैदान। शून्य के आलिंगन में पूर्ण : स्पन्दनशील मौन, अरुणाचल, सद्‌गुरु रमण महर्षि का आश्रम। ओम श्री रमणाय नमः।

फलक-१ के उत्सवधर्मी कठपुतलियों जैसे दीखते हैं, लेकिन किसी बाहरी नियन्ता द्वारा परिचालित सहज रूप से निश्चल वस्तुओं की तरह नहीं। उड़ती, गिरती, पट्टियों में लिपटी आकृति (हम उसको अपनी इस यात्रा की ज़रूरतों के अनुरूप ढालते हुए एक नाम देते हैं, 'त्रिशंकु', जो विश्वामित्र की कथा का एक चरित्र है : लेकिन इसके बारे में और बात बाद में करेंगे, अंजली, ठीक है?)—यह आकृति एक डोर के सहारे धरती से जुड़ी हुई है; अगर तुम चाहो तो कह लो कठपुतली, जो अपनी ही आत्मा के द्वारा, पृथ्वी की गोलाकार पूर्णता के द्वारा प्रतीकित असीम आत्मबोध द्वारा अनुप्राणित है : और फलक की अन्य आकृतियों का कठपुतलीपन भी ऐसा ही है। क्या वाक़ई? (मैं स्वीकार करूँ कि बाद में मुझे इस पर सन्देह हुआ है)।

संयोजन की दृष्टि से देखें तो, एक अव्याख्यायित चित्रकारोचित पाठ के रूप में भी, फलक-१ विस्मयकारी ढंग से सुन्दर है। अन्य दो फलकों के मुक़ाबले कहीं अधिक सपाट नीला आकाश, गहरे कँकरीले लाल पर टिकी हुई मनमोहक बेलनाकार। सपाट नीला विस्तार (तैयब की कृतियों के सामान्य रंग-विस्तार की ही तरह) इस अर्थ में ''शून्य''—आयामी है कि वह वस्तुराहित्य, रिक्ति, का संकेत करता है; आकाश की परिबद्धता की भाँति इसकी संवृति आत्मबोध की असीमित किन्तु ''बंकिम'' प्रगाढ़ता का संकेत करती है, जैसा कि इस तरह की रिक्ति को होना चाहिए, आत्मभाव की विमर्शात्मकता। अपनी गिद्धनुमा चोंच से युक्त वह सफ़ेद उड़ती आकृति शून्य की गहराइयों में दोआयामी ढंग से उछलती है, पतंग की भाँति एक ऐसी डोरी से बँधी हुई, जिसको अगर विस्तार दिया जाये तो वह तीसरे फलक के मध्य में मौजूद चिन्तनशील साक्षी के हाथ में जा पहुँचेगी, वह जो पृथ्वी का प्रतीक है (जब बुद्ध को मार द्वारा चुनौती दी गयी थी कि वे अपनी बोध-प्राप्ति का साक्ष्य प्रस्तुत करें तो यह साक्ष्य पृथ्वी ने दिया था। इसलिये त्रिफलक के चिन्तनशील पृथ्वी ही हैं!) और नीले के तले लाल धारी पर एकत्र नौ सिर हैं, नर और नारी और उनमें एक प्रेताकार है, धड़ों से जुड़े हुए सिर (नग्न और गेरुआ, लाल और काले से ढँके हुए), और झूलती बाँहें और ढोल बजाते हाथ और नाचते हुए पाँव और घिसटते हुए, नंगे पैर हैं। पहले फलक की इस सघन चित्राकारोचित रमणीयता मेरे भीतर उन अनेक वर्षों के दौरान गहरायी है जिनमें मैंने इसके अध्ययन और इसके अर्थ के अन्वय के लिये ख़ुद को समर्पित किया है, और उस अद्वैत वेदान्त की शिक्षा की रोशनी में गहरायी है जिसको हमारे युग के लिये श्री रमण महर्षि

ने पुनुरुज्जीवित किया है।

त्रिफलक की अनेक आकृतियों के और तैयब की दूसरी कृतियों के ''कट-आऊट'' चरित्र पर एक विचार। तैयब के रंग विस्तार के ''शून्य'' आयाम को देखते हुए—नीला, पीला, गुलाबी, इत्यादि, दूसरे शब्दों में उनके सपाटपन और दिशाहीनता को देखते हुए, और आत्मा के आत्मबोध के क्षेत्र के अस्तित्वपरकता-रहित होने पर प्रकाश डालती सतह से कहीं ज़्यादा उनकी ''पश्चात-छवि'' दीप्ति को देखते हुए, उसकी रिक्ति का, बोध की तात्त्विकता द्वारा उत्पन्न आत्मा की आत्मछवियों का, 'शून्य १' आयामी से ज़्यादा होना ज़रूरी नहीं है : दूसरे शब्दों में, उन कट-आऊट्स और वेशभूषाओं के रूप में निरूपणीय जो आत्मबोध के तत्त्वों की प्रतीयमान अन्यता या ऐकान्तिक आत्मभाव को उनकी सम्यक आत्मछवि-गरिमा में पुनर्स्थापित करते हैं; और चेतना को अद्वैत की अखण्डता, पहुँच की असीमता, न कि आत्मविकृति का संकुचन और जमाव जोकि अहंकार है।

जगत अस्ति और शून्यता के अर्थ का अनावरण है, आत्मा की सम्भवनशील आत्मछवि का : समृद्ध और सादगीपूर्ण।

मैंने तुम्हें लम्बे समय से एक कहानी नहीं सुनायी है, अंजली, और वह अब मैं तुम्हें सुनाता हूँ, जो फलक-१ के सामूहिक चेहरे को रोशन करती है, और उससे रोशन होती है। यह कहानी नाट्यशास्त्र से ली गयी है।

ब्रह्मा ने पाँचवें वेद की रचना करने की इच्छा की, ऐसा वेद जो समस्त प्राणियों की पहुँच में हो, वे चाहे किसी भी जाति, या वर्ग या लिंग से ताल्लुक रखते हो, ऐसा वेद जो सबका मनोरंजन करने वाला हो, सर्वत्र आनन्द देने वाला हो (हम देख सकते हैं कि यह आत्मा और उसके उस आत्मबोध का रूपक है जो किसी से भी छिपा नहीं रह सकता। वह होने के आनन्द का स्रोत है)। बहरहाल, ब्रह्मा ने इस लक्ष्य की प्राप्ति के लिये नाट्य के बारे में सोचा। नटों द्वारा, सिद्धान्ततः तमाम नटों द्वारा, सारी भूमिकाओं का निर्वाह, आत्मा की आत्मकल्पना की विविधता का द्रष्टान्त, न सिर्फ़ शून्य को घेरती बल्कि आत्मछवियों के रूप में समस्त रूपों को घेरती वस्तुहीनता का द्रष्टान्त।

इस लक्ष्य की प्राप्ति के लिये कि (चेतना में आत्मा की आत्मकल्पना के नाट्य के दर्पण के रूप में) नाटकों की प्रस्तुतियाँ सब के लिये सुलभ हो सकें, ब्रह्मा ने अपने ही भीतर से सौ नटों को उत्पन्न किया और अपने स्थपतियों नल और नील (जिनके नाम 'कमल' और 'नीला' के उद्बोधक अर्थों के व्यंजक हैं) को एक नाट्यशाला निर्मित करने का आदेश दिया। यह पहली नाट्यशाला थी, शायद स्वयं ब्रह्माण्ड। इसके तमाम प्रवेश और निर्गम द्वारों पर ब्लैक-कैट गन्धर्वों को पहरेदारों के रूप में नियुक्त किया गया ताकि वे अनम्य वस्तुभाव के शूरमाओं की, आत्मछवियों की समंजक लोच के बरक्स जमी हुई आत्मपहचानों के शूरमाओं की, किसी भी तरह की सम्भावित आतंकवादी तोड़फोड़ से नाट्यशाला की रक्षा कर सकें। अन्ततः नाट्यशाला पहले प्रदर्शन के लिये तैयार हुई।

दैत्य, असुर और मनुष्य, समाज के तमाम वर्गों के पुरुष और स्त्रियाँ और बच्चे दर्शकों के रूप में शामिल हुए। इन प्रथम नटों ने एक ऐसे नाटक की प्रस्तुति दी जिसमें देवों और असुरों के संग्राम

शान्तिनिकेतन त्रिफलक | फलक-१ | विवरण | तैयब मेहता

का वर्णन किया गया था।

विस्मित अवधान की फुटलाइट्स से चौंधियाये हुए इन नटों (देवताओं, दैत्यों और मनुष्यों और अन्य योनियों की श्रेणीबद्ध सुनिश्चितता से भिन्न एक विशेष योनि) ने अपनी आत्मछवि-हैसियत को देव या मांगलिक पहचान की कठोर चकाचौंध में जड़ीभूत हो जाने दिया : और बजाय भूमिकापरक द्वैध से युक्त अभिनय का नाटक पेश करने के, उन्होंने अपने आख्यान और चित्रण में असुरों पर देवताओं की विजय को दोहरा भर दिया।

असुर बुरी तरह भड़क उठे और उन्होंने इस आद्य नाट्यशाला को तहस-नहस करते हुए उसके मंच और मंचपार्श्वों और नेपथ्य और चीज़ों और आसनों और गलियारों और टिकिट-घर और उपकक्षों और वाहनशालाओं में भारी तोड़फोड़ मचायी।

ब्रह्मा ने स्वीकार किया कि भले ही दैवीय किन्तु जमी हुई पहचानों में नटों के अपसरण ने नाटक की निष्पक्षता को जोख़िम में डाला है, और उन्होंने नाट्यशाला के पुनर्निर्माण का आदेश दिया। प्रवेश-द्वार और निर्गम-द्वार और अन्य तमाम सामग्रियों को तमाम तरह के प्राणियों के प्रतिनिधियों की देखरेख में रखा गया : और एक ऐसा नाटक प्रस्तुत किया गया जिसमें पहचानें जड़ीभूत नहीं हुईं, जिसमें जय और पराजय आत्मा की गहनतर आत्मकल्पना की सम्भावना का प्रतीक थीं। वह आत्मा की अंजली की असीम लीला का कलाइडिस्कोप था : उसके अर्थों का, उसके पर्यवेक्षणों का, प्रयोगों का, और जोख़िम उठाने की क्षमताओं का।

इस असाधारण मिथक को, जिसको मैंने सुनाने की प्रक्रिया में हल्का-सा रूपान्तरित भर किया है, नाट्य प्रस्तुतियों में पूर्वाभ्यासों के महत्त्व की स्वीकृति-मात्र के रूप में देखा जाता है। निश्चय ही मिथक के इस पाठ में सचाई का कोई तत्त्व होगा : लेकिन यह मिथक आत्मबोध के विनाशकारी स्खलन की एक गम्भीर रूपक-कथा है। स्खलन आदिमता (मूल-आत्म-स्थिति के अर्थ में) के

आनन्द की उस परिस्थिति से, जहाँ आत्मपहचान अभीष्ट दैहिक रूप या दैहिक रूपों की सामूहिकता के साथ आत्मभाव का वैयक्तिक या सामूहिक तादात्म्य नहीं है; बल्कि इन रूपों को, और तमाम रूपों को, आत्मा की कमोबेश पर्याप्त या अपर्याप्त आत्मछवियों के रूप में देखना है। और एक साझा, अद्वितीय, आत्मपहचान के आत्मचिन्तनात्मक दबाव की मार्फ़त देखना, ताकि वैयक्तिक और अन्तर्निर्भर (कम से कम) मानवीय जीवन में आत्मा की स्वायत्तता की अपेक्षाकृत आस्थावान और अपेक्षाकृत सुन्दर और अपेक्षाकृत विस्मयकारी कल्पना की दिशा में गति की खोज की जा सके (नैतिक आचरण में, पर्यावरणपरक संवेदनशीलता में, वैयक्तिक सहिष्णुता और आनन्द में)। नाट्यशास्त्र की रूपक-कथा रूपाकारों की आत्मकल्पनात्मक भूमिका के विस्मरण में इस आनन्द से स्खलन की ओर इशारा करती है, और आत्म-अवनति में, आत्म-विरूपण में, आत्मोद्घाटक क्रीड़ामयता के ध्वंस की ओर : परिवर्तन और सम्बद्धता और संरक्षण के प्रति खुले हुए जादुई आत्मनिरूपण का ऐकान्तिक आत्मपहचान की कठोरता में "वस्तुकरण" की ओर।

जो "अन्य" हैं वे तत्काल इसी तरह की नियति का सामना करते हैं और संसार एक ख़तरनाक स्थल में बदल जाता है। असन्तोष परिस्थितियों (नाट्यशाला) का और प्रवाहमय जीवन के वातावरण का विध्वंस शुरू कर देता है। नाट्यशाला की यह रूपक कथा इस बात को दर्ज़ करती है कि आदिम आनन्द से स्खलन की विपुलता और इस आनन्द का पुनवार्स चरितार्थ होता है; लेकिन स्खलन की यह घटना बारबार लौटती है और स्खलन का एक ऐसा ही क्षण है जिसमें हम, अपने समय की भाँति, फलक-१ के समूहन को पाते हैं।

उनमें से प्रत्येक के चेहरों और रूपों को देखो : उदासी और अपराध-बोध और भय अन्यों पर विजय उनके नृत्य को धीमा कर रहे हैं (ऐसा लगेगा कि यह मानवीय और अन्य तमाम दूसरी व्यवस्थाओं पर वैश्विक मानवीय व्यवस्था की जीवन की विजय है)। एकदम बायीं ओर की पहली आकृति को देखो। एक प्रेतनुमा सिर, एक मृत्यु-बिम्ब, वर्चस्व की इस समूह की उत्सवधर्मिता पर अभिशाप की भाँति पीछे लगा हुआ है। यह अभिशाप उन्होंने ख़ुद मोल लिया है, ढोल-वादकों द्वारा घोषित उनकी आत्म-संकल्पना से अनात्म के रूप में शून्यता का अपवर्जन करके : "मैं उसके विरुद्ध यह हूँ, हम उसके विरुद्ध यह हैं।"

लेकिन, बावजूद इसके कि ढोल-वादक इस समूह की आत्म-प्रज्ञा की घोषणा करते हैं, ये ढोल-वादक और अन्य मौन की "मैं हूँ" या "मैं" ध्वनि के प्रति सजग प्रतीत होते हैं। एक बार पुनः उनके उल्लास से निष्कासित यह मौन ऊपर की रिक्ति को भरता है और उनके हृदयों को सन्तुलित करता है, उनके चेहरों पर उतरती उदासी के साथ, उदासी इस बोध की कि उनकी अद्वितीयता उनकी बहुलता के कारण नहीं बल्कि एक असीम आत्मबोध के साथ उसकी ऐकान्तिक विशिष्टता के मिलावटी योग के कारण जोख़िम में पड़ी है। "मैं यह हूँ, हम यह हैं" को "मैं वह हूँ, हम वह हैं" के कोलाहल युक्त बल के विरोध में रखा जायेगा, समूह के भीतर भी और समूह के बाहर भी।

उस काले चोगेधारी तान्त्रिक या प्रौद्योगिकीय ओझा को देखो। क्या पैरों का आकाश में (त्रिशंकु की भाँति) लटका होना तान्त्रिक सामर्थ्य के माध्यम से (और वैज्ञानिक और प्रौद्योगिकीय मदद से) किसी दूसरे ग्रह पर पाया गया वैकल्पिक मानवीय आवास है या भविष्यवादी स्पेस-इंजीनियरिंग

और परिवहन है, जोकि पृथ्वी पर द्विपादीय नृत्य के मुक़ाबले अधिक चमत्कारपूर्ण है?

अंजली, त्रिशंकु एक राजा था जिसकी कोढ़ी काया की वजह से उसकी प्रजा समेत हर किसी ने उससे किनारा कर लिया था (कोढ़ी काया निश्चय ही ऐकान्तिक आत्मपहचान की संक्रामकता का एक रूपक है)। तब भी वह अपनी काया के प्रति इस क़दर आसक्त, आत्म-तदात्म, था कि वह मरना नहीं चाहता था (उस शून्य में नहीं बदलना चाहता था जिसके बारे में उसके लिये यह विश्वास करना नामुमकिन था कि वह स्वयं उसकी आत्मछवि थी)। इसलिये वह विश्वामित्र मुनि के पास गया जो चाटुकारिता से पिघल जाया करते थे। उनके पास जाकर उसने उनकी संसार के सबसे बड़े मुनि के रूप में प्रशंसा की और आग्रह किया कि वे उसकी मदद करें ताकि वह अपनी कोढ़युक्त (ऐकान्तिक रूप से स्व के साथ तदात्म) काया समेत स्वर्गारोहण कर सके।

विश्वामित्र के तप के तेज से त्रिशंकु स्वर्गारोहण में सक्षम हुआ, लेकिन शाश्वत सुख के उस लोक (जहाँ ऐकान्तिक आत्मपहचान उसकी बुनियादों को खोखला करने वाली थी) के द्वारपालों को लगा कि त्रिशंकु इस तरह की आत्मपहचान का छूत फैला सकता है, इसलिये उन्होंने उसको वापस पृथ्वी की ओर धकेल दिया। मध्य आकाश में वह सहायता के लिए चिल्लाया, और विश्वामित्र ने उसकी हताश पुकार सुनकर उसको आदेश दिया कि वह वहीं अधर में लटका रहे और अपने आसपास एक वैकल्पिक विश्व खड़ा करे, लेकिन देवताओं ने उसको उसकी इस योजना से विरत कर दिया क्योंकि अगर उसकी योजना सफल हो जाती तो ऐकान्तिक आत्मपहचान के विनाशकारी परिणामों से निपटने की पृथ्वी की समस्यायें और बढ़ जातीं।

त्रिशंकु की अवांछनीय परिस्थिति के प्रति तान्त्रिक-तकनीशियन सजग है और उसके चेहरे पर उद्विग्नता है उस प्रभावशाली मानवीय समूह की ऐकान्तिकतावादी वैयक्तिताओं और सामूहिकताओं को लेकर जो विश्व के एक और कोने में आत्मबोध के बग़ैर अस्तित्व ग्रहण कर रही हैं; आत्मबोध के बग़ैर, यानी आत्मा की उस सर्वव्याप्त आत्मकल्पना के बोध के बग़ैर, जो हर कहीं जारी है, जिसमें हमारी बहुनिन्दित पृथ्वी शामिल है।

अब इस समूह की विलक्षण (हालाँकि उदास) स्त्रियों को देखो, अंजली, कम से कम उनमें से तीन अपने क्लोनों को देखो। वहाँ पुरुषों के बराबरी की एक समकालीन, बल्कि भविष्यवादी, मुद्रा है, पूर्ण लैंगिक समानता की मुद्रा। लेकिन उनके उदारमनस्क तपस्वियों जैसे चोगों से प्रतिबिम्बित उनकी उदासी का ताल्लुक उनके इस बोध में है कि जहाँ परस्पर सम्मान-भाव वाली निकट आत्मपहचानें कामचलाऊ समानता स्थापित कर सकती हैं, वहीं वे उनको मोक्ष की जादुई शक्ति में दीक्षित नहीं कर सकतीं; वे उनको आत्मा की आत्मछवियों की विविधता-रूपी लैंगिक विविधता के अन्वेषण में दीक्षित नहीं कर सकतीं, उन आत्मछवियों की जो सर्वत्र अद्वितीय और एक जैसी हैं, जो महज़ ''समान'' नहीं हैं : उनके जैसी लैंगिक विविधता, यानी लिंगातिक्रामी आत्मा के प्रगटन का क्षेत्र।

फलक-१ में किसी भी तरह के ग़ैरमानवीय जीवन की अनुपस्थिति यह भी दर्शाती है कि निरी लैंगिक समानता स्वराज, अर्थात्, आत्मा की सम्प्रभुता, के लिये अपर्याप्तता है जो ग़ैरमानवीय

शान्तिनिकेतन त्रिफलक | फलक-१ विवरण | तैयब मेहता

होना या न होना ?

जीवन को और निर्जीव पदार्थ को वर्जित नहीं करती, न ही वर्जित करती है सत्तापरकता-रहित शून्यता— मानवीय जीवन से परे की आत्म-कल्पित उर्वरकता—को। फलक-१ में नाभिरज्जु के सहारे एक चिन्तनशील से जुड़ा पट्टियों में लिपटा त्रिशंकु राजसी जड़ता से आत्मकल्पनाशील तरलता में रूपान्तरित हो रहा है। उसकी रूपान्तरित वापसी फलक-१ के उस मानववादी समूह की गुप्त प्रार्थना जैसी प्रतीत होती है जो विरोधाभासी ढंग से विजय का जश्न मना रहा है। त्रिशंकु की इस महत्त्वाकांक्षा को निरे आधिभौतिक स्तर पर नहीं समझा जाना चाहिए कि वह अपनी आत्मसंकल्पना (यानी, यह कि वह, अर्थात् आत्मा, व्यक्तित्व का एक प्रदत्त दैहिक रूप है) के किसी भी तरह के बुनियादी रूपान्तरण के बिना स्वर्ग पहुँच जाना चाहता था : उसमें किसी यूटोपिया के घटित होने की गति को तीव्र कर देने की मानववादी विचारधाराओं की उम्मीद का भी संकेत निहित है, या धार्मिक विचारधाराओं की उस उम्मीद का संकेत जिसके तहत वे व्यक्तियों और समूहों के आत्मबोध में किसी बुनियादी परिवर्तन के बिना ही मानव सभ्यता की किसी धर्म-विशिष्ट वैश्विक व्यवस्था की स्थापना की गति को तीव्र कर देना चाहती हैं।

फलक-१ की उदासी को इन वक़्ती, ऐतिहासिक-विचारनैतिक आकांक्षाओं की प्रतिश्रुति के रूप में देखा जा सकता है। एक भ्रान्ति-मुक्त सेक्युलर/धार्मिक यूटोपियावादी, जो आत्मपहचान के सच्चे क्रान्तिकारी परिवर्तन के प्रति खुला है (जो ख़ुद को न तो महज़ भौतिक-नश्वर या अभौतिक-अनश्वर किसी भी वस्तु के रूप में देखता है न ही महज़ न-कुछ के रूप में देखता है, बल्कि दोनों रूपों में, आत्मा की आत्म छवि के रूप में, देखता है) के प्रकटन को त्रिशंकु के ''पृथ्वी पर अवतरण'' के रूप में समझा जा सकता है, उसे सच्चे अर्थों में, भ्रान्त रूपों के बीच मनुष्यता के ''न-तो-यहाँ-न-वहाँ'' के दोलन के अन्त के रूप में, समझा जा सकता है।

आत्म–विरूपण–1

अगर फलक–१ के आकाश में पट्टियों में लिपटी, पैर फटकारती, उड़ती, गिरती लौटती आकृति को छिपाया जा सकता, और पैरों को फेंटते बहुआंगिक कठपुतली–नर्तकों के विशादमय, भ्रान्ति–मुक्त चेहरों को भी जो माइकल जैक्सन या हृतिक रोशन को ईर्ष्या से भर दे सकते हैं, तो आपको ऐसा लगता कि यह फलक ग़ैर–ऐकान्तिकतावादी आत्मपहचान की आत्मछवियों की अन्तर्सम्बद्धता का एक स्पष्ट चित्रण है।

लेकिन कोई कैसे छिपा सकता है उस आश्चर्य को जो पूरी काया भर पट्टियों में लिपटा हुआ है, स्वराज के उस भ्रूण को जो जन्म की, रूपाकार ग्रहण करने की, प्रगटन की प्रतीक्षा कर रहा है? (या उस विकलांग त्रिशंकु को जो एक विद्वेषपूर्ण स्वर्ग से लौट रहा है?)

और वैसे भी, अंजली, ज्ञानोदय का चेहरा विषादमय नहीं हो सकता। वह शोकाकुल, या साँस थाम लेने वाला या उद्विग्न ढंग से मन्त्रोच्चार करने वाला तो हो सकता है, जैसे कि फलक–२ और ३ के मननशील साक्षियों के चेहरे हैं, लेकिन उस तरह नाउम्मीदी भरा नहीं हो सकता जैसे फलक–१ के तुम्हारे समरूपी प्रतीत होते हैं (सिर्फ़ तुम्हें यह सीख देने के लिये कि वैसा कभी नहीं होना!) और जैसाकि दिकूयो का चेहरा दर्शाता है, स्वराज का चेहरा करुणामय होना बन्द किये बग़ैर यातना या दर्द (माइग्रेन?) झेल सकता है। लेकिन नहीं, फलक–१ के चेहरे (और फलक–३ के कट्टरतावादी कामगारों के चेहरे, जिनके बारे में और बात आगे करेंगे) हमें विवश करते हैं एकबार फिर उन डगमगाते अंगों और झनझनाती अँगुलियों और चलते हुए पैरों की ओर देखने के लिये : और इस पहचान के लिये कि वे पक्षाघात के शिकार हैं, उनका घिसटना आघातोत्तर पैरों का बेअहसास घिसटना है। आत्मविरूपित, न कि आत्मोपलब्ध।

लेकिन कहाँ, त्रिफलक में आनन्द कहाँ है?

मैं तुम्हें इस मुकाम पर एक विक्षुब्ध प्रश्न पूछते हुए सुन सकता हूँ : ''लेकिन त्रिफलक में, ज्ञानोदय की बात तो छोड़ ही दो, आनन्द का वह चेहरा कहाँ है जिसके बिना, स्वराज तो छोड़ ही दो, जीवन की कोई भी शबीह अन्धकार के मध्य, सम्भ्रम के मध्य, और विनाश के मध्य जीवन के टिके रहने में मदद नहीं कर सकती? इस आत्मछल-रहित, चकरा देने वाले, अपलक प्रश्न का जवाब देने से पहले मुझे विचार से थोड़ा विराम लेने की, घूँट भर पानी पीने की इज़ाज़त दो। फलक-२ की बैठी हुई साक्षियों में से तीसरी सान्त्वना-भरे शब्द फुसफुसाती है : ''मैं तुम्हारे साथ हूँ, रामू, तुम्हें अंजली के सवाल का जवाब मिल जायेगा, लेकिन मुझे ख़ुशी है कि उसने यह सवाल पूछा।''

फलक-२ की मैडोना की ओर देखो, रेनुआई नग्नतापरक पोशाक वाली उस स्त्री की ओर (जिसकी वह पोशाक इस बात का संकेत है कि नग्नता आत्मा की आत्मछवि है, उसकी मध्यस्तता-रहित अभिगम्यता है)। वह बोत्तिचेली की वीनस से कम नहीं है, कामभाव की वह परिपक्वता जो जीवन-वंचक वधिक के किसी उपयोग की नहीं है। उसके चेहरे को ग़ौर से देखो, अंजली, जिसका कमनीय मुख बकरी के प्रति सम्बोधित लैंगिक पहचान के शब्दों की फुसफुसाहट में सहानुभूति का वह भावपूर्ण आनन्द प्राप्त कर रहा है जो वासनामय हुए बग़ैर कामपरक है, पाशविक होने की बजाय पार्थिव है, आत्मबोध की एक साँस रोक देने वाली, साँस लेती, विस्मयकारी मुख-मुद्रा : निश्चय ही आनन्द और उल्लास से भरा चेहरा, आकांक्षा और प्रजनन और प्रजाति-केन्द्रिकता की कार्यसूची के परे प्रेम का सामना।

बकरी-मैडोना की नाक से नाक मिलाती साहचर्य की वह मुहर वीनस को चकित कर देती है, झिझक का वह संकोच (जोकि उसके चेहरे पर शून्य.१ की आयामिता में उकेरा हुआ है) जो प्रजाति-अतिक्रामी आत्मान्वेषण के स्फुरण को उत्पन्न करता है। बकरी जैसे सफ़ेद इंसानी हाथ में बदलते बकरी के पैर द्वारा उस स्त्री को लपेटा जाना, और बदले में स्त्री के हाथ का बकरी की तरह सफ़ेद हो जाना, आत्मपहचान की विस्तीर्णता के आनन्द का एक रूपकात्मक उद्रेक है, जैसे कि स्त्री की त्रिपादीयता स्वराज की द्विपादीयता और चतुष्पादीयता का एक रूपभेद है।

अलगाववाद और वर्चस्ववाद के बरक्स जीवन के टिके रहने के लिये तुम्हें मदद उपलब्ध है। दिकूयो की अभिषेक करती मयूर मुद्रा ''तीसरी आँखों'' के एक जोड़े के स्वीकारपरक अंकन के

बकरी मैडोना

शान्तिनिकेतन त्रिफलक | फलक–२ | विवरण | तैयब मेहता

लिये स्त्री–बकरी–मैडोना के दोहरे माथों को खोजता है। (कल्पना करो, मौद्गिल्यानी का मयूर मुद्रा युक्त हाथ तुम्हारे—और लीला के—माथों पर एक कल्पित बिन्दी का आकार दे रहा हो!)

और एक और भी जगह है जहाँ तुम्हारी दो टूक जिज्ञासा का एक गम्भीर जवाब चमक रहा है।

फलक–२ के बोधोत्तर वधिक की आकृति के सफ़ेद, ताप से रूपान्तरित सिर–और–चेहरे को देखो, जिनमें एक नारी का लाल धड़ और सिर और स्तन और झूलता हुआ हाथ सवार हैं। आत्मबोध का यह चमत्कार "अन्यता" को विलयित कर देने वाली दिकूयो की मयूर मुद्रा का, और वध–स्थल पर स्त्री और बकरी के कायान्तरणकारी आलिंगन में निहित समावेशी आत्मपहचान के प्रजाति–अतिक्रामी आविर्भाव का परिणाम है। इस खड़ी हुई रूपान्तरित आकृति के दोहरे चेहरे पर अंकित आश्चर्य के उस भाव को लक्ष्य करो जिससे उसका मुँह—उसका पुरुष और स्त्री मुँह—खुला रह गया है, और बैठी हुई मैडोना के, शारदा के, चेहरे पर अंकित आश्चर्य को भी। (तैयब के कट–आउट चेहरों में, आयामी निरूपणों से भिन्न, भावों का एक सीमित भण्डार है, लेकिन इसी वजह से वे कहीं अधिक "उत्कीर्ण" या "विकीरित" हैं, जो देखे जाने की गहराइयों के प्रति उसी तरह समर्पित हैं जिस तरह स्थिर फ़ोटोग्राफ़ी के चेहरे घूरने की अपेक्षाओं के प्रति होते हैं)।

वधिक के प्रकरण में वे विस्मय से खुले हुए होंठ एक उच्चारण हैं, एक "हकलाहट" : " मैं हूँ—आत्मा है—तमाम रूपाकारों में आत्मकल्पित; सारे रूपाकार मेरी आत्मछवियाँ हैं, मात्र मेरा जड़ीभूत, वधिक, अपवर्जक, रूप नहीं! नर और नारी, दोनों ही मेरी, आत्मा की, आत्मछवियाँ हैं, मेरे आत्मनिरूपण हैं!" इस बोध को द्वैतवादी स्वीकृति से अलगाया जाना आवश्यक है, इस अर्थ में, अंजली, कि हम में से प्रत्येक में व्यक्तित्व के, बल्कि कायिक रूप के, नर और नारी दोनों आयाम मौजूद हैं, बशर्ते कि हम उन उल्लासयुक्त चेहरों का सम्पूर्णतः सामना करें जो त्रिफलक के मध्यवर्ती फलक हमारे सामने उजागर करते हैं : तुम्हारी उद्विग्नता का शमन करते हुए (फलक–२ के विषादमय विजेताओं के खुले हुए होंठ मोहभंग की उसाँस हैं; साक्षी चिन्तनशीलों के खुले हुए होंठ कमल सूत्र के प्रति श्रद्धा व्यक्त करते अनवरत उच्चार हैं—हृदय के आत्मपहचान के भटकाव की अँधेरी गहराइयों में खिलते ज्ञानोदय के कमल के प्रति प्रार्थना)।

"मैं आत्मा की नारी और नर दोनों ही आत्मछवियाँ हूँ—दाम्पत्यपरक निकटता में भी और कौमार्यपरक अलगाव में भी, आनन्द में भी और दुख की घड़ियों में भी।" लेकिन "एक साथ नर और नारी आत्मछवियाँ होना" एकत्व को प्रतीकीकृत करते एक चिरस्थायी दाम्पत्य की रचना करता है, जोकि आत्मकल्पना के समूचे वैविध्य की बुनियाद है : हमारे कन्धों पर सवार दुनिया की समस्त पीड़ाओं के तले एक अविश्वसनीय परमानन्द, आनन्द की एक लहर, की अभिव्यक्ति का संस्तरीकरण।

वधिक का पिकासोनुमा सिर आह्लाद को कायम रखने वाली यन्त्रणा है, उसका नारी रूप इसके प्रति अधिक शान्त और शर्मीला है, वह उसके झूलते हुए हाथ द्वारा किये जा रहे करुणा के रक्षक, निरोधक कृत्य में निहित आनन्द से अविचलित है।

काला रंग, जोकि वधिक की कायिक पोषाक का रंग है, हिन्दुओं के आध्यात्मिक मनोविज्ञान में

शान्तिनिकेतन त्रिफलक | फलक-२ | विवरण | तैयब मेहता

तमस का रंग माना गया है, पुनर्विचारहीन कठोरता का रंग; खिलते हुए अनुपूरक नारी रूप का लाल रंग रजस का रंग है, अथक अध्वसाय का रंग; और मूलतः काले टोप वाले आत्मघाती बूचड़ के सिर का राखनुमा सफ़ेद रंग सत्त्व का रंग है।

आत्मान्वेषण; साक्षी-भाव, प्रतीक्षा, मन्त्रोच्चार; प्रतीकवाद को बरतते कच्छप-योगी का क्रान्तिकारी, प्रभावशाली, अहिंसक कर्तृत्व; लाल, काले और सफ़ेद का सामंजस्य—रजस, तमस और सत्त्व; आत्मबोध की अतिक्रामक शक्ति में "उकेरे हुए" '०+१' आयामी विस्मय के भाव—अंजली, ये पराजय, अन्धकार और विनाश से समझौता करने से किये गये जीवन-समर्थक इन्कार हैं। लेकिन मैं जानता हूँ तुम्हारे सवाल का उद्देश्य मुझे और भी ज़्यादा अन्वीक्षापरक चिन्तन की ओर प्रेरित करना था। इसके पहले कि मैं एकबार फिर फलक-१ की समस्याओं पर लौटूँ, फलक-२ की आत्मबोध की छवियों द्वारा अनिवार्य बना दिये गये जनसंख्यापरक अनुशासन के एक महत्त्वपूर्ण परिणाम पर ध्यान देना ज़रूरी है।

आत्मबोध की जनसांख्यकी

एक बार फिर से फलक-२ की पहली चिन्तनशील स्त्री की ओर देखो, जोकि तुम हो; और फलक-३ की दूसरी उकड़ूँ बैठी आकृति—त्रिफलक में ऐसी दो ही आकृतियाँ हैं—(उकड़ूँ बैठी चमत्कारी शारदा इनमें पहली है) को देखो, जिसको तैयब ने आदिवासी किफ़ायत और मौद्गिल्यानीनुमा सुघड़ता के साथ आकल्पित किया है। यह भी तुम ही हो। ध्यान दो, अंजली, कि दोनों ही को एक लपेटती हुई, ''अन्य'' की बाट जोहती, बाँह घेरे हुए है (जिसमें ''क्या मैं भी तुम्हारी हो सकती हूँ?'' के आग्रह की शक्ति है)।

त्रिफलक निश्चय ही आत्मबोध के रूप में स्वराज की, स्वतन्त्रता की, शबीह है। उभयलिंगीय खड़ी हुई आकृति (जो ध्वज-स्तम्भ के पैताने बाधा बनकर बलि के उत्सव को विफल कर देती है) का यह बोध कि वे, आत्मा, समस्त मानवीय रूपों द्वारा (भी, लेकिन मात्र उन्हीं के द्वारा नहीं) आत्मकल्पित हैं, सभी शिव-पार्वती की सन्तानें हैं; और यह कि वे रूपहीन शून्यता के द्वारा भी कम आत्मकल्पित नहीं हैं, दूसरे शब्दों में वे, आत्मा, अपने आपको बिना किन्हीं सन्तानों के भी देख सकते हैं। आत्मबोध की इन दो आत्म-संकल्पनाओं के सन्तुलन के लिये मानव प्रजाति का नियन्त्रित होना ज़रूरी है (संख्या की दृष्टि से भी और दूसरे रूपों में, यानी पर्यावरण की दृष्टि से भी): समग्रता में भी और खण्डपरक उपशाखाओं में भी।

मनुष्यों की पूर्णतया एकदम छोटी जनसंख्या द्वारा सम्प्रभु आत्मा (स्वराज) बहुत कमज़ोर ढंग से आत्मकल्पित होगी; ऐसी जनसंख्या सामूहिक मृत्यु के प्रति अपनी संवेदनशीलता के चलते आत्मा की अचल स्थिति की विश्वसनीय ढंग से कल्पना नहीं कर सकती। इसी तरह मनुष्यों की एक विस्फोटक जनसंख्या (अपनी समग्रता में और खण्डों में) भी आत्मभाव की अद्वितीय स्वयं-पर्याप्तता (जिसके लिये स्वत्वों की बहुलता आवश्यक नहीं, बल्कि शून्यता समेत आत्मछवियों की असीम विविधता के तौर पर अपनी एक कल्पना आवश्यक है) की सूचक नहीं हो सकती। आत्मबोध आत्मछवियों की उत्पादकता है (कामतत्त्व का आनन्द) और वह आत्मा के आत्म-सजगता के क्षेत्र की वस्तुहीनता है, रिक्ति का विस्तार (ब्रह्मचर्य का आनन्द)। दरअसल, आत्मबोध की कामपरकता और कौमार्य दोनों ही ब्रह्मचर्य हैं (''विस्तीर्ण का मार्ग'') ऐसा आह्लाद और करुणा जिनको अलगाया नहीं जा सकता : चेतना के रूपों के इस संयोजन को शिव-पार्वती के

शान्तिनिकेतन त्रिफलक | फलक–३ | विवरण | तैयब मेहता

"क्या ये सही हो सकता है?"
चिन्तनशील आदिवासी साक्षी

चेहरों को और सिरों के शारदा-बकरी सैट की ओर पलक-झपकाते-घूरते हुए, या घूरते-पलक-झपकाते हुए पढ़ा जा सकता है।

अब, अंजली, मैं फलक-२ और ३ में चित्रित तुमको लपेटती हुई ''अन्य''—संकेती बाँहों (पीले-भूरे के बरक्स पीले और अर्थपूर्ण भूरे के बरक्स सफ़ेद) के महत्त्व की कैफ़ियत दे सकता हूँ। ये वे ढंग हैं जिनके सहारे त्रिफलक की चिन्तनशील आकृतियाँ कह रही हैं कि हम, आत्मा, आत्म-कल्पनापरक पुनरुत्पादकता की प्रक्रिया में एक मनुष्य होना बन्द किये बग़ैर अपने आपको दो मान सकते हैं। ''अन्य'' लोग भी ''हम'' हैं, ''उनके'' बच्चे भी ''हमारे'' हैं। (इसी अर्थ में मेरे लिये तुम तुम भी हो और लीला भी हो)।

नहीं, त्रिफलक नृविज्ञान नहीं है

अब हमें दरअसल एक बार फिर फलक-१ की ओर लौटना चाहिए, और उस विचार से निबटना चाहिए जो त्रिफलक के, ख़ासतौर से उसके पहले फलक के, कुछ दर्शकों के दिमाग़ में अभी भी बना हो सकता है : यह कि यह कृति हमारे समक्ष आदिवासी ग्रामीण जीवन, विशेष रूप से शान्तिनिकेतन के आसपास के उसके सन्थाल रूप की पुनर्प्रस्तुति है।

किसी को लग सकता है कि फलक-१ समुदाय के किसी सदस्य की मृत्यु पर शोक का अनुष्ठान है; ढोलकों का बजना मृत्यु की घोषणा और मृतक के सुरक्षित पारगमन के लिये देवताओं का आवाहन दोनों ही हैं। ऐसा सोचने वाला यह भी कहेगा कि चित्रकार ने इस अवसर के परलोकधर्मी चरित्र को ध्यान में रखते हुए मृत्यु का मुखौटा पहनी हुई प्रेत-आकृति को शोकाकुल लोगों के बीच शामिल किया है, और गिरती हुई आकृति को इसी के अनुरूप मृतकों के लोक से जीवन की वास्तविकता में मृतक की पुनर्जीवन-प्राप्त वापसी यात्रा के रूप में देखा जायेगा।

यह, अंजली, सचाई का आभास देने वाला किन्तु तुच्छता से भरा विचार है। आख़िर हम इनमें से कुछ आकृतियों के कुछ समकालीन फ़िल्मों के अनोखे क़िस्म के पार्टी दृश्यों का संकेत करते ग़ैर-सन्थाली तपस्वीनुमा चोगों (गेरुआ, लाल, तान्त्रिक काला) को कैसे भूल सकते हैं, कैसे भूल सकते हैं निरे अनुष्ठानोचित विलाप के विरुद्ध मोहभंग की अनुष्ठानातिक्रामी गहरायी को, सूक्ष्मता के साथ उकेरी गयी व्यक्तिमत्ताओं को, आकाश-गर्भ में गिरते, पैर फटकारते भ्रूण की अर्थपूर्ण ''नख से शिख तक लिपटी हुई पट्टियों'' को, आकृतियों की उन काया से चिपकी पोशाकों को जो उनको निरी प्रजातीयता से अलगाती हैं, और जो ''आदिवासी'' शब्द के अर्थ पर विचार को आमन्त्रित करती हैं, अस्ति के असह्य हल्केपन (ज़मीन) को और शून्यता (आकाश) के उतने ही असह्य भारीपन को, जो एक दूसरे के भीतर से व्यापकता और विशिष्टता को अपनी ओर खींचते हैं, आदि आदि?

नहीं, यह त्रिफलक बंगाल के बिरभुम इलाक़े का मानवशास्त्रीय फ़ील्ड-वर्क नहीं है। बावजूद इसके कि इसको सन्थाल देहगतियों और अन्य चीज़ों (श्रमजीवी कार्यकर्त्ता और साक्षी चिन्तनशील) के अनुरूप संयोजित किया गया है, तब भी यह कृति उन ''जंगलियों'' की ओर उठी हुई ''सभ्यों'' की दृश्यरतिपरक निगाह से पूरी तरह मुक्त है जिनके कुप्रभाव से मसलन, तहीतियाई

स्त्रियों का गोगाँ का अविस्मरणीय रूप से सुन्दर अध्ययन भी अछूता नहीं है। तैयब जंगलियों को न तो सभ्य बना रहे हैं न उनको नगण्य बना रहे हैं। हाँ (अगर रामचन्द्र गुहा द्वारा लिखी गयी वेरियर एल्विन की जीवनी के सुखद शीर्षक का इस्तेमाल कर कहें तो) वे ''सभ्यों का बर्बरीकरण'' कर रहे हो सकते हैं : आत्मरति और भयोन्माद की गुलाम, पृथकतावादी और वर्चस्ववादी मनुष्यता की आत्मविरूपित आत्म-पहचान के भीतर टाइम-बम की भाँति स्थित सर्वनाश की आकांक्षा को सतह पर लाते हुए।

आत्म-विरूपण-2

इन पन्नों में ऐकान्तिक आत्म-पहचान के विरुद्ध आवर्ती तर्क यह रहा है : कि जब हम स्वयं को, आत्मा को, पूरी तरह से किसी प्रदत्त रूप के साथ एकात्म कर लेते हैं (उदाहरण के लिये जब हम रूपहीन शून्यता समेत तमाम अन्य रूपों को अनात्म घोषित करते हुए स्वयं को अपने मानवीय दैहिक रूप के साथ एकात्म कर लेते हैं), तो हमारी आत्म-संकल्पना हमें यह मानने के लिये विवश कर देती है कि हम आत्मबोध नहीं हैं, कि आत्मा अनात्म का एक विस्तीर्ण फैलाव बन जाती है : और हम पशु की तरह घेरे जाकर भयोन्माद के पिंजरे में धकेल दिये जाते हैं (उस वधिक की भाँति जो अनात्म के विरुद्ध अपनी विजय के क्षण में भी एकाकी और ''फँसा हुआ'' है, जैसे कि फलक-१ के मानवतावादी हैं)। मैंने जहाँ-तहाँ लापरवाह ढंग से ऐसा संकेत किया हो सकता है कि आत्मा, इस तरह, आत्मबोध होना बन्द कर देती है और ''अनात्म''-बोध बन जाती है। यह निश्चय ही असम्भव है। आत्मा आत्मबोध हुए बिना आत्मा (''मैं'' की परावर्तिता) नहीं हो सकती।

लेकिन अनुभवपरक ढंग से सबसे महत्त्वपूर्ण तथ्य यह है कि हमारी ऐकान्तिक आत्म-संकल्पना हमारे मानस पर एक छाया डालती है (जैसे कि खग्रास या खण्डग्रास चन्द्र-ग्रहण के दौरान पृथ्वी—जिसका अर्थ यहाँ ''मैं यह काया हूँ'' की संकल्पना होगा—चन्द्रमा पर डालती है जब वह सूर्य और चन्द्रमा के बीच आ जाती है; चन्द्रमा को, मानस को, विरूपित करती हुई, यहाँ तक कि उसको छिपा देती हुई)। ये दासता है, आत्मविरूपण, आत्मविरूपण के रूप में दासता। (एकबार फिर से, ''आत्मविरूपण'' पद का इस्तेमाल मैं अनुभवपरक तौर पर कर रहा हूँ, यह संकेत देने की कोशिश किये बग़ैर कि आत्मा का—उसके आद्य, आत्मस्थ, अचल रूप में—विरूपण सम्भव है। एक निरन्तर बना रहने वाला दु:स्वप्न प्रकाश का रुक जाना नहीं है, लेकिन तब भी उसमें अँधेरे की स्थिति का दावा निहित होता है)।

फलक-३ के सन्दर्भ में जो ख़ामोशी मैं अख़्तियार किये लगता रहा हूँ उसको तोड़ने का यह उपयुक्त स्थल और समय हो सकता है, फलक-३ जिसका शीर्षक, फलक-१ की ही भाँति ''आत्मविरूपण के रूप में दासता'' है (यह शीर्षक मेरे लिये है, तैयब ने फलकों के कोई शीर्षक नहीं दिये हैं, वे तीनों मिलकर ''शान्तिनिकेतन ट्रिप्टिच'' हैं); लेकिन जो एक अलग ही शबीह

शान्तिनिकेतन त्रिफलक | फलक-३ | तैयब मेहता

शान्तिनिकेतन त्रिफलक | फलक-३ | विवरण | तैयब मेहता

आकाश की ओर, पृथ्वी अब घिनौनी है!

है, आत्मविरूपण की स्वराजहीनता का एक अलग ही चेहरा।

हम जानते हैं कि चन्द्रमा सूर्य से प्रकाश ग्रहण करता है, जिस तरह हमारा मानस आत्मा से ग्रहण करता है; और इसलिये जब चन्द्र ग्रहण के दौरान चन्द्रमा विकृत हो जाता है, तो हम स्वयं सूर्य की सम्पूर्णता को लेकर चिन्तित हो उठते हैं। इसी तरह जब ऐकान्तिक आत्मपहचान मानस को विकृत कर देती है, और हमें लगने लगता है कि हम आत्मबोध से वंचित हो गये हैं, तो हम आत्मा की सम्पूर्णता को लेकर चिन्तित हो उठते हैं और तब हमें आत्मविकृत कहा जा सकता है और इस तरह की आत्मविकृति द्वारा प्रक्षेपित ''अन्यता'' की घेराबन्द दुनिया की दासता में जकड़ा हुआ कहा सकता है।

अब (हाँ, अंजली, मैं फलक-३ की ओर बढ़ रहा हूँ) ज़रा सूर्य ग्रहण के बारे में सोचो—सूर्य, चन्द्रमा और पृथ्वी के उस एक रेखा में आ जाने के बारे में जहाँ चन्द्रमा, सूर्य और पृथ्वी के बीच आकर सूर्य के प्रकाश को पूरी तरह से या आंशिक तौर पर अवरुद्ध कर देता है और इस तरह मध्याह्न में पृथ्वी पर छाया डाल देता है। इसमें निहित संकेत को सावधानी से समझो।

चन्द्र ग्रहण की परिकल्पना में चन्द्रमा मानस है और चन्द्रमा और सूर्य के बीच आ जाने वाली पृथ्वी ''मैं पूरी तरह से यह दैहिक रूप हूँ'' का विचार है जो मानस और आत्मा के बीच आ खड़ा होता है, और मानस उसके द्वारा विकृत और अँधेरा हो जाता है। सूर्य ग्रहण की परिकल्पना में, सूर्य और पृथ्वी के बीच आकर पृथ्वी पर काली छाया डालने वाला चन्द्रमा ''मैं पूरी तरह से अन्तरात्मा हूँ, मानस की विशुद्ध तर्कशक्ति, कायिक रूप कतई नहीं'' का विचार है जो काया और उसके जीवन-क्षेत्र, पृथ्वी, को तज देता है, या तज देना चाहता है, और उसको अँधेरे में डुबा देता है। सूर्य ग्रहण के दौरान चन्द्रमा भी ''उसी जगह'' होता है जहाँ सूर्य होता है : जैसे कि ''मैं पूरी तरह से अन्तरात्मा (Soul) हूँ...काया कतई नहीं'' के विचार में 'अन्तरात्मा' उसी जगह कल्पित होती है जहाँ ईश्वर होता है, यानी स्वर्ग में।

फलक-३ का परिप्रेक्ष्य फलक-१ के उस परिप्रेक्ष्य के एकदम विपरीत है जहाँ आत्मा पूरी तरह हमारा देहरूपधारी व्यक्तित्व, हमारा दैहिक रूप है : यह पूरे भावावेग के साथ व्यक्त किया गया मत है कि मैं यह पार्थिव, नश्वर, क्षरणशील देह कतई नहीं हूँ, बल्कि पूरी तरह से, अपार्थिव, अपरिवर्तनीय, अमर कोई दूसरी वस्तु हूँ (हालाँकि वस्तु तब भी, जो अन्य वस्तुओं के बरक्स है!) जिसका वास्तविक आवास पृथ्वी नहीं बल्कि स्वर्ग है।

इस तरह का दृष्टिकोण (जो पूरी तरह से तो नहीं लेकिन मुख्यतः द्वन्द्वात्मक ईश्वरवाद से सम्बन्ध रखता है) रखने वाले लोग ख़ुद को, आत्मा को, और उसके आवास को पृथ्वी और उसके जीवन-रूपों से इतर कहीं अन्यत्र मानते हैं : और वे अपने दैहिक रूपों और उस सब कुछ के सन्दर्भ में जो स्वर्ग के इस ओर है अनात्म के रूप में घोषित करते हैं, जो उनको इस विचार या कल्पना की ओर प्रेरित करता है कि वे, यानी आत्मा, अनात्म के प्रति सजग हैं, और इसलिये आत्मबोध नहीं हैं। यह एक बार पुनः आत्मविकृतिकरण है, उस अनात्म के क्षेत्र की दासता है जिसमें वे फ़िलहाल जकड़े हुए हैं। ('आत्मा' इस दृष्टिकोण में 'अन्तरात्मा' (Soul), बन जाती है, एक अपार्थिव वस्तु

जो रूपाकारों और भौतिकता, पार्थिवता की परिस्थितियों में क़ैद है : सिर काटकर रख लेने वाले अनात्म के हाथों आत्मा का स्पष्ट तौर पर ''संकुचन''!) फलक-३ में आत्मविकृतिकरण की इस प्रजाति (जैसाकि मैं उसको देखता हूँ) का चित्रात्मक प्रस्तुतिकरण कँपकँपा देने वाला है, अंजली, और वह असहनीय होता अगर वहाँ उद्धारक, परिपृच्छाशील, निरपेक्ष उन चिन्तनशीलों की मौजूदगी न होती जिनमें तुम भी शामिल हो। हम इस तस्वीर को जल्दी ही देखेंगे।

त्रिफलक का फलक-२, जिस पर इन पन्नों में विस्तार से बात की गयी है, दर्शाता है कि हम किस तरह आत्मविकृतीकरण की दासताओं से मुक्ति पा सकते हैं अगर हम अपने दैहिक रूपों और सम्भावित अपार्थिव रूपों समेत तमाम रूपों को आत्मा की, हमारी अपनी, उन आत्मछवियों के रूप में देखें जो एक दूसरे में क्रीड़ामय ढंग से मुब्तिला हैं या एक दूसरे से रूठकर असीम आत्मबोध की गोद में अलग-थलग पड़ी हुई हैं। लेकिन अब वक़्त है जब हम (कम से कम) एक बार फिर से फलक-१ के उदास वैभव को, त्रासद भव्यता को देखें। मुझे अफ़सोस है कि यह यात्रा रुक-रुक कर चलने वाली साबित हो रही है। इसमें एक्सप्रेस ट्रेन का अनुभव नहीं है। मेल रेलगाड़ियों के धीमेपन की क्षतिपूर्ति असाधारण रूप से भाँति-भाँति के उन यात्रियों से हो जाती है जो हर स्टेशन पर सवार होते रहते हैं, उन विचारों की तरह जो त्रिफलक की इस पन्द्रह साल लम्बी यात्रा में आते-जाते रहे हैं। जाना मत!

सेलिब्रेशन, १९९५, विवरण | तैयब मेहता

अनुपस्थित दोस्त का क़िस्सा

हम उन ''वेशभूषा-युक्त'' नृत्यरत क़दमों के बहुरंगी समूहन के साथ शुरुआत करते हैं, जो लाल ज़मीन पर फिसल रहे हैं। मंच का यह चिकना अग्रभाग उन मानववादी मनुष्यों के प्रतिनिधि समूह के लिये है जिन्होंने उन अन्य मनुष्यों के प्रतीयमान अनात्मभाव पर विजय प्राप्त की है, जो ज़रूरी नहीं कि अपनी विचारधारा में मानववादी हों बल्कि जो, उदाहरण के लिये, ग़ैर-नृकेन्द्रिक ढंग से जीवन को थामे रखने वाले हो सकते हैं; और प्रकट रूप से उस ग़ैरमानवीय जीवन के बरक्स सुरक्षित हैं जिसको अनात्म के रूप में ग्रहण किया गया है और जो इस समूह में शामिल नहीं है; और जो अपने पैरों तले की निर्जीव पार्थिवता की अधीनता को लेकर आत्मविश्वास से भरे हुए हैं; और ख़ालीपन की ओर मुड़ी हुई अपनी पीठों के साथ ये अनुष्ठाता इस बात से बेख़बर हैं कि मृत्यु—एकदम बायीं ओर की आकृति—अनामन्त्रित शून्यता के प्रतिनिधि के रूप में उनके साथ शामिल हो चुकी है।

चतुष्पादीयता की ही भाँति द्विपादीयता स्वराज के विचार (अपनी इयत्ता को साबित करने का अवसर, अपने पैरों पर खड़े होना, स्वावलम्बीपन) को शक्तिशाली ढंग से प्रतिबिम्बित करती है, वैसे ही जैसे की समूह के लिये समूह की बहुपादीयता करती है : और फलक-१ के नृत्यरत क़दम और आड़े-तिरछे पैर यह करते हैं, और इससे ज़्यादा कुछ करते हैं।

खड़े हुए या एकरैखिक, या एक दूसरे का अनुसरण करते, क़दम-ताल करते पैरों के विरुद्ध पैरों और क़दमों की नृत्य-गतियाँ एक साथ कई स्थानों पर होने का, आत्मभाव की बहुकेन्द्रिकता का, संकेत करती हैं। यह स्वराज का ''अपने पैरों पर खड़े होने'' के मुक़ाबले कहीं ज़्यादा गतिशील आयाम है। (यह दिलचस्प है कि तैयब की १९९५ में रची गयी एक बड़ी कृति 'सेलिब्रेशन', जिसकी आकृतियों में त्रिफलक की बकरी समेत कई आकृतियाँ शामिल हैं, नृत्य के रूप में स्वराज का कहीं ज़्यादा आलोड़ित और आह्लादमय चित्रण है, और उसी के अनुरूप उसका शीर्षक है। इसके बारे में और बातें बाद में करूँगा)।

अन्तरगुम्फित पैर और पंजे, बहुरंगी। उनके विन्यास को एक अग्रगामी गति देता इनका दोलायमान स्फुरण, पृथ्वी के मंच पर एक विजयोल्लासपूर्ण व्यवस्था की आत्मविश्वस्त अग्रगामिता का संकेत देता हुआ। लम्बी-लम्बी अँगुलियों से युक्त झूलते हुए हाथों का समूहन; आपस में उलझे हुए

संन्यासीनुमा गेरुआ-लाल-काले चोगों से युक्त नर-नारियों के कन्धों के ऊपर विक्षुब्ध सिरों का झुण्ड, शायद सेक्युलर, मानववादी प्रगति में आध्यात्मिक ऊर्जा के समावेश का दावा करता हुआ; जीवितों के साथ कन्धे रगड़ती घुसपैठिया, कबाब में हड्डी, मृत्यु (शून्यता के द्वारा अस्तित्व का निरन्तर क्षरण); दो ढोलक, ढोलक बजाते कई हाथ; आत्मचेतना की एक तस्वीर, ''हम'' के रूप में बहुकेन्द्रिक, ''मैं'' के रूप में एकल : दो ढोलकों के दो नाद। अंजली, यह रूपंकृत, आत्मकल्पित आत्मभाव का एक दुर्लभ चित्रकारसुलभ आह्वान है।

लेकिन तुम सबके सब उदास क्यों हो? क्योंकि तुमने अपने उत्सव से ग़ैर-मानवीय जीवन को वंचित कर दिया है, शून्यता की ओर अपनी पीठें मोड़ दी हैं। कुछ और इसी के साथ न-कुछ के, यानी आत्मा की आत्मछवियों के, बोध को खो दिया है। व्यक्तिमत्ता और सामूहिकता के सामंजस्य के बावजूद तुम वस्तुभाव में जमे हुए हो; कायाओं को कायिक पोशाकों के रूप में भुलाकर तुम लोगों ने अब एक दूसरे पर उलझकर गिरना शुरू कर दिया है : ढोल अब सा और पा के शुद्ध स्वरों (सप्तक का पहला और पाँचवाँ स्थायी, आत्मनिरूपक स्वर) से रहित हैं, उस ''मैं'' और ''हम'' से रहित जो आत्मा की ध्वनि और मौन हैं; तुम लोग बेहद डरे हुए, उद्विग्न और ख़तरनाक हो। तुम लोग असुरक्षित महसूस कर रहे हो, जैसे तुमने अपने समूह के किसी सदस्य को खो दिया हो, और उसकी जगह किसी और से काम चला सकते हो। मृत्यु शोक को उकसाती है। आत्मबोध की आत्मकल्पना के सौन्दर्य ने आत्मविकृतिकरण की दासता के समक्ष समर्पण कर दिया है। मैं यहाँ एक विराम ले सकता हूँ, मुझे विश्वास है तुम भी ले सकती हो, अंजली; और हम एक सुप्रसिद्ध, लेकिन अपेक्षाकृत कम कही गयी, वेदान्त-कथा के साथ लौट सकते हैं, जो फलक-१ के आत्मबोध के अविकृत प्रकाश को उजागर करती है। श्री रमण महर्षि कृपा करें कि मैं इस कथा को बोधक्षम ढंग से सुना सकूँ।

दस आत्मीय मित्रों का एक समूह एक चढ़ी हुई नदी को पार कर रहा है। उनकी नाव उलट जाती है और हरेक को तैरकर सुरक्षित किनारे पर लौटना है। किनारे पर पहुँचने के बाद, यह सुनिश्चित करने के लिये कि सभी नदी के उस उफनते हुए वेग से बचकर सुरक्षित पहुँच गये हैं कि नहीं, हर तैराक समूह के सदस्यों की गिनती करता है। लेकिन हरेक व्यक्ति गिनती करने के बाद नौ लोगों को पाता है, और सभी को यक़ीन हो जाता है कि उनमें से कोई एक डूब गया है, कि वे अपराजेय दस नहीं हैं जोकि वे हुआ करते थे, और वे उस व्यक्ति के नाम पर छाती पीट-पीटकर रोने लगते हैं जिसके बारे में उनका ख़याल है कि उन्होंने उसे खो दिया है।

एक भटकता हुआ साधु उनके विलाप को सुनता है और करुणा से भरकर उस समूह के पास पहुँचता है और उनसे पूछता है कि उनके इस शोक का क्या कारण है। अपने सामूहिक प्रलाप के स्वर में वे साधु को बताते हैं उफनती हुई नदी को पार करने की कोशिश में उनके साथ क्या हुआ (अपने लिये सौभाग्यशाली समझो, अंजली, मैं समूचे घटनाक्रम को दोहराने नहीं जा रहा हूँ, हालाँकि कथा कहने की शास्त्रीय विधि की परिपाटी मुझे ऐसा करने की इज़ाज़त देती है!) साधु हँसता है और अपनी लाठी ऊपर उठाता है, मानो वह इन वयस्क शोकातुरों को उनके बचकाने आचरण के लिये सज़ा देने जा जा रहा हो। ज़ाहिर है, वह वैसा कुछ नहीं करता लेकिन वह अपनी

लाठी से उनकी पीठों को उनकी उम्मीद से कुछ ज़्यादा ही ज़ोर से धकियाता हुआ उनकी गिनती करता है और साथ ही साथ '१', '२', '३' आदि बोलता जाता है। दस धक्कों के साथ दस शरीरों की गिनती पूरी होती है, और वह क्रुद्ध स्वर में घोषणा करता है कि उन लोगों ने कतई किसी साथी को नहीं खोया है, कि गिनती करते समय उनमें से हरेक ख़ुद को गिनना भूल गया था और इसलिये दस की जगह नौ गिन रहा था! जनगणना का काम पूरा कर साधु जिस रहस्यमय तरीक़े से प्रगट हुआ था उसी रहस्यमय तरीक़े से ग़ायब हो जाता है। कथा में आगे बताया जाता है कि वह समूह पर्याप्त आश्वस्त हो गया और उसके बाद चढ़ी हुई नदियों को प्रसन्नतापूर्वक पार करता रहा! (यह आख़िरी अंश, निश्चय ही, क्षेपक है)।

ऊपर वर्णित इसके रूप में, जो कि इस नीति-कथा का (कमोबेश) स्वीकार्य प्रारूप है, यह बात स्पष्ट नहीं है कि आख़िर इस समूह के सदस्यों ने, जिनके अज्ञानजन्य शोक का उस साधु द्वारा निराकरण कर दिया गया था, उस तरह की आकस्मिक परिस्थितियों में, जोकि इस नीति-कथा का सन्दर्भ है, समूह को गिनते समय ख़ुद को न गिनने की अपनी आदत पर क़ायम क्यों नहीं रहे। इस नीति-कथा को पढ़ने के मानक ढंग में, समूह के प्रत्येक सदस्य का ख़ुद को गिनती में लेने से विफल रहना आत्मज्ञान को उजागर करता है, इस बोध को कि हम कायायें नहीं हैं जिनको गिना जा सकता है और, आत्मा की अद्वितीयता के प्रगट और स्वत:बोध्य सत्य के विपरीत, आत्माओं की बहुलता को स्थापित किया जा सकता है। श्री रमण महर्षि मुझ पर दया करें, लेकिन यह नीति-कथा एक गहरे पठन की माँग करती है। (जैसेकि युधिष्ठिर और यक्ष के संवाद का महाभारत का वह वृत्तान्त भी करता है जिसमें यक्ष के इस प्रश्न के जवाब में कि "जीवन का सबसे विस्मयकारी तथ्य क्या है?" युधिष्ठिर कहते हैं, "यह तथ्य कि मैं लोगों को अपने चारों ओर मरता हुआ देखता हूँ, लेकिन मैं इस पर विश्वास नहीं कर पाता कि मैं भी मरूँगा।")

अपने दैहिक रूपों के साथ हमारे ऐकान्तिक आत्म-तादात्म्य के चलते, और इस क़िस्म के आत्म-तादात्म्य द्वारा प्रक्षेपित प्रतीयमान अनात्म के विपरीत वातावरण के चलते, मैं विलुप्ति के संकट से जूझते समूह के एक बचे रहे गये सदस्य के नाते अपने आपको बचे रह गये लोगों की गिनती में शुमार नहीं करूँगा, इसके विपरीत मैं अपने को मृत लोगों में गिनूँगा, जैसाकि हर असम्भाव्य रूप से बचा रह गया सदस्य करेगा : और हमारे समूह की गणना का जोड़फल एक व्यक्ति को कम दर्शायेगा। साधु की गिनती करती लाठी का धक्का हमारे भीतर (हमारी दैहिक आत्मपहचान को सुदृढ़ करता हुआ) हमारी दैहिक उपस्थिति का बोध तो जगाएगा, लेकिन आत्मबोध को नहीं।

नीति-कथा का पाठान्तर करते हुए (रमण, मेरी सहायता करें!) आप एक ऐसे साधु की कल्पना कर सकते हैं जो इस शोकाकुल समूह के पास पहुँचता है, और जो कुछ हुआ है उसके बारे में उनसे जानने के बाद यह कहता है : "तुम अनुपस्थित व्यक्ति को लेकर इतने चिन्तित क्यों हो? आत्मा को खोजो, अपने आप को खोजो, उसे खोजो जो समस्त वस्तुओं और शून्य में आत्मकल्पित है।" इसी के साथ शोकाकुल लोगों में अपनी दैहिक उपस्थितियों का बोध और आत्मबोध जागेगा, यह बोध कि वे, आत्मा, जीवित और निर्जीव, समस्त रूपाकारों में आत्मकल्पित थे, जितने डूबे हुओं में उससे ज़्यादा बचे हुए में, जितने थोड़ों में उससे ज़्यादा अधिक में। अंजली, 'अनुपस्थित' की

ब्रह्मा की पुनर्रचित रंगशाला की पहली रात

सेलीब्रेशन, १९९५ | २४०×५१४.५ सेण्टीमीटर | एक्रिलिक ऑन कैन्वस | तैयब मेहता

वेदान्त-कथा के इस पाठान्तरित पठन की रोशनी में हम फलक-१ पर निगाह डालते हैं।

फलक-१ के नर्तक समूह में मृत्यु को छोड़कर आठ आकृतियाँ (चार स्त्रियाँ और चार पुरुष) हैं—सभ्यताओं के संघर्ष में विजयी, लिंगातिक्रामी, प्रजाति-अतिक्रामी, आतंक से भरे, समतावादी लोग। यह केवल मृत्यु (विराम, शून्य, नकार) नहीं है जिससे वे आतंकित हैं, बल्कि तमाम अन्य प्रतीयमान अनात्मों से भी आतंकित हैं, जिनपर और जिसपर उन्होंने ज़ोरदार विजय हासिल की है। और तब भी यह संघर्ष इतना तनावपूर्ण रहा है ("पिछड़े हुए" शत्रुओं तक का कथित अनात्म उस प्रतीयमान आत्म के सर्वदा-सम्भव लोप को नाटकीय रूप दे सकता है जो अनात्म के कथित रूप के भीतर पहले से ही "अनस्तित्व" में है; और सूक्ष्मजैविकीय उग्रता द्वारा पैदा की गयी स्वराज की, स्वावलम्बन की, क्षति और हममें से सबसे मजबूत लोगों तक के कोमल मांस और नाज़ुक हड्डियों पर पड़ने वाला पार्थिवता का ख़तरनाक प्रभाव, और स्वयं समय के बीतने की प्रक्रिया के क्षरणकारी नतीजे, हमें सुरक्षा से और स्वाभाविक नींद से वंचित कर सकते हैं) कि मानववादियों को व्यक्तिगत तौर पर यह यक़ीन नहीं रह गया है कि वे जीवित और उपस्थित हैं और, जैसा कि उक्त वेदान्तीय नीति-कथा में है, वे असमाप्य शोक की अवस्था में हैं। (द्वैतवादी जीवन-चेतना की एक अनवरत, किंकर्तव्यविमूढ़ता की अवस्था है)। कोई व्यक्ति नदारद है जिसके स्थानापन्न के बिना हम अपनी विजय की स्थिति में भी सुरक्षित नहीं हैं।

फलक-१ का उद्विग्नता का चित्रण मृत्यु की क्षति की नये जन्म की उपलब्धि से सामान्य जीवन की भरपाई नहीं है। सामान्य जीवन का चेहरा अक्सर तुच्छ हो सकता है, लेकिन इस सन्दर्भ में वह उद्विग्न नहीं होता (सिवाय क्षीण होते, कमज़ोर ढंग से प्रजननशील समूहों, परिवारों इत्यादि के, लेकिन इनको उस तरह से विजयी नहीं कहा जा सकता जिस तरह से फलक-१ का समूह है)।

संसार की वास्तविकता अपनी तरह से दार्शनिक लेखन तक पहुँचती है और उसकी संकल्पना को और उसकी विषय-वस्तु की छवियों के अवबोध को प्रभावित करती है। इसलिये मैं अचानक और पहली बार यह देखना शुरू कर रहा हूँ कि फलक-१ के आकाश में रहस्यमय ढंग से लिपटी उड़ती हुई आकृति को उस प्रक्षेपास्त्र-विरोधी ढाल (SDI) की तरह देखा जा सकता है जिसको अमेरिका अपने आकाश में स्थापित करना चाहता है ताकि वह "अन्यों", "बाहरी लोगों" द्वारा अमेरिकी शहरों को लक्ष्य बनाकर छोड़े जा सकने वाले प्रक्षेपास्त्रों को नष्ट कर सके। लेकिन दुश्मन के हमले के ख़िलाफ़ इस क़िस्म के कथित सुरक्षात्मक उपाय से जुड़े उत्तर-९/११ संशय को नृत्यरत समूह के तमाम चेहरों में पढ़ा जा सकता है। और, इस नये परिदृश्य में, उत्सव मनाते लोगों के पास चुपचाप चली आयी मृत्यु का चेहरा उस आवासी आतंकवादी की तरह दीखता है जिसने उस उड़ते-आकृति-यान से टकराने की हत्यारी-आत्मघाती योजना बनायी है, जो पट्टियों में लिपटी, घायल, प्रतिहिंसा के रूप में छिपा हुआ या प्रगट है। ख़तरा, ज़ाहिर है, किसी एक देश तक सीमित नहीं है, और हिन्दुस्तान में हम उसके साथ किसी भी अन्य समकालीन देश के मुक़ाबले लम्बे समय तक रह चुके हैं।

अंजली, फलक-१ से मिलने वाली सीख हिन्दुस्तान या आधुनिक दुनिया में अन्यत्र हो रही त्रासद घटनाओं तक सीमित नहीं है। इसका कहीं ज़्यादा गहरा महत्त्व मेरे उस सन्देह के निवारण में है

'भूमिस्पर्श मुद्रा'
बुद्ध जयन्ती पार्क, नयी दिल्ली
(पवित्र दलाई लामा द्वारा स्थापित प्रतिमा)

जिसने मुझे सिद्धार्थ की उस कहानी को लेकर वर्षों परेशान कर रखा था जिसमें बुद्ध होने से पहले सिद्धार्थ का सामना एक बूढ़े से, एक मुर्दे से, और उस साधु से होता है जिसने संसार के परित्याग में शान्ति पा ली थी : और जिसके अनुसार सिद्धार्थ इन दृश्यों से आलोड़ित हो सांसारिक सुखों का परित्याग कर ज्ञान की खोज में निकल पड़े थे।

मेरा सन्देह यह था : वार्धक्य, रुग्णता, और मृत्यु के साथ-साथ अपनी शान्ति में स्थित साधु को देखने से पहले क्या उद्विग्न राजकुमार सिद्धार्थ ने मनुष्यों की एक दूसरे के प्रति और ग़ैर-मानवीय जीवों के प्रति क्रूरता (अन्याय, हिंसा और कथित श्रेष्ठता की क्रूरता) को लक्ष्य नहीं किया होगा, जो जीवन में दु:ख (नैतिक दु:ख, जैसा कि उसे कहा जाता है) के एक विशेष आयाम को उत्पन्न करती है? बुद्धेतर भारतीय आध्यात्मिक परम्पराओं में भी त्रितापों की कल्पना की गयी है : वार्धक्य, रुग्णता और मृत्यु। नैतिक दु:ख को यहाँ भी छोड़ दिया गया है। यह चीज़ मेरे मन में बेहद आध्यात्मिक पीड़ा जगाती थी। गुरु रमण की कृपा से मेरे इस सन्देह का समाधान हुआ : और त्रिफलक का फलक-१ (जिसकी स्थिति फलक-२ और ३ से भिन्न है जहाँ नैतिक पीड़ा का ज़बरदस्त संकेत है) इस समाधान को नाटकीय रूप देता है।

यहाँ तक कि हमारे द्वारा एक दूसरे को और अन्य प्राणियों को पहुँचाये गये सारे नैतिक दु:ख चमत्कारपूर्ण ढंग से समाप्त भी हो जायें, तब भी "वार्धक्य, रुग्णता और मृत्यु" बने रहेंगे। और अपनी हठीली, ऐकान्तिक दैहिक आत्मपहचान के चलते हम जीवन के अपरिहार्य क्षरण और लोप के बीच जीवन की सुपात्रता के बोध से वंचित होंगे (हमारा क्षरण और लोप हमारी आत्मपहचान के रूप में दृढ़ बना रहेगा): और जो लोग हमारे मुक़ाबले युवा हैं, जो लोग अशक्तता और मृत्यु से हमारे मुक़ाबले दूर हैं, उनके प्रति ईर्ष्या, उनको "अन्य" के रूप में, ममेतर के रूप में देखना हमें एकबार फिर सूक्ष्म आत्मघृणा और जीवन-घृणा और दया-भाव की अनुपस्थिति में एक दूसरे के प्रति क्रूरता और अन्याय के रास्तों पर धकेल देंगे।

अंजली, ऊपर किये गये विचार की रोशनी में, और पुनर्जन्म में विश्वास के साथ अब एक बार फिर फलक-१ की ओर देखो, इस तरह जैसे उसे पहली बार देख रही हो। अगर जीवन की नियति, पुन: पुन: क्षरण और लोप ही है तो फिर जन्म और पुनर्जन्म के माध्यम से जीवन की निरन्तरता विशुद्ध अनुग्रह नहीं हो सकते। फलक-१ के नर्तक वे मानववादी हैं जिन्होंने समूची दुनिया में नैतिक और पर्यावरणपरक संवेदनशीलता तथा आचरण की मिसाल और विधान क़ायम किये हैं (मत भूलना कि हम फन्तासी का खेल खेल रहे हैं), लेकिन इन मानववादियों ने ऐसा करते हुए अपनी चेतना के स्तर पर, अपनी ऐकान्तिक दैहिक आत्मपहचान को तजा नहीं है, यानी वे निरन्तर आत्मविकृतीकरण की दशा में हैं (उनके संन्यासीनुमा चोगे अब सहसा नैतिक-पर्यावरणपरक-संयम की और पुनर्जन्म की स्वीकृति का संकेत देते हैं, उस तरह से जैसे आधुनिक दुनिया में बहुतेरे लोग विनाश के आतंक के विरुद्ध बचाव के तौर पर करते हैं)। यह द्वैधपरक नृत्य (जिसमें पदगतियाँ उत्सवधर्मी हैं लेकिन चेहरे दु:खमय हैं) जीवन के प्रति भी ठीक ऐसे ही द्वैध को प्रतिबिम्बित करता है, प्रजननपरक निरन्तरता और पुनर्जन्मपरक आश्वासन के बावजूद।

पृथ्वी से नाभिनालबद्ध गिरती हुई आकृति पुनर्जन्म-के-रूप-में-जन्म है, घायल और पट्टियों में

लिपटी, जिसका आगमन आत्मविकृत उत्सवधर्मियों द्वारा घोषित है—यान्त्रिक ढंग से, लेकिन विश्वासप्रद और निरुपाधिपरक ढंग से नहीं। इस जन्म को लेकर यह भय है कि वह आत्मविकृति की दासता में एक स्खलन है।

मोक्ष और निर्वाण के इस ओर जीवन की अभिस्वीकृति द्वैधरहित नहीं हो सकती। यह भारतीय अध्यात्म की समस्त ज्ञानात्मक परम्पराओं की भावुकतारहित शिक्षा है, यह आत्मविकृत और आत्मविकृतीपरक ऐकान्तिक आत्मपहचान की सम्भावनाओं का उनका निरूपण है। (जब सिद्धार्थ [जोकि अभी बुद्ध नहीं हुए हैं] को उनके पुत्र के जन्म की सूचना दी जाती है, तो आत्मछल से रहित, भावुकता से रहित राजकुमार कहता है ''राहुल ख्बन्धन,'' का जन्म हो गया।)

त्रिफलक का फलक-१ इस निरूपण का एक ऐसा उद्‌बोधन है, अंजली, जो एक चित्रकार के हाथों, एक उस्ताद के हाथों ही मुमकिन था। रूपाकार और रंग का सौष्ठव और विस्मय सुन्दर लोगों के दुखमय, संशयात्मक अभिनय से जुड़कर हमारी सेक्युलर और धार्मिक दोनों ही तरह की आत्मतुष्टता का उच्छेद करते हैं।

सिद्धार्थ हमारी प्रभावी आत्मसंकल्पना के छद्म में महज़ नैतिक और पर्यावरणपरक प्रतिबद्धता का समावेश करने से कुछ बेहतर करना चाहते थे। ज्ञान की प्राप्ति मात्र भी सत्संकल्पों में विश्वसनीयता ला सकती है।

उपर्युक्त वेदान्तिक नीति-कथा की रोशनी में फलक-१ को पढ़ते हुए हम कह सकते हैं कि यह अन्य चीज़ों के विरुद्ध कोई भी चीज़ नहीं है जिसे मानववादियों के उद्विग्न झुण्ड ने खो दिया है। उन्होंने शून्यता, रिक्ति, समस्त रूपों में आत्मकल्पित आत्मा के आत्मबोध के असीम क्षेत्र के रूप में अपने होने के बोध को खो दिया है।

पट्टियों में लिपटी, गिरती, उड़ती आकृति जन्म लेते हुए बुद्ध हैं जो हमें यह शिक्षा देने के लिये जन्म ले रहे हैं कि हमारे दुखों का निवारण बोध-प्राप्ति से हो सकता है। आकाश, शून्य, वह नयी रंगशाला है जिसका वादा ब्रह्मा ने किया है : औंधा पर्वत जो अरुणाचल में स्थित है, रूपंकृत आत्मबोध।

निजी रंगमण्डली

फलक-१ की इस रंगीन काँचनुमा खिड़की पर एक और निगाह। प्रदर्शनधर्मी कलाकारों का बहुआंगिक-बहुवर्णी-बहुमस्तिष्कीय दल (जिसमें मृत्यु एक अतिथि कलाकार के रूप में शामिल है) एक कमल है जो सम्भावनाओं के आकाश में और अधिक प्रस्फुटित होने के लिये संघर्ष कर रहा है, ताकि वह अपने हृदय में बोध की उस शक्ति को ग्रहण कर सके जो पट्टियों में लिपटे बुद्ध के माध्यम से संकेतित है। झुके हुए सिर, जिनका तेज आत्मविकृति के कारण धीमा पड़ गया है (तुम जैसे दीखने वाले ये लोग इस तस्वीर में कितना दुख भोग रहे हैं, अंजली!) उस चेतना के उत्परिवर्तन के बिना उत्कर्ष प्राप्त नहीं कर सकते जो फलक-२ के वधिक के कहीं ज़्यादा सख़्त सिर को व्याप्त किये हुए है : उस कच्छप-योगी (कपड़ों का उस तरह का ग्रे संयोजन जैसा मैंने तुम्हारी हिरोशिमा यात्रा के लिये सुझाया था) की द्वैत-शामक हस्तमुद्रा द्वारा अवक्षेपित बोध जिसका प्रकाश त्रिफलक की समूची काया पर कुछ इस तरह फैला हुआ है जैसे वह ज़मीन पर उतरा हुआ, स्खलित सूर्य हो।

फलक-१ के कलाकार एक निजी रंगमण्डली की भाँति दिखायी देते हैं, जिसका हर सदस्य स्पष्ट तौर पर एक "मैं" के रूप में मान्य है और स्वयं को उसी रूप में मान्य करता है ("मैं यह हूँ, न कि वह"); और सभी सदस्यों द्वारा संवेदनशील समुच्चय, एक महिषासुर कम्पनी, के रूप में मान्य सामूहिकता ("हम यह हैं, न कि वह") समस्त अभिनेताओं को, समस्त सत्ताओं को अपने बैनर तले संगठित करने में सक्षम है; लेकिन तब भी वह शून्यता के लिये अपने दरवाज़े नहीं खोलती। निरे कार्पोरेट विस्तार के बरक्स आत्मपहचान का फैलाव महज़ समुच्चयन या हितों का सामंजस्यीकरण नहीं है : यह आत्मबोध है, इस बात का बोध कि "मैं हूँ", और यह कि मैं समस्त वस्तुओं में शून्यता में आत्मकल्पित हूँ। प्रजातीय या सांस्कृतिक समरूपता या बहुलता मात्र इस तरह का बोध नहीं है; उनकी नृकेन्द्रिकता, गणतान्त्रिकता अभी भी शून्यता द्वारा और ग़ैरमानवीय और निर्जीव वास्तविकता द्वारा आतंकित है और विघटन के प्रति संवेदनशील बनी हुई है, फलक-१ के कमल-मुखों की भाँति कुम्हलायी हुई है। और यह स्थिति फलक-२ के आत्मघाती-हत्यारे-वधिक के उभयलिंगकारी कायान्तरण को उलट सकती है। फलक-२ के साक्षी चिन्तनशील (सराहना के अतिप्रशंसा बन जाने देने से तुम्हारे इन्कार की भाँति, अंजली) सहयोगपूर्ण किन्तु

शान्तिनिकेतन त्रिफलक | फलक-३ | विवरण | तैयब मेहता

चौकन्ने बने हुए हैं।

त्रिफलक के सारे फलक सूक्ष्म ढंग से आपस में जुड़े हुए हैं (और महज़ आकृतियों की साझा भूमिका की वजह से नहीं)। स्खलनशील आकाशी रूपाकार उस लाल डोरीनुमा लम्बान से जुड़ा हुआ है जिसका विस्तार (दिखायी न देते हुए भी अपनी दिशा में) मेरा ख़याल है, फलक-२ की मध्यवर्ती, उकड़ूँ बैठी साक्षी के स्वावलम्बी (कृति स्वराज के रूपकों से भरी हुई है) सफ़ेद हाथ तक है : यशोधरा का मार्गदशक हाथ जो आत्मजिज्ञासु दुख के लिये बुद्ध की "ऑन-कॉल" उपलब्धता में मान्य है।

एक लम्बा बादामी रंग का हाथ फलक-१ और फलक-२ की सीमा से फलक-२ में घुसपैठ करता है (लचीलेपन को तलाशता जड़ीभूत पहचान का एक सँकुचाया किन्तु अप्रत्याहृत, आर्थ्रिटिक हाथ)। और द्विगुणनशील, प्रतिगामी, भोले अवतार में यह वधिक ही है जो फलक-२ की ओझाई रस्सी के गिर्द गोल-गोल घूम रहा है।

जीवन का सबसे विस्मयकारी तथ्य क्या है?

अंजली, मुझे फलक-२ पर थोड़ी देर रुके बग़ैर फलक-१ और फलक-३ से आगे नहीं बढ़ना चाहिए; और उस वादे को पूरा करते हुए जो मैंने कुछ पन्नों पहले किया था, मुझे महाभारत के उस क़िस्से का पुनर्पाठ पेश करना चाहिए जिसमें पाण्डवों के सबसे बड़े और सबसे प्रज्ञ भाई युधिष्ठिर से एक यक्ष (एक दिव्य सत्ता जो आकाश और पृथ्वी पर, शून्यता और सर्ववस्तुभाव में रहती है) द्वारा जीवन के सबसे विस्मयकारी तथ्य की पहचान करने को कहा जाता है। प्रज्ञा और रहस्य की इस मुठभेड़ का सन्दर्भ दुखान्त है।

युधिष्ठिर के चारों छोटे भाई यक्ष के अपने सरोवर के किनारे मृत पड़े हुए हैं। उन्होंने इस दिव्य सत्ता द्वारा दी गयी इस चेतावनी की अवहेलना की है कि वे उसके सवालों का जवाब दिये बिना उस सरोवर का जल न पियें, और उस अवहेलना की क़ीमत चुकाते हुए मरकर गिर गये हैं। युधिष्ठिर को भी ऐसी ही चेतावनी दी गयी थी, लेकिन वह अपनी प्यास बुझाने के पहले यक्ष के प्रश्न का उत्तर देने को तैयार हो गया। जीवन के सबसे विस्मयकारी तथ्य से सम्बन्धित यह प्रश्न उन अनेक प्रश्नों में से एक था जो यक्ष द्वारा पूछे गये थे, लेकिन हम युधिष्ठिर द्वारा दिये गये इसी प्रश्न के जवाब पर एकाग्र होंगे, क्योंकि यह त्रिफलक की उन छवियों के अर्थों को स्पष्ट करता है और उनसे स्पष्ट होता है जिन्होंने स्वयं को मेरे समक्ष उनकी ओर मेरे पर्याप्त घूरने और घूरने के इस दोष के निवारण के तौर पर पलकें झपकाने के बाद और पलकें झपकाने तथा इसके दोष के निवारण के तौर पर घूरने के बाद, श्री रमण महर्षि की कृपा से और तुम्हारी धीरज भरी शुभकामनाओं के परिणामस्वरूप प्रगट किया था।

पहले एक व्याख्या इस पर कि युधिष्ठिर के पराक्रमी भाई भीम, अर्जुन, नकुल और सहदेव क्यों मरे थे। यक्ष ने उनको सम्बोधित किया था, उनको जवाब देने के लिये कहा था। उस स्थिति के विपरीत जब हमारा महज़ हवाला दिया जाता है, या जब किसी और वस्तु या व्यक्ति की बजाय किसी वस्तु या व्यक्ति के रूप में वर्णन किया जाता है, उस स्थिति के विपरीत जब हमें किसी व्यक्ति द्वारा सम्बोधित किया जाता है, तो हम असीम आत्मबोध के स्तर पर आलोड़ित होते हैं (भले ही वह आत्मबोध कितना ही असहनीय क्यों न हो) और अपने दैहिक रूपों को और जगत को अपनी आत्मा के भीतर, अपने भीतर, पाते हैं, न कि इससे उलट स्थिति में : आत्मा की, अपनी

शान्तिनिकेतन त्रिफलक | फलक-२ | विवरण | तैयब मेहता

स्वयं की, आत्मछवियों को कमोबेश निष्ठावान और लापरवाह रूप में। आदिवास के इस आमन्त्रण को ठुकराते हुए, और अधैर्यपूर्वक अपनी प्यास मिटाते हुए इन भाइयों ने स्वराज की बहुत कमज़ोर ढंग की कल्पना की थी; और उनके दैहिक रूपों ने स्वयं को यक्ष के समक्ष प्रतीयमान अनात्म के रूप में प्रस्तुत किया था (यक्ष के सामने जिसका सर्वव्यापकत्व उसको आत्मचेतना के प्रांजल रूपक की शक्ल देता है), और इसलिये वे मृतकों के ही समान थे, अस्तित्वहीन; क्योंकि यह सम्भव नहीं है कि आत्मा अनात्मा का सामना करते हुए भी आत्मचेतना या आत्मबोध बनी रह सके।

युधिष्ठिर ने यक्ष द्वारा सम्बोधित किये जाने पर उसकी बात पर ध्यान दिया और विस्तीर्णता और अन्तरंगता में, ब्रह्म और आत्मा में, रोज़मर्रा की दीक्षा को गुंजाइश दी कि वह उनको आत्मबोध के मर्म में स्थित कर दे, और उस रहस्यमय सत्ता के प्रश्न का इस तरह जवाब दिया : जीवन का सबसे विस्मयकारी तथ्य यह है कि मैं लोगों को अपने चारों ओर मरता हुआ देखता हूँ, लेकिन मैं इस पर विश्वास नहीं कर पाता कि मैं ("मैं") भी मरूँगा। याद करो, अंजली, कि युधिष्ठिर के भाई उसके चारों ओर मृत पड़े हुए हैं)।

युधिष्ठिर के असाधारण उत्तर की समझ का प्रचलित रूप यह है कि वह स्वयं को अपने उस दैहिक रूप से जोड़कर नहीं देखता जो एकमात्र वस्तु है जिसकी मृत्यु हो सकती है, न कि उसकी, यानी आत्मा की, जो जीवन और मृत्यु से परे है। चूँकि यह उत्तर विहित रूप से सही है, यक्ष ख़ुशी ख़ुशी उसके भाइयों को पुनर्जीवित कर देता है और उनको अपने सरोवर का जल पी लेने देता है। इसी में इस बात का महत्त्वपूर्ण सुराग़ निहित है कि एक विहित शिक्षा को उसके प्रचलित ढंग से अधिक अन्तर्दृष्टिपूर्ण तरीक़े से कैसे समझा जाय।

आत्मज्ञान (आत्मबोध, आत्मोपलब्धि) की रोशनी में देहों और रूपाकारों को और शून्यता तक को अनात्म के रूप में नहीं देखा जा सकता, क्योंकि अनात्म आत्मबोध का विषय नहीं हो सकता; न ही उनको विशुद्ध, वर्णन-रहित, आत्मबोध के रूप में देखा जा सकता है। उनको आत्मा की उन आत्मछवियों के रूप में उनका "वास्तविक स्वरूप प्रदान कर दिया जाता है" जो असन्दिग्ध रूप से उस चेतना के घटक हैं जो किन्हीं अन्य वस्तुओं के विरुद्ध कोई वस्तु नहीं है (ये आत्मछवियाँ, इस अर्थ में, कुछ और न-कुछ दोनों हैं, यक्ष की भाँति या फलक-२ के कच्छप-योगी, दिकूयो, की भाँति तत्वत: उभयचर। मृतकों के पुनरुत्थान का यह गहरा अर्थ है, अंजली, इस विचार को अपने ईसाई मित्रों के साथ साझा करना!

अब ज़रा कल्पना करो कि यक्ष का यही सवाल वधिक द्वारा मैडोना-बकरी की जोड़ी से पूछा जाता है, इस चेतावनी के साथ कि यदि जवाब असन्तोषजनक हुआ तो उनका वध कर दिया जायेगा। वधिक दिकूयो या यक्ष नहीं है और वह काया-और-जगत से इन्कार करने वाली आध्यात्मिकता को लेकर बेहद संशयात्मक है। इस क़िस्म की पूछताछ के लिये एक वध-स्थल की पीठिका उस सांघातक सरोवर के मुक़ाबले कम भयानक नहीं है जहाँ युधिष्ठिर-यक्ष का संवाद होता है (वधिक यहाँ कंस के रूप में परिकल्पित है जो देवकी की सन्तानों का धारावाही हत्यारा है, और मैडोना-बकरी की जोड़ी कृष्ण की, आत्मबोध के अपरिहार्य आकर्षण की, सम्भावना के रूप में परिकल्पित है)।

जवाब (कदाचित कुमार गन्धर्व के चित्रण के मिमियाते हुए स्वरों में) यह होगा : जीवन का सबसे विस्मयकारी तथ्य यह है कि जबकि हम यह जानते हैं कि तुम हमारा वध कर सकते हो, हम इस बात पर विश्वास नहीं कर सकते कि "मैं" मर सकती हूँ या आत्मा मर सकती है : मृत्यु हमारे रूपों की होगी, जो तुम्हारे भी रूप हैं, आत्मा की आत्मछवियाँ। (तैयब मेहता यहाँ समकालीन भारतीय कला के कुमार गन्धर्व के रूप में परिकल्पित हैं)।

यह उत्तर, दिकूयो की मयूर मुद्रा की भाँति जगत को, उसपर "अन्यता" का, "अनात्मभाव" का आरोप लगाये बग़ैर, स्वीकार करता है; और उसको आत्मान्वेषी आत्मबोध की आत्मकल्पनाशील यात्रा के कैलाइडोस्कोप के रूप में देखता है। इस तरह के प्रतीति–प्रवण अद्वैत के कायान्तरपरक, उभयलिंगकारी, परिशोधक परिणाम ही वह चीज़ है जिसे त्रिफलक का मध्यवर्ती फलक जड़ीभूत, अलगाववादी, आत्मपहचान के उत्पीड़न के अन्त की सम्भावना के रूप में उजागर करता है।

सम्बोधन : एक टीका

अंजली, अब मैं एक टीका पेश करता हूँ "सम्बोधन" पर। उस धारणा को समझने जिसके लिये मैंने कई वर्षों तक उद्यम किया है, और जिसकी उस पद्धति के सन्दर्भ में निर्णायक भूमिका है जिसका प्रयोग मैंने इन पृष्ठों में और अन्यत्र अद्वैत की शिक्षा के लिये किया है। हे रमण, प्रार्थना करता हूँ कि मैं यह ठीक से कर सकूँ!

अगर कोई मुझसे पूछता कि जब मुझे "सेल्फ़ एण्ड एम्प्टीनेस" विषय पर अगस्त १९९९ के अपने व्याख्यान की मंच-सज्जा के लिये त्रिफलक उधार लेने की अनुमति दी गयी थी उस वक़्त एनजीएमए का निदेशक कौन था, तो मैं कहता "अंजली"; और इस सन्दर्भ में "अंजली" कहते हुए मैं उस व्यक्ति के रूप में तुम्हारी ओर संकेत कर रहा होता जो (१९९४ से शुरू कर) १९९९ तक दिल्ली के एक राष्ट्रीय संस्थान में एक ज़िम्मेदार पद पर था, इत्यादि। लेकिन अगर एनजीएमए के तुम्हारे कार्यालय में तुमसे अपने व्याख्यान की विषय-वस्तु के सन्दर्भ में त्रिफलक के महत्त्व को लेकर बातचीत करते हुए (मैं कल्पना कर रहा हूँ कि हम १९९९ में हैं), उस योजना के कुछ पक्षों पर बल देने की तैयारी के सिलसिले में जिसमें मैं तुम्हारी सहायता चाहता हूँ, मैं सहसा तुम्हें "अंजली" कहकर सम्बोधित करता हूँ, तो मैं तुम्हारी ओर संकेत नहीं करता, मैं तुम्हें किसी उल्लेख या जीवनीपरक विवरण के रूप में नहीं देखता।

तुम्हारे उस नाम का उच्चारण करते हुए जिसको लेकर तुम (जैसे कि अपने नाम के सन्दर्भ में हर कोई) उस स्रोत की ओर अपना ध्यान देने की अभ्यस्त हो जहाँ से वह ध्वनि आ रही है, मैं तुम्हारा ध्यान उस बात की ओर खींचने की कोशिश नहीं करूँगा जो मैं कह रहा हूँ, या कहने जा रहा हूँ : क्योंकि तुम्हारा ध्यान मैं पहले ही आकृष्ट कर चुका हूँ (तमाम टेलिफ़ोनों के आने के बावजूद और तुम्हारे कर्मचारियों की आवाजाही के बावजूद)। तब, जब मैं तुम्हें सम्बोधित करता हूँ तब क्या करता हूँ? मेरा मतलब है तुम्हें, तुम्हारी ओर संकेत किये बग़ैर। मैं तुम्हें सन्दर्भरहित ढंग से, वर्णनरहित ढंग से, अद्वैत ढंग से पहचान रहा होता हूँ।

तुम यह सोचती हो : "उसका अभिप्राय मुझसे है, मैं, न कि इस बात से कि मैं ये हूँ या वो हूँ, और निश्चय ही वह मुझे यह सूचना नहीं दे रहा है कि मेरा नाम 'अंजली' है।" तुम स्वयं को "मैं" के रूप में देखते हुए अपने बारे में सोचती हो, तुम्हें तुम्हारे, आत्मा के, आत्मबोध का और उसकी

शान्तिनिकेतन त्रिफलक | फलक-२ | विवरण | तैयब मेहता

असीमता का स्मरण होता है। इस आत्मबोध में तुम्हारी चेतना तुम्हारे कार्यालय या एनजीएमए के परिसर की दीवारों से, तुम्हारे दैहिक रूप से, किसी भी वस्तु या वस्तुओं के संग्रह से, परिसीमित नहीं होती। आत्मबोध इण्डिया गेट सर्किल, दिल्ली, पृथ्वी, नक्षत्रों और तारामण्डलों के परे के विस्तार के सदृश होती है। ये सब, यह जगत, जिसमें अंजली व्यक्ति शामिल है, तुम हो, आत्मा; स्थिति इसके विपरीत नहीं है।

और इनमें से कोई भी चीज़ अनात्म नहीं हो सकती, तुमसे से इतर नहीं हो सकती, क्योंकि अगर वैसा होता तो तुम्हें उस आत्मबोध का स्मरण न होता, तब तुम वह आत्मबोध न होतीं, जो अपने ही बोध से इतर, आंशिक रूप से भी, कुछ नहीं हो सकता। लेकिन ये चीज़ें, उदाहरण के लिये तुम्हारा दैहिक रूप, विवरणहीन शून्यता नहीं है, खोखला आत्मबोध नहीं है। उनका तुम्हारी—आत्मा की—आत्मछवियाँ होना आवश्यक है, होने से अविभाज्य होने के अर्थ में, आत्मा से अविभाज्य आत्मा की आत्मसंकल्पना। तुम अपने आपको, आत्मा को, पूर्णत: अपने दैहिक रूप में नहीं पहचानती और अंजली व्यक्ति के रूप में आकल्पित नहीं करतीं, बल्कि तुम अपने आपको समस्त आकल्पनों और रूपाकारों में पहचानती हो : और चँदोवे की रिक्ति में भी।

सम्बोधन हमारी वास्तविकता का और उसके आत्मरूपायन का बोध है। जब यक्ष ने युधिष्ठिर को सम्बोधित करने की कोशिश की तो युधिष्ठिर ने उसका तिरस्कार नहीं किया, और उसमें आत्मबोध जागा और वह यह देख पाने में सक्षम हुआ कि वह—आत्मा—समस्त वस्तुओं और शून्यता में आत्मकल्पित है और उसको नष्ट नहीं किया जा सकता। (इसी के साथ सम्बोधन पर मेरी टीका समाप्त होती है)।

ख़ाली मण्डप

हम अभी भी अगस्त १९९९ में हैं, अंजली, तुम्हारे कार्यालय में, और भारतीय स्वतन्त्रता दिवस के क़रीब। (देखा कि त्रिफलक के अद्वैत के अन्वेषण की प्रक्रिया में तुम्हें इस तरह सम्बोधित करना कितना महत्त्वपूर्ण रहा है?) अब मैं तुमसे मेरे साथ तुम्हारे कार्यालय से बाहर आकर एनजीएमए के मुख्य द्वार पर खड़े होकर बाहर देखने का आग्रह करता हूँ। हमारे एकदम सामने सौ गज से भी कम की दूरी पर इण्डिया गेट के बग़ीचों में एक ख़ाली मण्डप स्थित है जिसमें अँग्रेज़ी हुकूमत के दौरान किंग जॉर्ज ट की मूर्ति स्थापित हुआ करती थी। जनभावनाओं का सम्मान करते हुए इस मूर्ति को आज़ादी के कुछ वर्षों बाद हटा दिया गया था। पारम्परिक सैण्डस्टोन से ख़ूबसूरत ढंग से गढ़े गये, सम्प्रभुता का संकेत देते इस स्थापत्य में अब कुछ भी नहीं है। वह ''रिक्त'' है, जो इस बात का सकेत है कि सच्ची सम्प्रभुता केवल आत्मा ही हो सकती है, स्वराज ही हो सकता है, आत्मा के असीम आत्मबोध की सम्प्रभुता, रिक्ति, वस्तु-भाव-रहितता, जहाँ आत्मा किसी अन्य वस्तु के विरुद्ध कोई वस्तु नहीं है, बावजूद इसके कि वह समस्त वस्तुओं में आत्मकल्पित है।

अगर ब्रिटेन के जॉर्ज पंचम से रिक्त कर दिये गये इस मण्डप में गाँधी की मूर्ति स्थापित कर दी जाती है, जैसाकि हिन्दुस्तान के राजनैतिक जनमत के कई पक्षों की माँग है, तो यह एक दुखद भूल होगी, महज़ इसलिये नहीं कि इस तरह का कृत्य एक साम्राज्यवादी छप्पर तले एक भारतीय सन्त को बौना कर देगा : बल्कि इससे ज़्यादा महत्त्वपूर्ण इसलिये कि इस तरह की प्रतिस्थापना इस बात का संकेत देगी कि भारतीय स्वतन्त्रता साम्राज्यवाद का नैरन्तर्य है, उससे मुक्ति नहीं है। और सबसे महत्त्वपूर्ण बात यह कि इस तरह इस ख़ाली मण्डप से स्वराज का, आत्मा की वस्तु-रहितता की सम्प्रभुता का, जो अनभिप्रेत किन्तु अकाट्य अर्थ व्यंजित होता है वह अर्थ उस गाँधी को सम्मानित करने की इस कोशिश में विडम्बनापूर्ण ढंग से कुर्बान हो जायेगा जो प्रमुख रूप से वह व्यक्ति था जिसने स्वराज की अवधारणा को भारतीय राजनैतिक चिन्तन और कर्म की शब्दावली में शामिल किया था।

मण्डप में जॉर्ज पंचम की मूर्ति की पीठ पूर्व की दिशा में थी, जहाँ से सूर्योदय होता है, जो समस्त प्रजातियों और समाजों में, बल्कि समस्त अस्तित्वों यहाँ तक कि रिक्तता में भी आत्मा के समान रूप से आत्मकल्पित होने का प्रतीक है। अगर यह भारत के आध्यात्मिक लाक्षणिक अर्थ का

(जानबूझकर या अनजाने में किया गया) तिरस्कार था, तो सूर्य की ओर मुखातिब गाँधी की मूर्ति आज़ाद भारत में ब्रितानी साम्राज्यवादी असंवेदनशीलता का एक अक्षम्य, परिहार्य, पुनर्स्थापन होगा। जैसा कि सूर्य ग्रहण में होता है, यह ऐसा होगा जैसे चन्द्रमा (सम्भ्रमित मानस) सूर्य और पृथ्वी के बीच आ खड़ा हुआ हो और उस पर लम्बी छाया डाल रहा हो : जैसे कि जॉर्ज पंचम की मूर्ति ने किया था, वे विद्वेषी छायायें जिनने भारतीय स्वतन्त्रता से विभाजन की क़ीमत हथियायी।

अंजली, यह ख़ाली मण्डप इतिहास द्वारा गढ़ी गयी समकालीनता की एक कृति है, स्वराज के अर्थ का एक स्थापत्य जो एनजीएमए के अहाते से लगभग छुए जा सकने की दूरी पर दिखायी देती है। जिस वक़्त मैं तुम्हारे कार्यालय में बैठकर आत्मा और शून्यता की थीम पर त्रिफलक की प्रासंगिकता को लेकर तुमसे बात कर रहा था, उस वक़्त अगर मुझे ये सारी बातें स्पष्ट तौर पर समझ में आ गयी होतीं, तो मैंने प्रस्ताव किया होता कि नेशनल गैलरी को स्थानीय प्रशासन से आग्रह करना चाहिए कि वह इस ख़ाली मण्डप को, उसकी वर्तमान स्थिति से विचलित किये बग़ैर, गैलरी के स्थायी संग्रह में शामिल कर दे। त्रिफलक जोकि पहले से ही इस संग्रह में है के लिये एक तुलनीय प्रतीकात्मक शक्तिवाली वाली साथी कलाकृति मिल जाती।

एनजीएमए के एक संस्थापन के रूप में यह ख़ाली मण्डप ''स्वराज'' के नाम से जाना जाता : और ''टेण्ट फ़ोटोग्राफ़ी'' के नियमानुसार, जो लाल क़िला, ताजमहल, तिरुपति, अजमेर शरीफ़, वाराणसी आदि हमारे सेक्युलर और धार्मिक स्थलों में पहले से ही फलफूल रही है, सामान्य सैण्डस्टोन की सीढ़ियाँ हमारे देश के बच्चों को मण्डप के तले ले आतीं—एक बार में कुछ पलों के लिये, और एकबार में सिर्फ़ एक बच्चे के लिये (आत्मा की विनयशीलता की ही भाँति बच्चों की अद्वितीयता खिलखिलाती आत्मछवियों के गिरोह में खो जाने के लिये हमेशा आतुर होती है, और बच्चों को आत्मबोध के अवसर उससे ज़्यादा मिलने चाहिए जितने की अनुमति हम वयस्क उनको देते हैं)। और जब कोई छोटी लड़की या लड़का (चिथड़ों या महँगे कपड़ों में) चिल्लाती/चिल्लाता ''मैं हूँ दिल्ली की रानी''/मैं हूँ दिल्ली का राजा'', तो एक छिपा हुआ क़ैमरा पल भर

में इस उदात्त क्षण को क़ैद कर लेता और एक रुपये की मामूली क़ीमत पर वह फ़ोटोग्राफ़ बच्चों को उपलब्ध कराता।

जहाँ तक मेरी जानकारी है तैयब की कलाकृतियों में बच्चों की आकृतियाँ नहीं हैं। त्रिफलक की किशोर मैडोना ज़रूर है (जो ईश्वर की किशोरी माँ मेरी की ईसाई पूजा के योग्य है) और उससे मेल खाती उसकी साथी युवा मातृ-बकरी भी है। लेकिन मेरा आशय बच्चों से है, जैसे पिकासो का कबूतर के साथ बच्चा है; या मौदि्ग्ल्यानी की अल्पज्ञात ''एलिस'' है, जिसको देखकर लगता है कि वह सात साल की इतालवी लड़की का पोर्टेट है (जिसका चेहरा-मोहरा लीला की तरह का है; और, मेरा ख़याल है, तुम्हारे जैसा भी, हालाँकि मैंने अभी तक तुम्हारा बचपन का फ़ोटोग्राफ़ नहीं देखा है, अंजली)। इस तरह से बच्चों के पोर्ट्रेट बनाने या उनका चित्रांकन करने की कोशिश तैयब द्वारा अभी तक नहीं की गयी है (हो सकता है यहाँ मैं तथ्यात्मक तौर पर ग़लत होऊँ, लेकिन इस क़िस्म के पोर्ट्रेट या चित्रांकन तैयब के काम में स्पष्ट तौर पर दृष्टिगोचर नहीं होते, और अगर वे हैं तो मैं उनकी ओर ध्यान देना चाहूँगा : और मात्र भूल-सुधार के लिये नहीं बल्कि दार्शनिक तौर पर अन्वेषणात्मक उद्देश्य से।

बच्चों (उनके अपने और दूसरों के बच्चों) से तैयब के गहरे लगाव की मुझे जानकारी है, और इसलिये उनके काम में बच्चों की ग़ैरमौजूदगी को बच्चों में उनकी दिलचस्पी के सम्भावित अभाव की तरह नहीं देखा जा सकता। हमें इस सवाल पर चित्रकार के रूप में उनकी यात्रा और उनके जीवनपरक संकेतों के परिप्रेक्ष्य में गहराई से सोचने की ज़रूरत है (मैं सोच-सोच कर थक चुका हूँ, अंजली, मुझे मेरी जिज्ञासा के मददगार जवाब के लिये कोई सहजबोधात्मक रास्ता दिखाओ!) ''हाँ, मैं दिखाऊँगी, लेकिन तुम्हें थोड़ी देर और विचार पर टिके रहना होगा,''—फलक-२ की पहली चिन्तनशील स्त्री के रूप में तुम कह रही हो, किंचित निष्ठुर ढंग से; लेकिन तुरन्त ही और कुशाग्र ढंग से यह जोड़ते हुए कि ''एक विराम लो, नया अध्याय शुरू करो, तुम एक नये पृष्ठ पर हो!''

क्षतिग्रस्त दूसरा जन्म

सलमान रुश्दी ने ''मध्य रात्रि की सन्तानों'' की बात की है, उन बच्चों की जो १५ अगस्त १९४७ को, ''ठीक मध्यरात्रि की घड़ी में'' पैदा हुए थे; वे बच्चे जो स्वघोषित ''अन्यों'' के शासन से स्वतन्त्रता में भारत के जन्म की घड़ी में पैदा हुए थे; जो ब्रितानी शासन की दासता के अधीन उपलब्ध प्रशासनिक और वैधानिक दक्षता के बावजूद उसके नस्लवाद और साम्राज्यवाद और शोषण से मुक्ति की घड़ी में पैदा हुए थे : और जिन्होंने स्वराज की ओर, राष्ट्रीय जीवन के तमाम स्तरों पर स्व-निर्भरता की ओर क़दम बढ़ाये थे, बिना इस दुराशा के कि इस तरह की स्वतन्त्रता पृथकतावादी, पहुँच से परे होगी। आधुनिक, स्वाधीन भारत की अपने प्रति समझ १५ अगस्त १९४७ को जन्में भारतीय बच्चों के जीवन की उनकी अपनी अपनी समझ के तुल्यरूप होगी। लेकिन कालक्रम की दृष्टि से देखें तो हिन्दुस्तानियों की एक उतनी ही दिलचस्प कोटि और भी है, जिसमें तैयब मेहता शामिल हैं, जिनका जीवन भारतीय स्वाधीनता की जन्म-तिथि से जुड़ता है।

उस समय तैयब की भाँति बहुत से हिन्दुस्तानियों ने वयस्कता प्राप्त कर ली थी, वे इक्कीस के आसपास थे (तैयब बाईस के थे)। यह उम्र अपने अभिभावकों पर और हमारे जीवन से जुड़े अन्य महत्त्वपूर्ण वयस्कों पर हमारी परतन्त्रता के समुचित अन्त को चिह्नित करती है। यह बचपन की पाठशाला के अन्त और वयस्क स्वायत्तता की शुरुआत की उम्र होती है (बेशक किन्हीं निरपवाद रूप से चरम, संस्कृति-रूढ़, अटल या अपरिवर्तनीय अर्थों में नहीं)। यह स्थिति राष्ट्रीय स्तर पर विदेशी हुकूमत पर अवयस्क निर्भरता की समाप्ति और स्वराज की वयस्क स्वायत्तता के प्रस्फुटन के तुल्यरूप है। अगर, परम्परागत नियमों के बन्धन से नये अवसरों की ओर संक्रमण के इस युग में हमारी उस दुनिया में बड़ी उथलपुथल घटित होती है जो वयस्क स्वाधीनता के विचार में खटास पैदा करती है और बचपन की असहायता एक अविचल वयस्क स्मृति के रूप में बनी रहती है, तो जीवन के हमारे अपने बोध में बचपन का निरूपण उद्विग्नता से भरा हुआ और आत्म-निषेधपूर्ण होगा।

बाईस साल का एक खिलता हुआ वयस्क, जिसने एक खिड़की से सड़क पर घटित उस क्रूरतापूर्ण दृश्य को देखा था जिसने भारत के विभाजन द्वारा पैदा की गयी सामूहिक घृणा की दुनिया में व्यक्तियों की वध्यता को नाटकीय शक्ल दी थी—ऐसा एक वयस्क अपने चित्रों में बच्चों का

चित्रण नहीं करना चाहेगा, या नहीं कर सकेगा। इसकी बजाय वह उनका चित्रण करेगा जिनमें शायद वैयक्तिक वध्यता का कोई सशक्त प्रतीक शेष नहीं है। और उसके चित्रों की वयस्क आकृतियाँ हमेशा अनिष्टकारी परिस्थितियों से आतंकित बचपन से बाहर निकलने के क्षति-चिह्न को धारण किये होंगी। हिंसक वास्तविकता द्वारा द्विपादीयता की बचपन की बुनियादी सामर्थ्य को भुलाने के लिये विवश कर दिये गये नीचे गिरते हुए विशालकाय वयस्क (''अपने पैरों पर खड़े होने में असमर्थ'')। मृत जन्मे, गर्भपात के शिकार भ्रूणों जैसे दीखते, बड़े, बँधे हुए, बैल।

बच्चों द्वारा अपनी ही प्राम को धकेलने की दुःस्वप्नपरक सम्भावना को प्रतिबिम्बित करते हाथ से खींचे जाते रिक्शों का नैतिक और राजनैतिक आतंक। चित्रों के एक सुरक्षित बच्चा-गाड़ी होने के विचार को ध्वस्त करती आड़ी-तिरछी कटी हुई आकृतियाँ और कैनवस। कठपुतली-बन्धन (अजनबी, वयस्क, रस्सियों से खींचकर ले जाये जाते बच्चे)। अति लम्बे वयस्क हाथों की ग़ायब अँगुलियाँ (जन्मजात दोष, भिखारियों के गिरोह द्वारा बच्चों का अंगभंग)। सपाट रंगों के विस्तार (साक्षरता की आकस्मिक क्षति, पंगु जीवन के लिये अबाधित विस्तार की अनुपयोगिता, पंखहीन पक्षियों के प्रति स्वच्छ, विलक्षण आकाशों का उपहास)।

हाँ, अंजली, मैं अपने आगे का रास्ता अधिक सहज ढंग से स्पष्ट तौर पर देख पा रहा हूँ, लेकिन इस यात्रा के संकेत-चिह्नों को और भी सटीक ढंग से पढ़ने के लिये मुझे तुम्हारी प्रार्थनाओं की ज़रूरत है।

गर्भपात-रहित बचपन हमारा पहला जन्म है, और इसका भी अक्षत बना रहना ज़रूरी है। तब भी, विकलांग क्रीड़ाशीलता का जादू बचपन का एक वरदान है जिसको कोई भी दुर्भाग्य पूरी तरह से रद्द नहीं कर सकता। नवयौवन की वयस्कता का उद्घाटन दूसरा जन्म है, जो बालक के रूप में लिये गये जन्म से कम ख़तरनाक नहीं होता। तैयब ने अपनी खुली हुई खिड़की से १९४७ में स्वराज की विकृति का जो दृश्य देखा था वह एक नौजवान के रूप में उनके दूसरे जन्म के गर्भपात-जन्य होने जैसा ही था, जैसाकि आधुनिक राष्ट्र के रूप में भारत का दूसरा जन्म था (उसका पहला जन्म इतिहास की क्रूरता द्वारा किये गये अंगभंग के बावजूद स्मरणातीत रूप से प्राचीन और सुखद रूप से क्रीड़ामय था)। बचे दोनों ही रह गये, लेकिन जीवन की पंगुता और चेतना के आत्मविकृतिकरण के बोध के बिना नहीं।

तैयब के त्रिफलक-पूर्व (१९८५-पूर्व) के कामों को इसलिये, जैसाकि हमने ऊपर संकेत किया है, शायद प्रथम दोषपूर्ण जन्म की छवियों में दूसरे क्षतिग्रस्त जन्म के प्रतिबिम्बों की तरह देखा जा सकता है : इनमें से कुछ छवियों को त्रिफलकोत्तर कामों में भी जगह मिली है, उदाहरण के लिये और सशक्त रूप से मर्मस्पर्शी ढंग से १९८५ की कृति 'ट्रस्ड बुल इन रिक्शॉ' में, जिसको हम इस यात्रा में पहले ही लक्ष्य कर चुके हैं।

यह कृति १९८५ की कृति 'रिक्शॉ-पुलर' से बाद की है (ऐकान्तिक आत्मपहचान के विरुद्ध कठोर परिश्रम करते श्रमिक के जूए पर पड़ती उसके पीछे देवी—शारदा—की उपस्थिति की ''लाइटनिंग'', बायीं ओर झुका हुआ उस शर्मीले घोड़े के रूप में चित्रित नृकेन्द्रिकतावाद जो आत्मबोध के प्रतीक

ट्रॅस्ड बुल ऑन रिक्शॉ, १९९४ | विवरण | तैयब मेहता

स्वरूप शारदा की प्रदक्षिणा के लिये लगातार बायीं ओर मुड़ता जा रहा है। ''लाइट'' शब्द को ईसा के इस कथन में कि मेरा जूआ लाइट है'', श्लेषार्थक ढंग से सुना जा सकता है, यानी हल्का, और ''रोशनी'' : इस तरह यहाँ कोलकाता के दृश्य में स्पष्ट करुणा की एक संश्लिष्ट आकृति में शारदा और टेरेसा हैं, अविभाज्य, १९०५ और १९४७ के बंगाल और भारत से भिन्न)।

१९९४ की कृति का बँधा हुआ बैल प्रकाश का तिरस्कार करती, कृतघ्न बूचड़खाने की ओर भागने का आग्रह करती मानवता हो सकती है। या वह वह दूसरा बँधा हुआ बैल, नरेन्द्रनाथ, हो सकता है जिसे नियति ने दक्षिणेश्वर भेज दिया है ताकि वह श्री रामकृष्ण परमहंस द्वारा बन्धन-मुक्त किया जाकर स्वतन्त्र हो सके।

अंजली, मैं इस मुकाम पर एक साहसिक कथन करना चाहता हूँ, जो अनुभवपरक जीवनी के एक अंश के रूप में अभिप्रेत नहीं है, और तब भी जिसमें उस चेतना के साथ रिश्ता बनाने की उम्मीद निहित है जिसको महज़ इस चित्रकार की उन कृतियों में नहीं देखा जा सकता जिनकी शुरुआत १९८५ में 'शान्तिनिकेतन त्रिफलक' के साथ होती है, बल्कि उसे कलाकार के उस संघर्ष में भी देखा जा सकता है जो उसने, अपनी गम्भीर स्वास्थ्य-समस्याओं की लगभग अन्तहीन शृंखला के बावजूद, इन कृतियों की चुनौती से जूझने की प्रक्रिया में किया है।

जो मैं कहना चाहता हूँ उसे कहना मेरे लिये अधिक आसान होगा और उसको अधिक आसानी से समझा जा सकेगा, अगर हम एकबार फिर से तुरन्त त्रिफलकोत्तर कृति (१९८६) 'काली' को

काली १९८६ | विवरण | तैयब मेहता

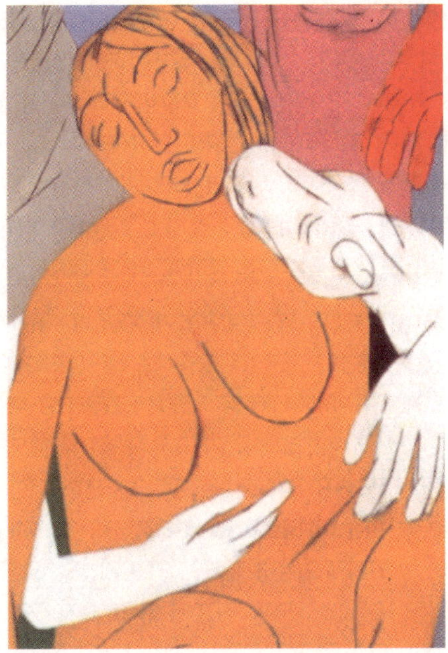

शान्तिनिकेतन त्रिफलक | फलक-२
विवरण | तैयब मेहता

देखें, और उसे त्रिफलक के मध्यवर्ती फलक की उकड़ूँ बैठी बकरी-मैडोना के बरक्स रखकर देखें। उनमें गहरी समानतायें हैं।

ये नृकेन्द्रिक रूपाकार नहीं हैं। त्रिफलक की आकृति में स्त्री भी है और बकरी भी है। काली सिंहनी स्त्री है। दोनों गर्भवती हैं। त्रिफलक की आकृति लजालु, किशोरी-मेरी के ढंग से, जहाँ उसको देख रही चिन्तनशील आकृतियाँ उसकी गर्भावस्था की नियति को लेकर उद्विग्न हैं। काली गरजने वाले ढंग से। उनकी प्रजननशीलता न केवल उनके फूले हुए उदर से प्रगट है, बल्कि, उभयलिंगीय ढंग से, उनकी लिंगपरक जिह्वा से भी ज़ाहिर है। दोनों ही संकट में हैं।

बेशक हमें यहाँ गर्भपात-जन्य जन्म का भय है, १९४७ की खिड़की पर खड़े नौजवान की उद्विग्नता। लेकिन यह भय सिर्फ़ जैविक जन्म की क्षति या विकृति से ताल्लुक नहीं रखता, वह जन्म चाहे पहला, दूसरा हो या तीसरा (अंजली, मैं बुढ़ापे में अपनी जन्म की गहरी टीस महसूस करता हूँ, मैं नहीं चाहता कि यह तीसरा जन्म निष्फल या विकृत हो!)। जोख़िमग्रस्त गर्भ के ये निरूपण कम से कम निश्चित तौर पर किसी परमाणुविक सर्वनाश या दूसरे क़िस्म के विस्फोट और अग्निकाण्ड में पृथ्वी पर मौजूद जीवन के ख़तरे की चित्रकारोचित अभिव्यक्तियाँ हैं। लेकिन यह स्पष्ट तौर पर इस भय से कहीं ज़्यादा बड़ी चीज़ है जो तैयब की कृतियों में उद्बुद्ध मेरी की और काली की वध्यता में उजागर होती है।

जिस जन्म का आश्वासन उनके द्वारा दिया गया है वह पूरी तरह से आत्मबोध में सम्भाव्य है, मात्र

अपने दैहिक रूपों से न पहचाने जा सकने की चेतना में, रूपहीन शून्यता समेत समस्त रूपों के बोध में, अपनी स्वयं की, आत्मा की, आत्मछवियाँ होने में : यह बोध कि कुछ भी ऐसा नहीं है जो निरी वस्तु हो, बल्कि वह शून्यता भी है, उस तरह से जैसे कि छवियाँ है। पूर्ण और शून्य में इस जन्म के बिना हम अपनी अलगाववादी, इकाईपरक, पहचानों के रूप में एक दूसरे से कहीं ज़्यादा को आतंकित करने और निगल लेने के लिये पूर्वनियोजित हैं। अहंकार (जोकि आत्मा का विरूपित, आत्मविकृत रूप है) के हाथों इस मोक्षधर्मी पुनर्जन्म पर मँडराता हुआ ख़तरा ही वह चीज़ है जिसकी ओर 'काली' और त्रिफलक कलाकृतियाँ हमारा ध्यान आकर्षित करती हैं।

काली के महान भक्त रामकृष्ण गले के कैंसर से दर्दनाक ढंग से पीड़ित थे और उसी से १८८६ में कोलकाता में उनकी मृत्यु हुई थी; यह उस शान्तिनिकेतन में एक आवासीय कलाकार के रूप में तैयब के कार्यकाल के लगभग सौ बरस पहले की घटना है जहाँ, स्वयं उन्हीं के शब्दों में, "... (बंगाल के शान्तिनिकेतन में) मैं हर कहीं काली की उपस्थिति को अनुभव कर सकता था।" लेकिन हम रामकृष्ण की यन्त्रणा पर लौटते हैं। कैंसर ने उनके गले को अन्दर से लगभग नोंच डाला था, वे पानी की कुछ बूँदें तक हलक से नहीं उतार पाते थे। "तुम ये मेरे साथ क्यों कर रही हो, माँ?" उन्होंने प्रार्थना की, "मेरे गले को ठीक कर दो!" उन्होंने पुकार लगायी, "नहीं करोगी?, उन्होंने निवेदन किया, और वे समाधि में चले गये, जहाँ गले के कैंसर को लेकर काली के साथ उनका आत्मीय संवाद हुआ होगा। जब वे समाधि से बाहर आये, तो उनके उन शिष्यों ने, जिन्होंने देवी के प्रति उनकी हृदय-विदारक प्रार्थनाओं को सुना था, रामकृष्ण से पूछा कि क्या देवी ने उनकी प्रार्थनाओं का कोई जवाब दिया। "क्या उन्होंने आपसे बात की?" उन्होंने उनके प्रति दया दिखाते हुए पूछा।

द चाइल्ड्'स ब्रेन, १९१४ | ३२'×२५.५'
ऑयल ऑन कैन्वस | जॉर्ज दे कीरिको

''हाँ, उन्होंने बात की! हाँ, उन्होंने बात की!'' रामकृष्ण ने बताया। ''उन्होंने मुझसे कहा, 'रामकृष्ण तुम अपने रोग से ग्रस्त एक गले को लेकर इतने परेशान क्यों हो? तुम्हारे पास लाखों स्वस्थ गले हैं जिनको लेकर तुम्हें कृतज्ञ होना चाहिए।' उन्होंने मेरी प्रार्थनायें सुनीं।'' उनने कहा। यह जवाब इस बोध का वरदान था कि वे, रामकृष्ण, पूरी तरह से वह दैहिक रूप नहीं थे जिससे फ़ोटोग्राफ़ी ने बाद के लोगों को परिचित कराया। समस्त रूप, जिसमें पीड़ा से जुड़ा उनका वह रूप भी शामिल था, उनकी, आत्मा की, काली की, आत्मछवियाँ थे।

तैयब ने वर्षों गले की पीड़ाओं (हालाँकि वे कैंसर की पीड़ायें नहीं थीं) को, और दूसरे स्वास्थ्य-सम्बन्धी कष्टों को भोगा है। क्या राहत के लिये उनकी प्रार्थनायें भी काली तक नहीं पहुँची होंगी (जिनको उन्होंने शान्तिनिकेतन में हर कहीं देखा था), और क्या काली ने उनको इस विवेक के आशीर्वाद से नहीं नवाज़ा होगा कि वे, आत्मा, समस्त रूपाकारों में मौजूद हैं, और केवल उसी रूप में मौजूद नहीं है जो बारबार बीमारी का शिकार होता रहा है? त्रिफलक के अद्वैत के समृद्ध प्रतीक इस विचार के लिये आधार उपलब्ध कराते हैं कि वे शान्तिनिकेतन में अपने कार्यकाल के आसपास समावेशी आत्मपहचान की इस चेतना में एक बार फिर से जन्म ले रहे होंगे। १९८६ की कलाकृति 'काली' इस सम्भावना से गर्भित है। नयी शुरुआतों, नये जन्मों को लेकर तैयब की उद्विग्नता इस कृति की अतिसंवेदनशील देहरचना में अनुपस्थित नहीं है। जो एक और चीज़ वहाँ है वह यह आश्वासन है कि इस बार जिस चीज़ को खोजा गया है वह जीवन की एकरैखिक निरन्तरता या वृद्धि या प्रदत्त दैहिक रूप की शक्ति नहीं है, बल्कि तमाम वस्तुओं और शून्यता के साथ विस्फोटक तादात्म्य भी है। अंजली, त्रिफलक का कच्छप-योगी तैयब का सम्भाव्य सहसम्बन्धी

नॉट टु बी रिप्रोड्यूज़्ड, १९३७ | ८१×६५ सेण्टीमीटर ऑयल ऑन कैन्वस | रेने माग्रीत

है, जो एक सौभाग्यशाली व्यक्ति के कृतज्ञता-भाव के साथ सब को सौभाग्य प्रदान कर रहा है।

जैसाकि मैंने अपने इस अध्ययन के दौरान प्राय: रेखांकित किया है, त्रिफलक कोई नृतत्वशास्त्रीय फ़ील्ड-वर्क नहीं है, न ही वह आधुनिक समय में भारतीय आदिवासी जीवन की कठोर वास्तविकताओं का रोमानी, टालू क़िस्म का मिथकीकरण है। इस कृति के ''सामूहिक फ़ोटोग्राफ़'' (फलक-१) के अनेक ग़ैर-प्रजातीय-आदिवासी आयाम हैं, लेकिन यह हाशिये पर धकेल दिये गये समाज के ''झुण्ड'' को मर्मस्पर्शी ढंग से पकड़ती है, और उस वैयक्तिकता की आगे की ओर निकली हुई गर्दन को भी जो अपनी दृश्यात्मकता को क्रंच से अलग, हालाँकि उससे दूर नहीं, रखना चाहती है (ये तुम हो, अंजली, एकदम दाँयी ओर): और इस प्रक्रिया में चित्र उस ''एक'' और ''अनेक'' के अद्वैत के साथ सम्बन्ध बनाता है जिसका एक ख़ास ढंग से सन्थाल-देहभाषा द्रष्टान्त पेश करती है : होने के होने का बोध, यह या वह होने का, बहुतेरे या कुछ होने का नहीं। लेकिन एक महानगरीय भारतीय चित्रकार के लिये नृतत्वशास्त्रीय दृश्यरति और रोमानी कल्पनाओं की गढ़न के ख़तरों से बच पाना, और आदिवासी जीवन की कालातीत अद्वैत-साधना का सम्मान कर पाना सम्भव न हुआ होता, अगर यह ख़ुद उसकी भी साधना न रही होती—जो १९४७ में मुम्बई में शुरू हुई और जिसे वर्षों बाद बंगाल में काली और उनके भक्तों के उत्तराधिकार का सहयोग प्राप्त हुआ, और जिसकी गति को बीमारी ने तीव्र किया।

जॉर्ज दे कीरिको की कृति ''द चाइल्ड्स ब्रेन'' में एक वयस्क नंगे धड़ और मूँछ के साथ एक खुली हुई खिड़की पर खड़ा बाहर देख रहा है, लेकिन उसकी आँखें संसार के उस अनात्मभाव के प्रति बन्द हैं जिसका सामना उसका (अद्वैत से ओतप्रोत) बालसुलभ मानस कर रहा है। त्रिफलक तक की और उससे परे की तैयब की साधना अपने भीतर कीरिको की उस आकृति की आँखें खोलने की है—बाहरी और आन्तरिक दोनों आँखें खोलने की—ताकि वह प्रतीयमान अनात्म और प्रतीयमान, ऐकान्तिक, आत्मा को आत्मा की आत्मछवियों में रूपान्तरित पा सके। बच्चे के मानस को आत्मबोध के कमल में खिलने देने की साधना, उस तरह से जैसे विनायक की मूल आकृति को पार्वती और शिव द्वारा गणेश की एक देदीप्यमान हाथी-आकृति में रूपान्तरित कर दिया गया था।

''लेकिन खिड़की पर आगे की ओर रखी हुई पुस्तक, और खुली हुई खिड़की से उजागर होती स्थापत्यपरक स्थायित्व की आन्तरिक दुनिया के बारे में तुम्हारा क्या कहना है? कीरिको के चित्र में ये चीज़ें क्या व्यंजित करती हैं?'' मुझे ख़ुशी है, अंजली, कि तुमने यह सवाल पूछा, क्योंकि गणेश के बारे में वे बातें सोचते हुए ये महत्त्वपूर्ण विवरण मेरे दिमाग़ से फिसल गये थे।

स्थापत्यपरक स्थायित्व के लक्षण निश्चय ही अभीष्ट, ऐकान्तिक, आत्मपहचान को व्यंजित करते हैं : प्रतीयमान आत्मभाव के आकार की दोटूक हदबन्दी, बचपन से जुड़ी आत्म-परिकल्पना की तरलता का वयस्कता द्वारा तिरस्कार।

जहाँ तक खिड़की की सिल पर रखी बन्द पुस्तक का सवाल है, मैं इस तरह सोचना चाहूँगा कि वह दर्शकों के लिये चित्रकार का आमन्त्रण है कि वे उसको ''पढ़ें'', उसको महज़ देखें नहीं। और,

द रिटर्न, १९४० | ५०×५६ सेण्टीमीटर | ऑयल ऑन कैन्वस | रेने माग्रीत

शायद, आत्मबोध प्राप्त करती (बचपन को पुनर्जीवित करती) वयस्क आकृति का यह प्रतीकात्मक संकल्प भी कि प्रतीति को—अजनबी और परिचित प्रतीति को—यथार्थ के, उसके अपने, आत्मकल्पनाशील आत्मान्वेषण के "पाठ" की तरह ग्रहण किया जाय : किसी क़िस्म के भय या पक्षपात के बग़ैर, भ्रमोन्माद या आत्मरति के बग़ैर।

नया अध्याय शुरू करने से पहले तीसरे फलक को क़रीब से देखने के लिये मुझे "खिड़की" के एक और चित्र को याद करने दो। ये चित्र है रेने माग्रीत का "द रिटर्न", जो कीरिको के "द चाइल्ड्स ब्रेन" की ही भाँति तैयब के "खिड़की से देखे गये दृश्य" और उनकी कृतियों में उसकी अनुगूँज को उजागर करता है। और इसलिये भी क्योंकि "द रिटर्न" एक असाधारण "अंजली" की रचना करता है जो वह अपनी खिड़की की सिल से अर्पित करता है। इस कृति में दर्शक—रूपहीन ढंग से—एक खुली हुई खिड़की के अन्दरूनी हिस्से से बाहर देख रहा है। सितारों की झलक देते देर शाम के एक नीले (काले नहीं) आकाश के तले वृक्षों के ऊपरी भाग दिखायी दे रहे हैं (क्या वे तुम्हारी अठारहवीं मंज़िला खिड़की से दीख रहे हैं?)

मानवीय वास्तविकता की अन्तरंगता (तुम उस आकाश-कक्ष में कहीं हो, अपने में डूबी हुई, मन्त्र बुदबुदाती) आत्मा के आत्मबोध के अन्तहीन विस्तार तक, रिक्ति के समूचे परिवेश तक, फैली हुई है।

और खिड़की की आस्था की सिल पर (संशयात्मक प्रश्नशीलता की सुदूरतम सीमाओं पर अस्तित्व की अर्थवत्ता में) एक घोंसला है जिसमें तीन अण्डे रखे हुए हैं। दृश्यमान आकाश में तिरछा उड़ता हुआ एक विशालकाय पक्षी है जिसके पंख पारदर्शी हैं (उनके पार बादलों और तारों

को देखा जा सकता है)। यह पक्षी लौट रहा है उन अण्डों को सेने के लिये जो उसने उस घोंसले में दिये हैं—आत्मबोध का घोंसला, हमारे आत्मभाव का मर्म, त्रिआयामी आत्मबोध की सम्भावना :

(१) यह आत्मबोध कि प्रतीयमान, ऐकान्तिक, आत्मा, यानी हमारा दैहिक रूपाकार, किसी अन्य वस्तु (अनात्म) के विरुद्ध कोई वस्तु नहीं है, बल्कि वह आत्मा की, हमारी, अनेक सम्भावित आत्मछवियों में से केवल एक आत्मछवि है।

(२) यह आत्मबोध कि हमारे दैहिक रूपाकारों से इतर रूपाकार, यानी प्रतीयमान अनात्म, भी किन्हीं अन्य वस्तुओं के विरुद्ध कोई वस्तुएँ नहीं हैं, बल्कि वे समान रूप से आत्मा की, हमारी अपनी, आत्मछवियाँ हैं।

(३) यह आत्मबोध कि जिस शून्यता ने परिवेष्टित कर रखा है वह सर्वनाश का लक्षण नहीं है, बल्कि वह आत्मबोध का, रिक्ति का, न कि अ-यथार्थ का, असीमित विस्तार है : ग़ैर-इकाईपरकता, ग़ैर-वस्तुभाव की आत्मा की, हमारी अपनी, आद्य आत्मछवि।

''द रिटर्न'' में आकाश में उड़ते पक्षी की पारदर्शिता में, विस्तार और रिक्ति के साथ उसकी सहविस्तीर्णता में अस्ति और शून्यता का अद्वैत, मोक्ष और निर्वाण विस्मयकारी ढंग से चित्रित है।

इस तरह यह खिड़की की एकाकी आत्मपहचान की कगार पर स्थित आत्मोपलब्धि के चमत्कार के प्रति माग्रीत की आत्मबोध की ''अंजली'' है : कम से कम १९४७ से तैयब की साधना यही रही है, जीवित वास्तविकता की चीरफाड़ द्वारा उकसायी गयी आत्मविकृतिकरण की दासता से चित्र को मुक्त करने का उनका संघर्ष।

अंजली, तुम अपनी खिड़की से उस आकाशी-पक्षी को देखो। तुम अपने मन्त्रोच्चार—नम म्योहो रेंजे क्यो—की अण्डे सेने जैसी उत्कटता में उसकी आत्मछवि हो।

भ्रामक सममिति

मैं जानता हूँ, अंजली, कि फलक-३ के केन्द्रीय चिन्तनशीलों के रूप में तुम और तुम्हारे दो साथी (एक विस्मयकारी त्रिमूर्ति) उतावले ढंग से प्रतीक्षा कर रहे हैं कि मैं इस फलक की ओर भी देखूँ, और क़रीब से देखूँ, आगे किसी भी क़िस्म की आकस्मिक बाधा के बग़ैर।

तो मैं कुछ ऐसी बातों के साथ शुरुआत करता हूँ जो इस चित्र के सन्दर्भ में विशिष्ट हैं। अगर हम घुसपैठिया मृत्यु-आकृति और हवा में लटके छद्मावृत रूपाकार को छोड़ दें, तो फलक-१ के झुण्ड में आठ आकृतियाँ हैं : चार स्त्रियाँ और चार पुरुष (वैसे यदि यम और बोधिसत्व को भी शामिल कर लिया जाय तो कुल दस)।

फलक-२ में तीन चिन्तनशील, मैडोना और बकरी, दिकूयो (दिगम्बर कूर्मा योगी, अगर तुम भूल गयी हो तो), और एक दोहरी उभयलिंगीय खड़ी हुई आकृति (कुल मिलाकर दस, अगर इनमें नज़अन्दाज़ न किये जा सकने योग्य बलि के ध्वज-स्तम्भ और गिलोटिन फलक को भी शामिल कर लें तो)।

फलक-३ में भी तीन चिन्तनशील, पाँच आसानी से पहचाने जा सकने वाले श्रमिक जो रस्सी को सँभाले हुए हैं, और एक दोहरी लटकी हुई आकृति (पुनः दस)।

यह समरूपता—या मोटामाटी समरूपता—कृति को एक सशक्त संरचनापरक सौष्ठव और सममिति प्रदान करती है।

लेकिन सममिति और लिंगपरक संवेदनशीलता इस तथ्य से गड़बड़ा जा सकती है कि जहाँ फलक-१ में और २ में चार स्त्री आकृतियाँ हैं (अगर उभयलिंगी आकृति को छोड़ दें), वहीं फलक-३ में केवल तीन—बैठी हुई चिन्तनशील—स्त्री आकृतियाँ हैं। लेकिन यहाँ मध्यवर्ती चिन्तनशील, तुम, को घेरता लम्बा बकरीनुमा सफ़ेद रंग वाला हाथ निश्चय ही चौथी स्त्री का प्रतिनिधित्व करने के लिये पर्याप्त है, जो स्वयं शायद फलक-२ की मैडोना है।

लेकिन ''वस्तुओं'' की समरूपता का यह पुनर्स्थापित बोध हमें उस चीज़ से दूर ले जा सकता है जिसे मैंने इस त्रिफलक की बुनियादी अन्तर्दृष्टि के रूप में स्थापित करने की कोशिश की है : कि हम अन्य वस्तुओं के विरुद्ध, और शून्यता के विरुद्ध, कोई वस्तुएँ नहीं हैं। क्योंकि अगर

शान्तिनिकेतन त्रिफलक | फलक-३ | विवरण | तैयब मेहता

ऐसा होता, तो हम, आत्मा, एक ऐकान्तिक, इष्ट रूपाकार होते, और हम रूपहीन शून्यता समेत तमाम अन्य रूपों को अनात्म की तरह देख रहे होते : यानी तब हम आत्मबोध होने की बजाय अन-आत्मबोध होते, जोकि असम्भव है, लेकिन जो एक आत्मविकृत चेतना को प्रतीत हो सकता है। हम इस आत्मविभ्रम से उस वक़्त मुक्त हो जाते हैं जब हम यह देख पाते हैं कि रूपहीन शून्यता समेत समस्त रूप हमारी अपनी, आत्मा की, आत्मछवियाँ हैं : तब हम यह देख पाते हैं कि अगर हम वस्तुएँ हैं, तो हमें शून्यता समेत समस्त वस्तुएँ होना चाहिए, हमें आत्मबोध के असीम विस्तार में बसी आत्मछवियों का विशद भण्डार होना चाहिए।

शून्यता का, सर्वनाश का, हमारा भय त्रिफलक के अविकसित आकाश के द्वारा नाटकीय रूप लेता है; वह रूपाकारों के उसके सौष्ठवपूर्ण विन्यास और रंगों की उसकी स्वच्छ सपाटता में आतंक का एक आयाम ले आता है। और कृति की विवक्षित ''छवि''-तत्वमीमांसा (कि हम, और ये बाक़ी सब, ''वस्तुएँ'' नहीं हैं, वह के विरुद्ध यह नहीं हैं, बल्कि आत्मा की आत्मकल्पनाओं की एक जटिल और विकसनशील एकता और भिन्नता हैं) इसकी मुख्य ''गुरु'' आकृति, कच्छप-योगी की प्रस्तुति के माध्यम से रेखांकित है, ज़मीन पर उस बुनावट के प्रतिबिम्बन में जो तैयब के रूपाकारों की सपाटता के मुक़ाबले कहीं ज़्यादा सपाट, आकाश के ख़ालीपन से झर रही है।

जो चीज़ दर्शकों को फलक-३ के मर्म में पैठने में सक्षम बनाती होगी, अंजली, वह फलक-१ और फलक-३ दोनों से दिकूयो की दिलचस्प तटस्थता है, इन फलकों के विन्यास द्वारा निरूपित चेतना की आत्मप्रश्नाकुलता-हीनता तक उसकी समान अनभिगम्यता : यह चीज़ फलक-२ के उस बलि-स्तम्भ के पैताने उसके स्खलित हस्तक्षेप के तीख़े विपर्यास में है जहाँ सर्वनाश का संकल्प अभी भी हिंसा से कहीं बड़ी शक्ति द्वारा गुपचुप ढंग से सुरक्षित बने रहने की आकांक्षा कर रहा है, और जहाँ अहंकार का नार्सिसिज़्म एक सुरक्षित आत्मरति की तलाश कर रहा है।

फलक-१ के झुण्ड द्वारा निरूपित चेतना का आत्मप्रश्नाकुलता-रहित ऐकान्तिकतावाद समूह के हर सदस्य की इस दृढ़ मान्यता में निहित है कि वह, आत्मा, ऐकान्तिक रूप से एक प्रदत्त दैहिक रूप है (''मैं यह हूँ, न कि वह'') और ऐसे रूपाकारों की ऐकान्तिक सामूहिकता भी (''हम यह हैं, न कि वह'')। अनात्म (ग़ैर-मानवीय जीवन, निर्जीव पदार्थ, और विशेष रूप से ग़ैर-सत्तात्मक शून्यता) का भय उनके विजयोल्लास-भरे नृत्य को जड़ीभूत कर देता है (नाटकीकृत रूप लेती जड़ीभूत आत्मपहचान)। अपनी सामर्थ्य और आकार को लेकर समूह की असुरक्षा-भावना को राहत देते हुए जीवन का नया रूप पुनर्जन्म लेता हुआ अवतरित हो रहा है, तभी मृत्यु उपहासपरक ढंग से इस समूह से आ मिलती है। हमारा, आत्मा का, एक वध्य, मरणशील देह के साथ स्वयं को एकाकार करके देखना फलक-१ की विषय-वस्तु है, जैसा कि मैं समझता हूँ। वह इस तरह की आत्म-संकल्पना में निहित आत्मविकृतीकरण की दासता की शबीह है।

चेतना के उस आत्मप्रश्नाकुलता-रहित ऐकान्तिकतावाद का विशिष्ट लक्षण क्या है जिसे वह फलक-३ निरूपित करता है जो फलक-१ की ही भाँति दिकूयो की मयूर मुद्रा (भारतीय शास्त्रीय नृत्य और नाटक की भाषा में निहित साहसिक उदारमनस्कता की हस्त-मुद्रा) के आत्मतुष्टता को विचलित कर देने वाले, आत्म-मुक्तिकारी जादू से कहीं बहुत दूर की चीज़ है?

हाँ, हाँ, मैं चिन्तनशीलों की अगुआई करती अंजली को सुन रहा हूँ : वह, तुम्हारे २ अक्टूबर को जन्में मुँहफट अन्दाज़ में, कह रही है कि मैं उपर्युक्त सवाल का जवाब देने की उम्मीद तब तक शायद ही कर सकता हूँ, जब तक कि मैं उस चीज़ की पूरी कैफ़ियत नहीं दे देता जो फलक-३ में घटित हो रहा है। बात साफ़ हुई। शुक्रिया।

ओझागिरी और पलायन

सरसों और गहरे बादामी रंग का तल यहाँ पहले दो फलकों के मुक़ाबले चौड़ा और ऊँचा है : अत्यन्त आध्यात्मिक तल, मैं कहूँगा। फलक-१ ज़मीन पर विजयी क़दमों का एक नाच है, नर्तकों की अर्थात् उन मनुष्यों की आत्मपहचान जो क्षरण के प्रति अपनी वेध्यता को लेकर, रोग और मृत्यु को लेकर सजग हैं, लेकिन जिन्होंने पृथ्वी पर के समस्त अन्य जीवन और निर्जीव पदार्थों को वश में कर लिया है, या वे ऐसा सोचते हैं। अपनी चेतना में आत्मविकृत, अपनी आत्मपहचान में ऐकान्तिकतावादी इन लोगों का घर तब भी पृथ्वी ही है, कोई ''उच्चतर'' दुनिया नहीं है, पृथ्वी जोकि जय या पराजय का, उत्तरजीविता या सर्वनाश का स्थल है। इस दल का अलगाववादी मानवतावाद परिष्कृत, समतावादी, लैंगिक स्तर पर संवेदनशील है। लेकिन अगर इन पर अनात्म (विद्रोही या भिन्न ढंग से आत्मसंगठित मानव समुदाय, सम्भाव्य पर्यावरणपरक विकार जो जीवन को जीने योग्य न रहने देगा) द्वारा दबाव डाला जाय, तो फलक-१ की मोहित मण्डली का प्रत्येक मनुष्य फलक-२ के आत्मघाती-हत्यारे/वधिक के निरे ''यहपन'' की कठोरता को प्राप्त हो सकता

शान्तिनिकेतन त्रिफलक | फलक-१ | विवरण | तैयब मेहता

शान्तिनिकेतन त्रिफलक | फलक-२ और ३ | विवरण | तैयब मेहता

है। अपरिहार्य वैयक्तिक या सामूहिक मृत्यु के प्रश्न को उनके सामने लाया जाना उनके लिये नैतिक या दार्शनिक तौर पर अपमानजनक प्रतीत नहीं होगा।

फलक-३ की आकृतियाँ कोई इकाई नहीं हैं, सुसंगत सामूहिकता नहीं हैं। ज़मीन पर बैठी हुई तीन चिन्तनशील स्त्रियाँ रस्सी भाँजते पुरुषों के दल से लैंगिक रूप से स्पष्ट तौर पर अलग हैं। इन पुरुषों में दो दरअसल रस्सी को खींच रहे हैं और तीन उनके पीछे चकित खड़े हुए हैं, वे उस अनुष्ठान में भौतिक रूप से शामिल नहीं हैं, बल्कि शायद अनुष्ठान में सिद्धि और पवित्रता लाने के लिये मन्त्र बुदबुदा रहे हैं। हम रूपाकार और गति की इस समृद्धि और जटिलता की ओर थोड़ी देर बाद पलकें झपकाते हुए देखेंगे, अंजली, लेकिन मैं तुम्हारा ध्यान फलक-३ की एकदम बायीं ओर बैठी पहली चिन्तनशील स्त्री और उसके चेहरे के चिन्ता के भाव की ओर और एकाग्र जिज्ञासा की मुद्रा में ठोड़ी की ओर उठे उसके हाथ की ओर खींचना चाहता हूँ जो रोदाँ की मूर्ति ''द थिंकर'' (सम्भवत: अरस्तू) की याद दिलाता है, जहाँ दार्शनिक चिन्तन (थका देने वाला कर्म, अंजली!) के कर्म में निमज्जन ठीक इसी तरह से चित्रित है। फलक-२ के चिन्तनशील भी गहरे विचार में डूबे हुए हैं, लेकिन चिन्तन की पारम्परिक योरोपीय मुद्रा, ठोड़ी की ओर उठा हुआ हाथ, फलक-२ की पहली साक्षी द्वारा ही उद्घाटित है, जिसे पूर्णता प्राप्त नहीं है। इसलिये फलक-३ में चिन्तन करती स्त्री चिन्तकों की अन्तरालयुक्त त्रयी क्या है? क्या घटित हो रहा है?

एक आड़े बाँस से लटकी हुई दोहरी (पुरुष और स्त्री) हरी आकृति को पुरुषों के एक समूह द्वारा एक रस्सी के सहारे गोल-गोल घुमाया जा रहा है। इनमें से कुछ पुरुष रस्सी को घुमा रहे हैं और उनके पीछे खड़े अन्य पुरुष मन्त्र बुदबुदाते हुए इस अनुष्ठान को अभिशिक्त कर रहे हैं। तीन स्त्रियों ने अपने आपको इस अनुष्ठान से दूर कर लिया है, या उनको उसमें हिस्सा लेने से रोक दिया गया है, और वे यह सवाल पूछती लग रही हैं कि ''क्या यह ठीक है?''

इस अनुष्ठान में भूतों को भगाने का दृश्य और अनुभूति है। शायद कोई युगल कोई वर्जित यौन-कर्म करते पकड़ा गया है, जिसको किसी अनिष्टकारी आत्मा द्वारा वशीभूत किये जाने के रूप में देखा गया है, और उनको सार्वजनिक स्थल पर किंचित् दण्ड देने के भाव से, ताकि दूसरों को इससे सीख मिल सके, इस अनिष्टकारी आत्मा से छुटकारा दिलाने की कोशिश की जा रही है। जाना-पहचाना क़िस्सा। तीन अलग कर दी गयीं और संशयात्मा स्त्री चिन्तक ख़ुद से और हमसे पूछ रही हैं, ''क्या ये ठीक है?'' एक सम्भाव्य आदिवासी अनुष्ठान को ''समतल बना दिया गया है'', यानी उसको चिन्तनपरक पठन को आमन्त्रित करती आत्मपहचान के दृष्टिकोण के रूप में ''पाठीय रूप दे दिया गया है''। मैं समझता हूँ कि यह सन्थाली आनुष्ठानिक जीवन से सम्बन्ध बनाने का और देखे गये को चित्रकारोचित दार्शनिक स्थिति या अटकल में विन्यस्त करने का त्रिफलक का अपना ढंग है।

फलक-३ को इस तरह के एक पाठ के रूप में पढ़ते हुए मुझे अनेक धार्मिक परम्पराओं की इस दृढ़ धारणा (उतनी ही दृढ़ जितनी दृढ़ ओझा की उस रस्सी पर पकड़ है) की ओर ध्यान आकर्षित करने का मन करता है कि हम, आत्मा, यौनकर्म के द्वारा प्रजनित, क्षरण और विनाश के अधीन, स्त्री या पुरुष रूप में, कोई प्रदत्त दैहिक रूप नहीं हैं। इसकी बजाय हम अन्तरात्मा हैं, अपार्थिव,

शान्तिनिकेतन त्रिफलक | फलक-३ | विवरण | तैयब मेहता

अमर पदार्थ, जो दैहिक रूपाकार में फँसी हुई है, जिसे तब मुक्ति मिलती है जब यह दैहिक रूप मर जाता है, तब वह अपने वास्तविक आवास, यानी स्वर्ग की ओर प्रस्थान करती है। और यह फलक इस ओर भी संकेत करता है कि इन परम्पराओं में देह और यौन, और इनके प्रति हमारी आसक्ति के मुख्य कारक के तौर पर स्त्री को अत्यन्त क्रूरता और सन्देह के साथ बरता जाता है। वह उन्नत तल जिसपर फलक-३ अपनी गतिविधि को स्थित करता है स्वर्ग के प्रति आस्थावान की कल्पित निकटता और अन्तरात्मिक पहचान के अहंकारपूर्ण ऊर्ध्वगमन का संकेत करता है।

फलक-१ की ही भाँति फलक-३ भी ग़ैर-मानवीय जीवन से वंचित है। दिलचस्प ढंग से फलक का बाँया शीर्ष कोना बादामी रंग का एक टुकड़ा है जो रिक्ति के नीले आकाश के पीछे और उससे परे दृश्यमान है : अन्तरात्माओं के लिये आरक्षित विशेष स्थल जहाँ वे पृथ्वी पर अपनी कायाओं को तजकर जाने के बाद एकत्र होंगी; स्वर्ग की अवरोहण पट्टी की वास्तविकता। दोहरी बँधी हुई काया भारी है और ज़मीन की ओर झुकी हुई है। रस्सी को घुमाते लोग ख़ुशी-ख़ुशी स्वर्ग तक चढ़ जायेंगे, उनके पैर ज़मीन से ऊपर हैं। बीच वाली चिन्तनशील ज़मीन के अपने टुकड़े पर दृढ़तापूर्वक बैठी हुई है, उसके पैर तने हुए हैं और वह पृथ्वी की चुम्बकीय शक्ति के द्वारा थामे जाने से प्रसन्न है। ये तुम हो, अंजली, और तुम किंचित् आलोचनात्मक लग रही हो, मानो तुम कह रही हो : ''ठीक ही है कि तुमने फलक-१ के नर्तकों को परिष्कृत, समतावादी क़िस्म के लोगों के नृकेन्द्रिकतावाद के निरूपण की तरह पढ़ा है। लेकिन अब तुम फलक-३ के अतिक्रामियों के प्रति अन्याय मत करो। वे अपनी कायाओं से बाहर उछलकर स्वर्ग में अवरोहण करने को तैयार बैठे उछल-कूद करने वाले खिलौने नहीं हैं। उनका पारम्परिकतावाद परिष्कृत है, जैसेकि मानवतावादियों की आधुनिकता है। अन्याय मत करो।'' यह बात समयानुकूल है, अंजली, निस्सार क़िस्म के लोगों को दार्शनिक विवेचना का विषय बनाने से कुछ भी हासिल नहीं होने का। इस चित्र ने फलक-३ को चित्रण के उस परिष्कार से वंचित नहीं किया है जो आत्मपहचान की उसकी मुद्रा के लिये वांछित है, और हमें इसके पाठ की समझ के लिये उसके समकक्ष परिष्कार को बरतने की ज़रूरत है।

फलक-३ के पुरुष अपने आपको, आत्मा को, उनके दैहिक रूपों में नहीं बल्कि-और-पूरी तरह से अपनी ''अन्तरात्मा'' के रूप में पहचानते हैं, कथित अपार्थिव वास्तविकता के रूप में जो उनकी कायाओं में वास करती है। लेकिन, उन अनेक दार्शनिक और धार्मिक परम्पराओं में जहाँ हमारा ''अन्तरात्मा'' का दृष्टिकोण विकसित हुआ है, मानवीय काया को अन्तरात्मा के फूहड़ पिंजरे के रूप में नहीं पहचाना गया है, बल्कि उसको अन्तरात्मा की आत्मछवि के रूप में पहचाना गया है (विट्गेंस्टाइन, कदाचित थोमिज़्म को दोहराते हुए, कहता है, ''मानव देह मानव अन्तरात्मा की सर्वश्रेष्ठ तस्वीर है'')। लेकिन जहाँ प्रत्येक काया एक अन्तरात्मा विशेष की आत्मछवि है, वहीं समस्त कायायें—समस्त रूपों को तो छोड़ ही दें—किसी एक आत्मा की आत्मछवियाँ नहीं हैं। इसलिये अगर मैं किसी विशिष्ट कायिक रूप में आत्मकल्पित एक विशिष्ट अन्तरात्मा हूँ तो तमाम दूसरे कायिक रूपाकार और रूपाकार मात्र मैं-नहीं हैं, जिनमें, बेशक, अपने-अपने कायिक रूपों में आत्मकल्पित समस्त अन्य अन्तरात्मायें शामिल हैं। आत्मपहचान की तस्वीर यहाँ ठीक वैसी

है जैसी वह मानववादी कायिक आत्मपहचान में बनती है, जहाँ आत्मा को एक ऐकान्तिक अन्तरात्मिक-सत्ता-और-उसकी-कायिक-छवि के रूप में पहचाना जाता है, और प्रतीयमान-आत्मा के इर्द-गिर्द प्रतीयमान अनात्मा के एक आक्रान्तकारी पर्यावरण को प्रक्षेपित किया जाता है।

और आत्मबोध पुनः असन्दिग्ध रूप से अनुपलब्ध है। इस तरह की अन्तरात्मा को अपने प्रति और ''अन्यता'' की, अनात्मभाव की, असीम व्याप्ति के प्रति जागरूक रहना होगा। लेकिन आत्मबोध की धारणा अन-आत्मबोध के इन ''ब्लैक होलों'' को अपने अधिकार-क्षेत्र में घुसने की अनुमति नहीं दे सकती। ओझागिरी करते गिरोह के चेहरों पर बलात आत्म-विश्वास की यातना साफ़ ज़ाहिर है : और उनका रस्सी खींचना उनका स्वयं को स्वर्ग में फहराने की चिन्ता से चिह्नित है। इसका केवल वास्तव में एक ही अर्थ है, और वह यह कि वे फलक-२ के जमे हुए, ऐकान्तिक-पहचान-ग्रस्त, आत्मघाती-हत्यारे-वधिक होने को तत्पर हैं। सेक्युलर अलगाववाद और धार्मिक ऐकान्तिकतावाद में ऐसा कुछ भी पूर्वनियोजित नहीं है जो उनको सर्वनाश के लोभ का संवरण करने दे सके।

निश्चय ही, अद्वैत और बौद्ध शिक्षाओं का असावधान प्रयोग करने पर ये पद्धतियाँ, ख़तरनाक रूप से, मानवतावादी या अतिक्रामितावादी ऐकान्तिकतावाद के सर्वनाश की अनुमति देने वाली लग सकती हैं। अनात्म के, माया के, समस्त रूपाकारों को मोटे तौर पर ख़ारिज करती हुई, और आत्मा या शून्यता को रूपाकारों के विनाश से सुरक्षित मानती हुई, अद्वैत की ये परम्परायें मनुष्यता को रूपाकारों के बीच, सांसारिक जीवन के बीच, उत्तरदायित्वों और अवसरों से भागने के लिये महँगी उड़ान भरने को प्रोत्साहित कर सकती हैं : और उस निष्क्रियता को भी प्रोत्साहित कर सकती हैं जो परम्परा के अन्यायों और उस आधुनिकता के अतिरेक का परिणाम है जो आत्मा और रिक्ति की, पूर्ण और शून्य की, शिक्षाओं द्वारा सत्यापित नहीं है। ग़लत समझ लिये गये अद्वैत की मतान्ध कट्टरता वधिक के जड़ीभूत, ठहरे हुए रूप से भी सु-निरूपित रूप में सामने आ सकती है। दिकूयो की मयूर मुद्रा, आत्मबोध की अन्तराभिमुखता या शून्यता के असांस्थानिकतावाद को, उसकी निर्वस्तुता को जोख़िम में डाले बग़ैर, अद्वैत को प्रतीति-वेध्य और आत्म-छवि-मण्डनकारी बना सकती है।

उद्धार के लिये कच्छप–योगी

फलक–१ मानववादी आत्मपहचान के संवर्धन और विस्तार के लिये, अनात्म के विरुद्ध बढ़ी हुई चौकसी और ज़्यादा सुरक्षा के लिये, पृथ्वी पर मनुष्यता के ''वजन'' को और अधिक बढ़ावा देने के लिये एक पुकार है, यहाँ तक कि एक विकासमूलक उत्परिवर्तन के लिये जो साधारण मनुष्यता को एक अतिमानवीयता में रूपान्तरित कर देगा : और इसी के साथ वह अनात्म के विरुद्ध निरन्तर चौकसी की बोझिलता का उसी क्षण में किया गया आत्मस्वीकार भी है (यहाँ तक कि अगर फलक–१ की नृतत्वकेन्द्रिकता की छाया तले सारी की सारी मनुष्यता संगठित हो जाय, तब भी ग़ैर–मानवीय जीवन और निर्जीव पदार्थ और परिवेष्टनकारी शून्यता का भय मँडराता रहेगा।) गिरती, उड़ती आकृति नयी भर्ती के लिये फलक–१ के आह्वान का जवाब है, लेकिन वह उसकी उद्विग्नता का टिकाऊ अन्त नहीं है जैसा कि नर्तकों के लटके हुए सिरों और नृत्य की धीमी होती गति से ज़ाहिर है। इस कल्पना के लिये बाध्य कि वह अनात्म के प्रति सजग थी, भूमण्डलीकृत मनुष्यता स्वराज में नहीं, बल्कि आत्मविकृति की दासता में होगी।

फलक–३ भारहीनता की खोज है, अभौतिकता की, देह के आकर्षण और देह की सीमाओं से मुक्ति की खोज : उस अन्तरात्मा का शुद्धीकरण जो काया की मृत्यु के बाद बची रहेगी और एक अन्य लोक में अन्य अन्तरात्माओं के साथ, और परम अन्तरात्मा, अर्थात् ईश्वर, के साथ अन्तरंग होकर अपना सिर ऊँचा कर सकेगी। संशयात्मा चिन्तनशील स्त्रियों को यक़ीन नहीं है कि यह स्थिति अस्तित्व की समस्याओं को हल देगी। अन्तरात्मायें तब भी एक दूसरे को ''अन्य'' के रूप में, ''अनात्म'' के रूप में, देखेंगी, और काया जिन सूक्ष्म आसक्तियों और कष्टों के अधीन होती है वे अन्तरात्माओं को अपना गुलाम बना सकती हैं। परम अन्तरात्मा, ईश्वर, को भी अनात्म के रूप में देखा जायेगा और अन्तरात्मायें, लुसीफ़र की भाँति, ईश्वर से विद्रोह कर सकती हैं और एकबार फिर से देह की संगति की कामना कर सकती हैं। अन्तरात्मायें इस कल्पना से आत्मप्रेरित होकर कि वे अनात्म (अन्य अन्तरात्माओं, ईश्वर, शून्यता, परित्यक्त शारीरिकता) के प्रति सजग थीं, वे प्रांजल आत्मबोध से रहित और आत्मविकृति की दासता में होंगी, स्वराज में नहीं।

विस्तारवादी सेक्युलर मानवतावाद और धार्मिक अतिक्रामितावाद के बीच के जिस प्रचण्ड युद्ध को हम देख रहे हैं वह सम्भवत: ऐकान्तिक आत्मपहचानों द्वारा आत्मविकृति के लिये विवश कर दिये

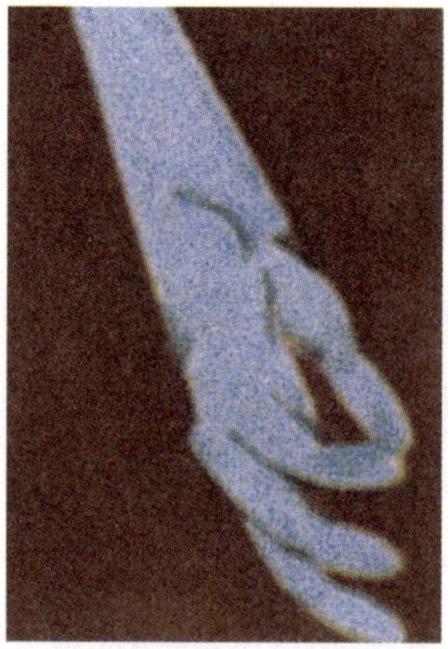

शान्तिनिकेतन त्रिफलक | फलक-२ | विवरण | तैयब मेहता

गये आत्मबोध की एक झल्लाहट है। एक दूसरे के विनाश की सम्भावना इस युद्ध से कोई बचाव नहीं है क्योंकि इस तरह की सम्भावित घटना को, चेतना के गहरे स्तर पर, मानववादियों द्वारा ह्रासपरक मृत्यु के अपरिहार्य क्षण के अग्रसर होने की तरह देखा जायेगा, और धार्मिक अतिक्रामितावादियों द्वारा उसे स्वर्ग में संक्रमण के क्षण तथा अन्तरात्मा के शुद्धीकरण के रूप में देखा जायेगा।

विचारधारापरक सेक्युलर मानवतावाद अद्वैत को और आत्मबोध के विचार या स्वराज को शिशु-कल्पना में बद्धमूल मानता है, और विचारधारापरक अतिक्रामितावादी धर्म उनको शाप के योग्य धर्मद्रोह की तरह देखता है, यही कारण है कि त्रिफलक का सन्त दिकूयो और उसकी ''अन्यता''—निवारक और ''प्रतीति''—रक्षक हस्त-मुद्रा फलक-१ और ३ में अदृश्य हैं, जैसेकि वध-स्थल पर वधिक की आकृति और स्त्री तथा बकरी में घटित चेतना का उत्परिवर्तन भी नदारद है। रिक्ति के आकाश से एक ''प्रतिबिम्ब'' के रूप में च्युत दिकूयो की हस्तमुद्रा हमारी अँगुलियों के हमारे सारे ''अन्यता-आरोपी'' संकेतों के नियन्त्रण की सम्भावना को उजागर करती है, लेकिन पूरी तरह से नहीं। जुड़े हुए अँगूठे और तर्जनी के संयोजन के साथ वे एक चाप को आकार देती हैं; अँगुलियों की प्रतीति-स्वीकारी क्षमताओं का आहरण करते हुए नहीं, बल्कि समस्त चैतन्यों के लिये एक प्रतीकात्मक आमन्त्रण की मुद्रा रचती हुई कि वे आयें और जगत को आत्मा की आत्मछवियों की एक दीर्घा के रूप में देखें। वधिक का बुलेटनुमा सिर दिकूयो के चेहरे की करुण पीड़ा को परावर्तित करता है, और उसके वक्ष पर एक स्त्री रूपाकार का अतिक्रमण एक जड़ीभूत चेहरे पर उसकी, आत्मा की, बहुकेन्द्रिकता से सम्बन्धित अवाक् उत्सुकता ले आती है। इस अतिक्रमणकारी स्त्री का लम्बा हाथ मैडोना और बकरी की ओर, समस्त रूपाकारों की ओर, आत्मविकृति के ख़तरे से जूझती आत्मा की आत्मछवियों की ओर, संरक्षण की मुद्रा में फैला हुआ है।

संकटग्रस्त गर्भ

जब आप त्रिफलक जैसी किसी महाकाव्यात्मक कलाकृति की लम्बी यात्रा पर होते हैं तो सार्वजनिक क्षेत्र में घटित होने वाली बड़ी घटनायें उस कलाकृति की आपकी समझ पर असर डालती हैं, उसी तरह जैसे कि उस कलाकृति के अर्थों में आपकी गहराती हुई अन्तर्दृष्टि सार्वजनिक उथल-पुथल की आपकी समझ को भी प्रभावित करती है।

क्रोधित (तब भी अभय-दान करती) काली को चित्रित करती तैयब की कृति 'काली' जिसका गर्भ (भावी जीवन और मनुष्यता की आत्मबोधपरक क्षमताओं को आश्रय देता गर्भ) छिपे हुए हाथों से संकटग्रस्त है, मेरा ध्यान ज़मीन पर अवतरित त्रिफलक की मैडोना के नाजुक गर्भ और हत्यारी ऐकान्तिकतावादी आत्मपहचान द्वारा उसके लिये खड़े किये गये संकट की ओर आकर्षित करता है। और हाल ही में दिल्ली में हिन्दुस्तान के संसद-भवन पर १३ दिसम्बर, २००१ को हुए आतंकवादी हमले ने मुझे गर्भवती भारत माता (लोक सभा की इमारत में एक उभार है, अंजली) पर मँडराते अशुभ हाथों के ख़तरे के बारे में सोचने पर विवश कर दिया। भारतीय संसद में एक अरब लोगों के चुने हुए प्रतिनिधि होते हैं जिनकी ज़िन्दगियाँ मनुष्यता की समग्र परम्पराओं के प्रति सम्मान को रूपायित करती हैं, इन परम्पराओं के संग्रहालयीन रूप में नहीं बल्कि जीवित रूप में। वे कला और विज्ञानों के अत्यन्त साहसिक अन्वेषणों और आधुनिक युग के मानस के दार्शनिक अन्वेषणों के प्रति उदारमनस्कता को भी रूपायित करती हैं। मनुष्य चेतना के क्रान्तिकारी परिवर्तन की वे सम्भावनायें जिनको धर्मनिरपेक्षता और आध्यात्मिकता का भारतीय लोकतान्त्रिक प्रयोग अपने गर्भ में समेटे हुए है ऐतिहासिक महत्त्व रखती हैं, बावजूद समूची निर्धनता और देश की जनता की निरक्षरता और उनके राजनेताओं के लालच और विवेकहीनता के। भारतीय चेतना में मनुष्यता को नृकेन्द्रिकतावादी ढंग से नहीं समझा गया है, और हिन्दुस्तान के सांसदों को देश के उस समस्त जीवन और अस्तित्व के प्रतिनिधियों के तौर पर देखा जाना चाहिए जिसमें वह विस्तीर्ण रिक्ति भी शामिल है जो अब इण्डिया गेट के ख़ाली मण्डप से सशक्त ढंग से प्रतिबिम्बित होती है। (साम्राज्यवादी-नस्लपक-उपनिवेशवाद के स्थापत्य की अर्थ-विद्या में इस तरह का परिवर्तन केवल 'तान्त्रिक' भारत में ही सम्भव हो सकता था, परिस्थितिजन्य शत्रुता के आध्यात्मिक सुअवसर में बदल जाने के 'तन्त्र' शब्द के मूल अर्थ में।)

चेतना के विभिन्न प्रवाहों और आयामों के भारतीय संसद रूपी इस सहवर्तित्व को (आत्म-अधिगम पर इसके अन्दरूनी आग्रह में) ''सत्संग'' की संज्ञा देना सर्वथा सच होगा (इस संस्कृत शब्द, 'सत्संग' का पारम्परिक अर्थ ''सन्त-समागम'' है, जोकि संसद-भवन की कोलापूर्ण मण्डली के लिये शायद सटीक उपमा न हो, लेकिन इस अवधारणा का गहरा निरुक्तपरक अभिप्राय ''यथार्थ के साथ जुड़ाव'' है, जोकि संसद के प्रतिनिधित्व की पूर्णता को ठीक से पकड़ता है)। और रिक्ति को, आत्मा के आत्मबोध के अन्तहीन विस्तार को, खोलने में, इस तरह का सत्संग अन-ऐकान्तिक आत्मपहचान को प्रतीकीकृत करता है : वह चेतना जिसके ''अँगूठे'' का निशान है ''मैं हूँ'' या ''हम हैं'', जोकि ''मैं यह हूँ, वह नहीं'' या ''हम यह हैं, वह नहीं'' से भिन्न है।

पाकिस्तान की ऐकान्तिकतावादी आत्मपहचान और उसका अतृप्त अलगाववाद भारतीय सत्संग पर १३ दिसम्बर के हमले का स्रोत है, वह उन आत्मकल्पनापरक सम्भावनाओं पर हमला है जो नयी सहस्राब्दि में पृथ्वी और उसके समूचे जीवन के प्रति आशीर्वाद के रूप में भारत माता की अद्वैतवादी चेतना के गर्भ में हैं। इस हमले को हमने हाल ही में दिल्ली में उसी तरह घटित होते देखा है जिस तरह तैयब ने १९४७ में मुम्बई में वैयक्तिकता पर साम्प्रदायिकता के सांघातक हमले को देखा था।

हिन्दुस्तान में धार्मिक अल्पसंख्यकों के विरुद्ध हिन्दुओं की ऐतिहासिक चिरशत्रुता इस तरह के हमलों को बरज नहीं पायेगी। इस उपमहाद्वीप पर विधाता ने हिन्दुत्व और इस्लाम को इसलिये एकसाथ रखा था ताकि सारी दुनिया उनके शान्तिपूर्ण सहअस्तित्व और रचनात्मक सहयोग से लाभान्वित हो सके। नियति के इस परिप्रेक्ष्य के बिना भारत की रक्षा और उसकी आध्यात्मिक परम्पराओं का सम्मान असम्भव है। और अगर पाकिस्तान आधारभूत आध्यात्मिकता के उसके अपने उपमहाद्वीपीय दाय के ख़िलाफ़ युद्ध छेड़ता है तो ये स्वयं पाकिस्तान के लिये आत्मघाती होगा।

क्या हम किसी बूचड़खाने की ओर भागते रिक्शे में बँधी हुई लोक सभा को देखने वाले हैं? ('ट्रॅस्ड बुल ऑन रिक्शॉ', १९९४)।

या फिर समावेशी आत्मपहचान की एक जाग्रत चेतना हमारे परिश्रम को रोशन और प्रबुद्ध कर उसको मोक्ष की, स्वतन्त्रता की, क्रीड़ामय प्रदक्षिणा में बदल देगी? ('रिक्शॉ-पुलर', १९८२)।

क्या कटा-फटा हिन्दुस्तान साम्प्रदायिक घृणा और अधिकृत हत्यारेपन के अगाध गर्त में गिरने जा रहा है? ('फ़ालिंग फ़िगॅर', १९६७)। गुजरात?

'डायगॅनल' (१९७४) में कैन्वस का फाड़ा जाना और उसकी बहुअंगी आकृति (अविभाजित भारत की विस्तीर्ण मनुष्यता), और उसी तरह तैयब की लघु फ़िल्म कूडल (१९६९-१९७०) में एक बैल का काटा जाना १९४७ के विभाजन के हाथों भारत की जीवन्त एकता चीरफाड़ के सशक्त प्रतीक हैं। पाकिस्तान और हिन्दुस्तान की एक दूसरे के सन्दर्भ में अजनबी, प्रतीयमान अनात्म की स्थिति है। यह अवश विश्वास कि एक दूसरे के अनात्मभाव के प्रति सजग है भारत और पाकिस्तान दोनों के आत्मबोध का भीषण आत्मविकृतीकरण है : चेतना की उनकी ऊर्जा का

छलावा। इन परिस्थितियों में भारत और पाकिस्तान की स्वाधीनता का उत्सव कूडल के हिजड़े के श्रृंगार जैसा है, नपुंसकता का एक अनुष्ठान जो स्वराज के आनन्द की सिद्धी की ओर नहीं ले जायेगा। वह इस बोध की ओर नहीं ले जायेगा कि प्रतीयमान आत्मा और प्रतीयमान अनात्मा दोनों ही आत्मा की आत्मछवियाँ हैं।

हिन्दुस्तान के विभाजन के समय बीस लाख मासूम इंसानों को काट डाला गया था, जो उपमहाद्वीपीय भारत के बच्चे थे, नागरिक थे, वे विभाजित भारतीय या पाकिस्तानी नहीं थे। उनकी आत्माओं को शान्ति नहीं मिल सकती, क्योंकि उनके पास किसी भी दुनिया में जाने का वैधानिक पासपोर्ट नहीं है। वे फलक-१ की उस बँधी हुई, छद्मावृत, उड़ती हुई आकृति जैसे हैं जो ज़मीन पर चल रहे विकृत जश्न में शामिल नहीं हो सकती। भारत और पाकिस्तान ने अभी तक अपने उन बीस लाख पूर्वजों का तर्पण नहीं किया है।

जब तक वे यह नहीं करते, वे उस स्वर्ग से क्षमा की उम्मीद नहीं कर सकते जहाँ जाने के लिये वे, फलक-३ के कामगारों की तरह, बेहद उतावले हैं।

विभाजित कश्मीर, विभाजित भारत की ही भाँति, त्रिफलक के फलक-१ और फलक-३ की भाँति हैं जहाँ से फलक-२ , यानी आत्मबोध का, स्वराज का, चमत्कार नदारद है, जो अकेली ऐसी चीज़ है जो आत्मविकृतीकरण की पीड़ा को दूर कर सकती है : वधिक आकृति को पिघला सकती है, उसके नपुंसक क्रोध (जो परमाणुविक मर्दानगी के चलते नपुंसक नहीं रह गया) को उस उभयलिंगी, शिव-पार्वती की सृजनात्मकता में बदल सकती है, जिनके विवाह का साक्षी शिव का अमर वाहन नन्दी है। ''अर्धनारीश्वर'' मुझे शिव-पार्वती की सच्ची संज्ञा प्रतीत होती है जोकि ''पूर्ण-नर-नारी'' हैं, अपने साथ-साथ और अलग होने में पुरुषत्व और स्त्रीत्व की पूर्णता।

पाकिस्तान और हिन्दुस्तान द्वारा शासित अधिकार-क्षेत्रों (शान्ति के सम्भावित त्रिफलक के फलक-१ और ३, आत्मविकृति के इलाक़े) की सम्प्रभुताओं में किसी तरह की बाधा डाले बग़ैर क्या जम्मू और समग्र कश्मीर में अन्तरआस्थापरक, अन्तरसांस्कृतिक सभा के रूप में उपमहाद्वीपीय वास्तविकता के एक आयाम की स्थापना मुमकिन नहीं है? एक ऐसी सभा के रूप में जिसके सदस्य न केवल जम्मू और कश्मीर से चुने जायें बल्कि समग्र उपमहाद्वीप से चुने जायें, ताकि वे विश्व धरोहर के इस हिस्से की शान्ति के लिये काम कर सकें? यह चीज़ उस नदारद फलक-२ की भूमिका निभाएगी जहाँ वध-स्तम्भ के पैताने ख़तरे में पड़ा जीवन उन तमाम प्रज्ञाओं और परम्पराओं के द्वारा मुक्त कर दिया जायेगा जो, दिकूयो की भाँति, आकाश से बारूदी सुरंगों से आक्रान्त ज़मीन पर उतरना चाहती हैं।

शान्ति का यह तिहरा बसेरा, 'शान्तिनिकेतन त्रिफलक', सच्चे अर्थों में अस्तित्व में आ जायेगा। इस तरह की सभा (सत्संग, महफ़िले-ए-हक़?) के लिये पहला उद्यम होगा विभाजन के दो लाख राष्ट्रहीन मृतकों से माफ़ी माँगना और पाकिस्तान तथा हिन्दुस्तान द्वारा राजनैतिक स्तर पर प्रशासित तथा सांस्कृतिक-पर्यावरण परक ढंग से उपमहाद्वीप-समग्र के प्रतिनिधियों, और एकसाथ सभी और न किसी धर्म के पुरुषों-स्त्रियों की करुणा और साहस से सेवित जम्मू और कश्मीर के

कूडल

ग्रे—हल्की-सी हरक़त—एक झिलमिलाहट—पंक्तिबद्ध
मानव-देहों के तले, एक दूसरे से सटी हुई—सोती हुई
लम्बवत सिरों का ढेर—धुआँ
कचरे के डिब्बे से
प्रफुल्लित आँख—
चावल की प्लेट—
सँकरी गली में चलते हुए लोग—
चक्राकार गति—
अस्मिता की क्षति—
निष्क्रिय परिस्थिति में फँसे हुए
असहाय—असावधान—लोगों का समूह,
ज़्यादातर बच्चे और बुजुर्ग देखते हैं
बैल और गाय का सम्भोग
परिन्दों की उड़ान—
बैल—शिथिल—जुगाली करता हुआ—सहसा
प्रतिरोध—जैसे किसी ने उसके पैर बाँध दिये हों—
भय का कायान्तरण—
खिंचाव—घर्षण—
बन्धन-मुक्ति का संघर्ष—
अघोष ध्वनि—फिर रक्तस्राव—यन्त्रणा—
ख़ामोशी—पशु-शव—
दूकान में गोश्त
चाबुकों की फटकार—नाच—
खिड़कियों में स्त्रियाँ
हिजड़े—अश्लील इशारे।
इशारे जिनका कोई अर्थ नहीं।
उच्छृंखल भीड़—कूच—
जुलूस—
अनुष्ठान—
शिव-पार्वती-विवाह
देर रात—जलता हुआ तेल—
ईश्वर का घर—
नन्दी के पहरे में।

फ़िल्म्स डिवीज़न की प्रस्तुति

निर्माता : जी.पी. अस्थाना
छायांकन : एम.एस. पेण्डुरकर
सम्पादन : एन.एन. वर्नेकर
ध्वन्यांकन : ए. विश्वनाथम
संगीत निर्देशन : नारायण मेनॅन
संगीत प्रस्तुति : के. वी. नारायणस्वामी, पलघट रघु
लेखन-निर्देशन : तैयब मेहता
लम्बाई : ४४६.५ मीटर
अवधि : १६ मिनिट १६ सेकेण्ड
वर्ष : १९६९.७०

संश्लिष्ट प्रदेश की शान्ति तथा भाइचारे के लिये इन मृतकों से आशीर्वाद की माँग करना।

इस तरह के त्रिफलक के शुभारम्भ के लिये मेरा पसन्दीदा स्थल होगा घाटी का पवित्र देवालय क्षीर भवानी जहाँ, १८९८ में स्वामी विवेकानन्द ने देवी माता की आरती की थी और दुख से भरकर उनसे पूछा था कि उन्होंने मुसलमान आक्रान्ताओं को अपनी मूर्तियाँ और मन्दिर क्यों बारबार नष्ट करने दिये। उनके सवाल का जो जवाब भवानी ने दिया था उसको स्वामी जी ने दर्ज़ किया है। यह जवाब उनको आकाश से आते नारी स्वर (मूर्ति से नहीं, इसे प्लीज़ नोट करना, अंजली) के रूप में सुनायी दिया था। वह जवाब था : ''अगर मैंने इसकी अनुमति दी, तो तुम्हें इससे क्या, विवेकानन्द ? तुम मेरी रक्षा करते हो, या मैं तुम्हारी रक्षा करती हूँ ?'' यह दैवीय कृपा ही थी जिसने इस उपमहाद्वीप में तमाम धर्मों को फलने-फूलने की इज़ाज़त दी, ये तो आस्थावान हैं जो एक दूसरे की रक्षा करने में विफल रहे। हमारे अपने समय में कृतघ्न मतान्धों द्वारा बीस लाख लोग काट डाले गये। हिन्दुस्तान और पाकिस्तान की मौजूदा सम्प्रभुताओं के भीतर प्रशासित जम्मू और कश्मीर को इस उपमहाद्वीप-समग्र की सांस्कृतिक धरोहर घोषित कर हम शायद उनकी आत्माओं को शान्ति प्राप्त करने में मदद कर सकें। क्या हम उस आकाशवाणी का तिरस्कार करेंगे जो स्वामी विवेकानन्द ने सुनी थी (सम्भवत: इतिहास में दर्ज़ पहला अलौकिक नारी स्वर), एक करुणामय माता के रूप में ईश्वर और अल्लाह की आवाज़ ?

वध किये गये और शोक-वंचित मृतक का प्रतिनिधित्व करता कच्छप-योगी, शायद उस अपराध-बोध और लज्जा की एक छाया है जो हमेशा हमारा रास्ता काटती रहेगी। किंग जॉर्ज पंचम से भिन्न जिसने सूर्य की ओर अपनी पीठ कर रखी थी, हम सूर्य का सामना करते हुए इस छाया को अपने पीछे कर सकते हैं। ''सूर्य'' यहाँ वह सुनहरा पात्र नहीं है जिससे उपनिषदों ने एक ओर हट जाने का विनम्र अनुरोध किया था, ताकि सत्य का चेहरा देखा जा सकता। वह यहाँ आत्मा के उस आत्मबोध का आत्मविकृति-रहित प्रकाश है जो हमें अपने स्वयं के इष्ट दैहिक और सामुदायिक रूपाकारों को, रूपहीन शून्यता समेत समस्त रूपाकारों को, आत्मा की, प्रांजल या धुँधली, परिचित या अपरिचित, आत्मछवियों के रूप में देखने में मदद करता है।

१९९५ की कृति 'सेलिब्रेशन' (जो स्वयं भी एक त्रिफलक है) में सारी नारी आकृतियाँ हैं, और वे सबकी सब (तुम समेत, अंजली, जो फलक-१ के ठीक शीर्ष पर हो), और बकरी-माँ, समूची विपुलता, पराकाष्ठा और अन्तरनिर्भरता के साथ नृत्य के उन्माद में हैं : उस उदासीन स्थल की जड़ता को तहस-नहस करती हुई (रामजन्मभूमि के कट्टरपन्थियों पर ध्यान दो), और वे नस्लीय तौर पर 'शान्तिनिकेतन त्रिफलक' के पात्रों के मुक़ाबले अधिक बहुवर्णी हैं : ब्रह्मा के नये नाटक की समस्त नारी पात्र, जहाँ समूचे पुरुष पात्रों को उनके द्वारा नाट्यगृह को संकट में डालने वाले अभिनय से डींग हाँकने की ओर प्रस्थान के बाद निकाल दिया गया है (यह मेरी अपनी क्षेपक कल्पना है)। रोशनी के बड़े-बड़े टुकड़े (गहरे बादामी, काले, चमकीले लाल, भूरे और हरे) इस लीला को प्रकाशित कर रहे हैं, लेकिन वे उसको बन्दी नहीं बना पा रहे हैं। स्वराज उपद्रव पर है।

त्रिफलक : एक क्षिप्र निरीक्षण

अंजली, त्रिफलक के सारे रूपाकारों और आकृतियों में एक अद्वितीयता है, एक असाधारणता। एक क्षिप्र निरीक्षण :

फलक-१ के कलात्मक नीले-सिलेण्डरनुमा आकाश का आद्यन्त पट्टियों में लिपटा पैर फटकारता उड़ता वयस्क भ्रूण, जो एक नाभिनाल के माध्यम से पृथ्वी से बँधा हुआ है : रहस्य, अस्ति और शून्यता से भरपूर।

आकाश-कुम्भ को सिर पर धारण किये शान्तिनिकेतन की ईंटरंगी लाल ज़मीन पर, बुहारती, धीमी होती पैरों और क़दमों की लस्तम-पस्तम चाल।

अपनी विशालता के कारण उड़ने में असमर्थ पक्षी के पंखों जैसे फड़फड़ाते हाथों का समूह, ऐकान्तिक आत्मपहचान को, यहाँ तक कि परिष्कृत, भेदों के प्रति संवेदनशील, मानववादी पहचान को स्वीकृति देते सिरों की कतार। उनमें तुम जैसी दीखने वाली। विजयोल्लास और सुरक्षा की चौकसी से थके हुए नर्तकों के बीच मृत्यु की छायामय घुसपैठ। वैयक्तिकता का सम्मान करने वाली, भेदों के प्रति सहिष्णु, प्रजातीय सामंजस्य और चेतना मानवीय स्वतन्त्रता के लिये, स्वराज के लिये, अनिवार्य शर्तें हो सकती हैं, लेकिन वे उसकी चरितार्थता के लिये पर्याप्त नहीं हैं।

फलक-२ का फाँसी का तख्ता, गिलोटिन मशीन, वध-स्थल, गिरी हुई, दाँतेदार, काली बिजली। कीचड़नुमा भूरी धरती पर कुहरिल नीले आकाश के साथ, बिना किन्हीं रूपाकारों के, यह अकेला प्रतीयमान आत्म और प्रतीयमान अनात्म के बीच के द्वन्द्व की पहाड़ी की चोटी पर पहुँचने के आनन्द की मूर्खतापूर्ण अवधारणा को पोंछ देने के लिये पर्याप्त रूप से अविस्मरणीय, पर्याप्त रूप से डरावना है।

वधिक की आकृति (बोध-पूर्व रूप जिसकी आसानी से कल्पना की जा सकती है) स्वयं उस दृश्य (हाँ, अनुपस्थित अँगुलियाँ और पंजे समेत) द्वारा सम्प्रेषित धमकी के संकेत को महज़ पूरा कर देती है। उभयलिंगीकृत द्विपादीयता—तमस, रजस और सत्व का सामंजस्य—का काला और लाल और सफ़ेद रूप डरावने ढंग से सुन्दर है, हाँ, लेकिन वह ख़तरनाक ढंग से उस चोटी पर ठहरा हुआ है जिसमें अनुपस्थित आकाश के तले एक ध्वज-रहित ध्वज-स्तम्भ को घोंप दिया गया है।

शान्तिनिकेतन त्रिफलक, १९८५ | प्रारम्भिक रेखांकन | तैयब मेहता

ध्वज–स्तम्भ के क़रीब साक्षी बनी बैठी स्त्री चिन्तनशीलों की त्रयी, आकाशीय अध्यात्मविद्या को धरती पर अवतरित करती, एक विलक्षण प्रतिभा का चमत्कार है। ब्रह्मा, विष्णु और शिव को यथार्थ के उच्चतर स्तरों को कामकाज देखने के लिए छोड़कर सरस्वती, लक्ष्मी और पार्वती आत्मतमाच्छादन और आत्मबोध की उसकी लीला को देखने पृथ्वी पर आती हैं।

युवा मैडोना और बकरी ने सगोत्रता और अद्वैतवादी पहचान के जिस अभूतपूर्व (चित्रकला की दुनिया में अभूतपूर्व, जहाँ तक मेरी जानकारी है) आलिंगन में एक दूसरे को बाँध रखा है, जिन न्यूनतम रेखाओं के साथ इस किशोरी की विस्मित आतुर करुणा को उकेरा गया है, और बकरी का वह भरोसा जिसके साथ वह सूँघ रही है, पृथ्वी के जोख़िमग्रस्त, अविभाज्य जीवन की नियति की प्रतीक्षा करती प्रजातियों के बीच का वह अन्तरशारीरिक साहचर्य—अंजली, इस सबका बयान करने के लिये मेरे पास शब्द नहीं हैं।

लेकिन, जीवन की मार्मिकता और मृत्यु के संकल्प के बीच कच्छप–योगी के हस्तक्षेप के बग़ैर फलक–२ में घटित आतंक का उभयलैंगिकता की अहिंसा में कायान्तरण महज़ भविष्यवादी जैवप्रौद्योगिकी का करतब प्रतीत होता; वह आत्मबोध का वह रूपक, स्वराज की वह प्रतिज्ञा प्रतीत न होता, जोकि वह है।

फलक–३ में उच्च भूमि पर स्थित चिन्तनशील त्रयी एक बार पुनः एक उस्ताद का कमाल है : ऐन्द्रिय अवधान से युक्त उनके चेहरों पर उकेरा गया सन्देह और उदासी और जिज्ञासामय एकाग्रता, और उसी तरह उनकी रूपायित उपस्थिति, जो अतिक्रामितावादी श्रमिकों के स्वर्गाकांक्षी अतीन्द्रीयीकरण के बरक्स है। पार्थिव पहचान का प्रतिनिधित्व करती नर–नारी की मिश्रित हरी आकृति, जिसकी झाड़फूँक का ओझाई उद्यम उतावलेपन के साथ रस्सी पर चढ़ती आकृतियाँ करना चाहती हैं, दैहिक यन्त्रणा की एक विचलित कर देने वाली तस्वीर है। असाधारण रूप से, हाँ। स्वराज शून्यता

शान्तिनिकेतन त्रिफलक, १९८५ | तैयब मेहता

के आकाश में स्थापित किसी उच्चतर इलाक़े में पलायन नहीं है, बल्कि आत्मा के आत्मकल्पनाशील आत्मबोध के उस असीम विस्तार के रूप में शून्यता के समूचे फलक की अभिस्वीकृति है, जो किसी भी तरह के और किसी भी स्तर के ''वस्तुभाव'' के अवरोध से रहित है।

यह गिरा हुआ, पसरा हुआ, उभयचर कच्छप-योगी है—न कुछ के भीतर से किसी कटे हुए सिर की भाँति निकली अपनी सटीक गर्दन के साथ आकाश और ज़मीन, शून्यता और आविर्भाव, दोनों जगहों पर स्थित—जो मुझे आश्चर्य से भर देता है। न तो ध्वज-स्तम्भ की भाँति ज़मीन पर स्थिर, न ही आकाश में अदृश्य, दिकूयो सब कुछ और न कुछ दोनों है। समस्त रूपों और रूपहीन शून्यता में आत्मा की आत्मछवि : अस्तित्व और रिक्ति के उस बन्धुत्व का प्रतिनिधित्व करता हुआ जो स्वराज है, आत्मा की सम्प्रभुता। किसी कछुए की भाँति उभयचर, उस उपमहाद्वीपीय वास्तविकता की परत की तरह जो जम्मू और कश्मीर में पाकिस्तान और हिन्दुस्तान प्रशासित क्षेत्रों तक फैली हुई है, वह एकमात्र जो स्वाधीनता के वध-स्थल पर दो लाख मासूम इंसानों की हत्या का प्रायश्चित कर सकता है।

रेडियोएक्टिविटी-जन्य विकृतियों के निशानों को धारण किये, और उस आत्मविकृति की पीड़ा को व्यंजित करता जिसे ऐकान्तिक आत्मपहचान की वजह से समस्त जीवन को भोगना पड़ता है, दिकूयो अपना लम्बा चिम्पांजीनुमा हाथ उदारता की मयूर मुद्रा में फैलाता है। उसकी अनामिका उसके अँगूठे से जुड़कर शून्य का एक वृत्त रचती है। और दूसरी अँगुलियाँ शून्य के उस वृत्त के अनुरूप मुड़कर सामंजस्य का चाप रचती हैं : किसी इच्छित रूप पर आत्मभाव को आरोपित करने की—और समस्त रूपों पर आत्मभाव आरोपित न करने की—उनकी प्रवृत्ति विदा ले चुकी है, लेकिन पूरी तरह नहीं, ताकि प्रतीति को अनस्तित्व से सुरक्षित रखा जा सके, समस्त रूपाकारों को आत्मा की आत्मछवियों की तरह देखा जा सके। स्वराज द्विधा प्रतीति के प्रति आत्मा की यही निष्पक्ष, परिवर्तनशील उदारता है।

त्रिफलक के फलक-१ और ३ के पार्थक्य के लिये फलक-२ का सुधारपरक समावेश आवश्यक है। ठीक वैसे ही जैसे फलक-२ का वैभव फलक-१ और २ की साफ़गोई से निखरता है।

और मेरे लिये इस चित्र का सर्वोत्कृष्ट क्षण ये है : कच्छप-योगी की हस्तमुद्रा त्रिफलक की काया में उम्मीद के एक बुनियादी आधार की तरह है, जो 'गुएर्निका' के फूल (जो टूटी तलवार थामे गिरे हुए सैनिक के हाथ के पास पड़ा है) के समतुल्य है। दोनों ही आत्मविकृत चेतना के भीतर आत्मबोध के जागने के प्रतीक हैं, स्वराज का आश्वासन।

अंजली, इस महत्त्वपूर्ण सादृश्य की ही वजह से मैं पिकासो की 'गुएर्निका' और तैयब के 'शान्तिनिकेतन त्रिफलक' को बीसवीं सदी की सहयात्री कलाकृतियों के रूप में देखता हूँ, जो त्रिफलक की मैडोना और बकरी के जोड़े की तरह, और पिकासो के बच्चे और कबूतर की तरह युग्मित, अलगाववादी आत्मग्रास के इस युग में समावेशी आत्मपहचान के सत्य की साक्षी हैं।

हर चीज़ दहकती हुई

त्रिफलक के साथ की यात्रा मेरे लिये सीखने का अनेकायामी अनुभव रहा है, अंजली, और मैंने पाया कि मैं त्रिफलक के साथ अपनी मुठभेड़ की रोशनी में अपर्णा कौर के हाल ही के दो चित्रों को देख रहा था। मैं इन दोनों चित्रों की अपनी समझ में तुमसे साझा करना चाहता हूँ। इनमें पहला है '१९४७' (१९९७) और दूसरा है 'वाटर वीवर' (२००१)। इसी के साथ हम उन दोस्तियों के बारे में भी बात करेंगे जो हिन्दुस्तान में लम्बी रेल यात्राओं के दौरान विकसित हो जाया करती हैं।

१९४७ जो, ज़ाहिर है, हिन्दुस्तान की छिन्नभिन्न आज़ादी का साल है, वह बरस है जिसमें बाईस वर्षीय तैयब मेहता का ऐकान्तिक आत्मपहचानों की नृशंसता से सामना हुआ था। और जिस १९९७ में अपर्णा की कृति '१९४७' रची गयी वह राजनैतिक वयस्कता के स्वराज में हिन्दुस्तान के आत्मविकृत प्रवेश की पचासवीं सालगिरह का बरस था। और २००१, जिसमें अपर्णा की कृति 'वाटर वीवर' की रचना हुई, उस इक्कीसवी सदी के उद्घाटन का बरस है जो पहले से ही गहरे विक्षोभ से भरी हुई है। हर चीज़ दहकती हुई प्रतीत होती है, जैसाकि बुद्ध ने अपने 'प्रथम प्रवचन' में घोषित किया था। लेकिन पानी बुनने वाली (वाटर वीवर) एक प्रभाव पैदा करती है, जैसे त्रिफलक में कच्छप-योगी, दिकूयो, करता है। जैसा कि बुद्ध करते हैं। और वे चिन्तनशील आकृतियाँ करती हैं, जिनमें तुम शामिल हो।

अपर्णा की कृति उनके अपने बाबा द्वारा पाकिस्तान से हिन्दुस्तान में किये गये पलायन से अनुप्राणित है। इस कृति में शक्ति के वाहन आदिवासी-सिंहों की आकृतियों के पैटर्न से युक्त लाल रंग की पृष्ठभूमि में एक धीर-गम्भीर, धर्मप्राण सिख अंकित है। वे सिंह उस सिख किसान की रक्षा कर रहे हैं जो अपने युगों पुराने आवास से निर्वासित अपनी जान बचाता भाग रहा है। उसके कन्धे पर एक बादल लटक रहा है (उसकी देह को अन्न उपजाने के लिये बारिश) और उसके सिर पर एक रहल है जिस पर उसकी पवित्र पुस्तक रखी हुई है (उसकी आत्मा को पोषण देने के लिये पवित्र शब्द)। सन्दिग्ध "अन्य" परिकल्पित "आत्मा" द्वारा निर्वासित है, जो मनुष्यता के अभीष्ट रूप से पूरी तरह तदाकार है।

तबाही के बीच आस्था का मर्मस्पर्शी चित्र। सिर पर बोझ नहीं है, बल्कि वह उस आत्मा के आकाश की भारहीनता का आशीष धारण किये हुए है, जो अन्य वस्तुओं के विरुद्ध उनसे भारी

वाटर वीवर, २००१ | ५'×६'
ऑयल ऑन कैन्वस | अपर्णा कौर

'१९८७' १९९७ | ५'×६'
ऑयल ऑन कैन्वस | अपर्णा कौर

या हल्की कोई वस्तु नहीं है (आकाश यहाँ पूरी तरह अदृश्य है, त्रिफलक की भाँति महज़ संक्षिप्त नहीं है), बल्कि सर्वसमावेशी रिक्ति है, आत्मा के आत्मबोध की असीमता। हृदय भरा हुआ है कृषि की आत्मा की आत्मकल्पना के पुनरुज्जीवन की उम्मीद से (रिक्ति के करुणामय अश्रुओं, बारिश, से अशीषी हुई भूमि की स्वयंपर्याप्तता)। मस्तिष्क विवरणहीन आत्मबोध में तल्लीन होने के भरोसे नहीं छोड़ दिया गया है न ही लुप्ति में बिला जाने वाले जीवन के भरोसे। यहाँ श्रम और आस्था की घनिष्टता त्रिफलक के बलि–स्तम्भ के पैताने स्थित मैडोना और बकरी की उम्मीद से भरी संग्रथितता से भिन्न नहीं है। यह उन्मूलित किसान पानी पर चल रहा है, चमत्कारपूर्ण ढंग से (बीस लाख समाप्त हो गये थे), लेकिन यह रक्त की नदी है जिसे वह पार कर रहा है। (प्रतीयमान ऐकान्तिक आत्म और आरोपित, आशंकित अनात्म के बीच के घर्षण द्वारा सुलगायी गयी आग में हर चीज़ जल रही है। जिस वक़्त मैं यह लिख रहा हूँ, रेडियो से आता समाचार बुद्ध के निर्णय की पुष्टि कर रहा है, भारत जिम्बाब्वे के हाथों पराजित हो गया है)।

जिस तरह त्रिफलक में दिकूयो वध–स्थल पर उम्मीद से भरे जीवन की जगह लेने को तैयार है, 'वाटर वीवर' में पालथी मारे बैठी एक बुनकर है (किसी करघे के बिना, उससे इतर किसी भी चीज़ के बिना, जो तैयब की १९९७ की कृति 'डांसिंग फ़िगॅर' की याद दिलाती है)। यह स्त्री आग के एक दरख़्त के तले बैठी आत्मपहचान में एक रूपान्तरण को बुनने को तैयार है : उसकी आँखें संसार को एक कला की तरह, या निर्मिति–की–प्रक्रिया–में–कला की तरह, स्वीकृत करने की प्रक्रिया में पूरी तरह खुली हुई हैं, दोनों हाथों की अँगुलियाँ अँगूठे की सीध में हैं, ''अन्यता'' की परिकल्पना करने वाली उनकी आरोपधर्मिता विदा ले चुकी है।

आत्मबोध की उसकी बुनने की हस्तमुद्रा से पानी निकलकर बह रहा है। यह पानी जीवन को ख़तरे में डालते शत्रुभाव की आग को बुझाने के लिये, आत्मा की आत्मछवि को, समावेशी रिक्ति के दृष्टान्तों को, रूपायित करने, अलगाववादी वस्तुभाव और खोखलेपन के बीच मध्य–स्थल दर्शाने को बह रहा है : उत्सवधर्मी, प्रबुद्ध, जीवन। (कृष्ण लीला और बुद्ध धर्म)।

वह भागता हुआ सिख दरअसल प्रदक्षिणा के क्रम में दुनिया का चक्कर लगाने की कोशिश कर रहा है, ताकि वह, उम्मीद है, ऐकान्तिक आत्मपहचानों से रहित एक उपमहाद्वीप में लौट सके। पानी को बुनने वाली दुनिया को गोल घुमा रही है, ताकि आत्मबोध का सूर्य दुनिया के सबसे अँधेरे स्थलों को रोशन कर सके। इस प्रक्रिया में वह अविकृत आत्मबोध के साथ अपनी जगह पर बैठी हुई है। उसकी पूरी तरह खुली हुई आँखें समस्त दुनियाओं में सर्वाधिक जमी हुई आत्मपहचानों में आत्म–परिपृच्छा की जागृति के प्रति चौकन्नी हैं। उसके बुनते हुए हाथ अथक ढंग से मार्गदर्शन कर रहे हैं। हमारे समय के लिये एक सशक्त बुद्ध आत्मछवि, एक श्री रमण महर्षि आत्मछवि, आकाश से उतरे उस स्वर की तरह नारी रूप जिसने १८९८ में स्वामी विवेकानन्द को कश्मीर में आश्वस्त किया था कि वही है जो सारी आध्यात्मिक परम्पराओं की रक्षा करती है, ये परम्परायें उसकी रक्षा नहीं करतीं।

जिस वक़्त मैं तैयब मेहता के 'शान्तिनिकेतन त्रिफलक' पर केन्द्रित अपने इस सांगोपांग चिन्तन की अन्तिम पंक्तियाँ लिख रहा हूँ, मुझे अहसास है कि यह चित्रकार हाल के दिनों में मुम्बई में गम्भीर

रूप से बीमार रहा है। मैं कच्छप-योगी और मैडोना बकरी से, चिन्तनशील साक्षियों से, प्रार्थना करता हूँ, अंजली, कि वे इस कलाकार को जीवन के अनेकानेक सक्रिय वर्षों का आशीर्वाद प्रदान करें : और उसके समकालीनों पर उसकी कला के बहुपक्षीय प्रभाव के बोध का तथा दुनिया भर की भावी पीढ़ियों द्वारा एक आधुनिक उस्ताद के रूप में उसकी खोज की अपरिहार्यता का आशीर्वाद।

शुक्रिया, तैयब।

अंजलि

बंगाली मार्केट के नाथू रेस्तराँ में नाश्ता करने के बाद मैं फुर्ती से अपने कमरे में ''सेल्फ़ एण्ड एम्प्टीनेस'' विषय पर अपने उस व्याख्यान पर काम करने लौट आया जो मुझे शाम को इण्डिया इण्टरनेशनल (आइआइसी) में देना था, जिसमें मैं तैयब मेहता के 'शान्तिनिकेतन त्रिफलक' की मदद लेने वाला था। इस मूल कैनवस को मैंने इस अवसर पर मंच-सज्जा के लिये चुना था। मुझे यह कलाकृति उपलब्ध कराने का आश्वासन अंजलि ने दिया था जो उस समय एनजीएमए की निदेशक थी।

पूरे दिन अपने नोट्स पर पागलों की तरह काम करने के बाद शाम पाँच के आसपास मैंने आइआइसी की ओर प्रस्थान करने का निश्चय किया। एक मजबूत दीखते तिपहिये में बैठने के बाद मैं जल्दी ही कोपरनिकस मार्ग पर धचके खाता बढ़ रहा था। आधा रास्ता पार करने के बाद मुझे इण्डिया गेट सर्किल पर हमेशा की तरह वह ख़ाली मण्डप दिखायी दिया, लेकिन उस दिन मेरे लिये उसका ख़ास महत्त्व था और इसलिये मैं उसपर से अपनी नज़रें नहीं हटा सका। (और मैंने एडिनबरा की आँखों की डॉक्टर के शब्दों को याद किया, ''तुम ख़ासे घूरने वाले हो!'', और मैं जिज्ञासु ढंग से पलकें झपकाने लगा)। मैं सोचने लगा कि उस ख़ाली मण्डप में गाँधी की मूर्ति स्थापित करना हास्यास्पद होगा। यह एक ऐसे फकीर की मूर्ति को एक साम्राज्यवादी पिंजरे में रखना होगा जो जीवन भर खुले आकाश के नीचे रहा। वहाँ उसकी मूर्ति स्थपित करना कुछ इस तरह का संकेत देना होगा जैसे उसे ब्रितानी साम्राज्य के एक सामान्य राजकुमार की तरह हिन्दुस्तान पर शासन करने के लिये जॉर्ज पंचम का आवरण विरासत में मिला हो। हिन्दुस्तान में हर समय साम्प्रदायिक शान्ति की भंगुरता की जो स्थिति बनी रहती है उसको देखते हुए और अयोध्या में रामजन्मभूमि आन्दोलन के निरन्तर जारी रहने को देखते हुए, इस बात की भी सम्भावना थी कि हिन्दू कट्टरपन्थी इस मण्डप तले राम की मूर्ति स्थापित करने का अभियान छेड़ देते, जिसकी सूर्यवंशी दिव्य सम्प्रभु पीठ सूर्य की ओर मुड़ी होती! या शासन की ज़िम्मेदारियों से दूर।

स्कूटर इण्डिया गेट इलाक़े का चक्कर काट रहा था, लेकिन मैं रुक गया और मैंने उस मण्डप के क़रीब वाहन छोड़ दिया ताकि मैं अपने व्याख्यान के होमवर्क के तौर पर उसको एकबार क़रीब से देख सकता (अंजलि ने मुझे वहाँ से ले जाने का इन्तज़ाम कर रखा था)।

इण्डिया गेट पर किंग जॉर्ज पंचम के मण्डप के सामने गाँधी की शवयात्रा, १९४८

मन में गाँधी की अन्त्येष्टि के उस विशाल जुलूस की बचपन की स्मृतियाँ उमड़ पड़ीं, जो मण्डप के चारों ओर (तब जॉर्ज पंचम की मूर्ति वहाँ स्थापित थी) बाढ़ के पानी की तरह उमड़ रहा था और, जिस तरह ब्रितानी साम्राज्य ने "भारत छोड़ो" गाँधी के आह्वान के प्रतिकार में "भारत विभाजन" किया था उसके प्रति क्रोध की अभिव्यक्ति स्वरूप वह बाढ़ हाल ही में परास्त सत्ता के सिंहासन को डुबा लेने के लिये रायसीना हिल की ओर बढ़ने की धमकी देती लग रही थी : वायसराय पैलेस, विमुख नौकरशाही का सचिवालय जिसने हिन्दुस्तान पर अत्याचारी ढंग से या धृष्ट नस्लपरक और साभ्यतिक श्रेष्ठता के कृपा के भाव से भरे हुए अनुग्रह के साथ शासन किया था। ऐसा कुछ नहीं हुआ। शोकाकुल लोगों का ज्वार कुछ समय के लिये थमा और फिर उस सन्त-शहीद के दाह-संस्कार के लिये और उसे शाश्वत भारत की गोद में वापस पहुँचाने पूरब की दिशा में यमुना किनारे की ओर बढ़ गया। लगा जैसे मैं मूर्छित हो रहा था।

और तभी मेरे कानों में एक बस के ब्रेक लगने की आवाज़ पड़ी, जो मुझसे बहुत दूर नहीं थी। और बस की ड्राइवर की खिड़की से अंजलि की चिरपरिचित आवाज़ सुनायी पड़ी : "तुम्हें व्याख्यान के लिये देर हो जायेगी। त्रिफलक बस में (एनजीएमए का वाहन) मेरे साथ है—तीनों पैनल। अन्दर आ जाओ।" मुझे उसकी सलाह अक्लमन्दीपूर्ण लगी और मैं ड्राइवर की उसकी सीट की बग़ल की सीट पर चढ़ गया। सफ़ेद चूड़ीदार पर उसका पीला कुर्ता शाम की धूप में चमक रहा था।

"तुम आईआईसी के लिये कौन-से रास्ते से चलना चाहते हो," उसने तथ्यात्मक अन्दाज़ में पूछा। "मैं चाहता था कि मैं पहले रमण केन्द्र चलकर ऋषि का आशीर्वाद प्राप्त करता। वह रमण महर्षि मार्ग पर साईं बाबा मन्दिर के पास है," मैंने कहा। "निश्चय ही," उसने तत्काल जवाब दिया और बस सुजान सिंह पार्क एरिया की ओर बढ़ चली जहाँ से दक्षिण की ओर रमण महर्षि मार्ग आगे निकलता है। अपने मजबूत हाथों से (कुर्ते की बाँहें चढ़ी हुई थीं) बस के स्टीयरिंग को घुमाते हुए उसने मुझसे पूछा कि मेरे व्याख्यान का मार्गदर्शी विचार क्या था। "मयूर मुद्रा," मैंने कहा, और अपने बाँयें हाथ से उस मुद्रा को प्रदर्शित किया। उसने बाँयें हाथ से स्टीयरिंग थामें हुए अपने दाँये हाथ से उस मुद्रा की नक़ल की और तभी वह हुआ।

नेशनल गैलरी ऑफ़ मॉडर्न आर्ट की बस—जिसमें त्रिफलक के पैनल रखे हुए थे (जिनको एक के काला लबादाधारी भिक्षु ने सँभाल रखा था जिसने अपने आप को हाड़-मांस के व्यक्ति में रूपान्तरित कर लिया था) और ड्राइवर की सीट पर अंजलि और शाम को व्याख्यान देने वाला उसकी बगल में—यह बस किसी हवाई जहाज़ की मानिन्द पण्डारा रोड से उड़ी और जल्दी ही गोल्फ़ लिंक्स के ऊपर मँडराने लगी। "तुम मुझे कहाँ लिये जा रही हो, अंजलि?" मैंने पूछा। "क्यों, रमण केन्द्र चल रही हूँ, या कहीं तिरुवन्नामलई के आश्रम में तो नहीं चलना है," उसने कहा और ज़ोर से हँस पड़ी। "अगर तुम्हारे गुरु की यही इच्छा हो, तो हम अभी भी आइआइसी में व्याख्यान के समय तक वापस लौट सकते हैं," उसने हँसना बन्द किये बग़ैर कहा।

हम दक्षिण की ओर आकाश में उड़े जा रहे थे, और हमारे नीचे हिन्दुस्तान के खेत किसी तेज़ बहती नदी की तरह ग़ायब होते जा रहे थे। विंध्याचल के ऊपर से गुज़रते हुए जादुई तेजी के साथ अँधेरा

गहराने लगा, और जल्दी ही हम अरुणाचल पर्वत के ऊपर मँडरा रहे थे। ''ओम श्री अरुणाचलाय नमः'' मैंने मन्त्र बुदबुदाया, और जब मेरा ध्यान नीचे उन झिलमिलाती रोशनियों की ओर गया जो रमणाश्रम की रोशनियाँ प्रतीत हो रही थीं, तो मैंने कहा, ''ओम श्री रमणाय नमः।'' शालीन पायलट अंजलि ने रमणाश्रम की दिशा में दण्डवत की मुद्रा में बस को गोता लगा दिया, जिससे त्रिफलक के पैनल एक दूसरे के ऊपर गिर पड़े, लेकिन हट्टेकट्टे भिक्षु ने उनको फुर्ती के साथ सँभाल लिया। ''सॉरी!'' अंजलि ने भिक्षु की ओर मुस्कराते हुए कहा जो किसी कबूतर की भाँति पलकें झपका रहा था।

आश्रम से रोशनी का एक विशाल प्रवाह उठा और उसने तेजी के साथ हमारी बस की ओर बढ़ते हुए उसको सुनहरी आभा से घेर लिया और (मात्र) वाहन को पूरी तरह अपार्थिव बना दिया। पैनल दूर बह गये, और उनके पीछे अंजलि की क्रिकेट कैप बह गयी, जिसके पीछे वह भिक्षु बह गया, जैसे किसी साइंस-फिक्शन फ़िल्म की स्पेस-यात्रा में होता है। अंजलि और मैं पृथ्वी की चुम्बकीय शक्ति की अवज्ञा करते हुए हवा में लटके रह गये। आश्रम की मिसाइल की तेजी से धीमी पड़ती रोशनी में हम एक दूसरे के लिये धुँधले से ढंग से दिखायी दे रहे थे।

''मुझे फिर से बताओ मयूर मुद्रा किस तरह बनायी जाती है,'' अंजलि ने अपने स्वभाव के अनुरूप शान्त स्वर में कहा। मैंने मुद्रा बनायी और उसने भी बनायी। सहसा हमने अपने आपको आकाश में हाथ से खींचे जाने वाले एक बड़े भारी रिक्शे के हैंडिल के पीछे पाया। भिक्षु बहता हुआ (दिलचस्प ढंग से १९९४ के 'फ़ालिंग फ़िगर' की भाँति) आया और हैंडिल के पीछे अंजलि के बायीं ओर खड़ा हो गया। मैं अंजलि के दाँयीं ओर खड़ा था। क्रिकेट कैप किसी डाकिये कबूतर की तरह लौटी और आराम से अंजलि के सिर पर बैठ गयी। पैनल—चमकीले घूमते हुए स्मारक स्तम्भ—रिक्शे में सुरक्षित ढंग से फिसल रहे थे : एक, दो, तीन।

उनकी जुगनू रोशनी के मार्गदर्शन में हमने रिक्शे को बिना किसी अतिरिक्त उद्यम के अपने पैर घसीटते हुए पवित्र पहाड़ी की चोटी की ओर धकेला। और जब हम उसके एकदम क़रीब पहुँच ग़ये तो हमने धीमी गति से उसकी प्रदक्षिणा की।

आश्रम से रोशनी का एक गुबार उठकर हमारी ओर बढ़ा और उसने हमें अपनी बकरीनुमा सफ़ेदी की चमक से नहला दिया। मैंने अपनी चेतना खो दी।

जो अगली चीज़ मुझे याद है, वह है अंजलि का स्वर, जो कह रहा था : ''जागो रामू। मुझे लगा घास पर तुम्हारी झपकी लग गयी थी, और मैं ख़लल नहीं डालना चाहती थी। लेकिन तुम्हें आधा घण्टे बाद आईआईसी में व्याख्यान देना है। ख़ाली मण्डप से अपने नोट्स उठाओ और बस में बैठो। त्रिफलक अपने तीनों पैनलों समेत उसमें है। एनजीएमए के कर्मचारी मंच पर उनको जमाने में तुम्हारी मदद करेंगे।'' हम एकसाथ पैसेंजर सीट पर बैठ गये। बस का अपना नियमित ड्राइवर उसमें था। तान्त्रिक भिक्षु का कहीं कोई निशान नहीं था। वह कपड़े से ढँके उस पैनल में वापस चला गया होगा जिसपर (१) अंकित था। अंजलि ग्रे रंग की साड़ी और ब्लाउज़ पहने हुए थी। और उसकी क्रिकेट कैप कहाँ गयी?

शान्तिनिकेतन त्रिफलक | फलक–२ | विवरण | तैयब मेहता

जैसे ही हमारी बस पण्डारा रोड पर पहुँची, अंजलि ने मुझसे पूछा कि मेरे व्याख्यान का मार्गदर्शी विचार क्या था, और क्या मैं चाहूँगा कि ड्राइवर रमण महर्षि मार्ग वाला आईआईसी का थोड़ा-सा अलग रास्ता पकड़े ताकि मैं व्याख्यान के लिये महर्षि का आशीर्वाद प्राप्त कर सकूँ। ''मयूर मुद्रा मेरा मार्गदर्शी विचार है, लेकिन हम सीधे आईआईसी ही चलते हैं,'' मैंने अन्दरूनी घबराहट के साथ कहा।

जब तक हमारी बस सुरक्षित आईआईसी की पार्किंग में नहीं पहुँच गयी तब तक मैंने अंजलि को मयूर मुद्रा बनाने का ढंग नहीं बताया। व्याख्यान के बाद मैंने त्रिफलक पर नोट लेना बन्द कर दिया और इस पुस्तक पर काम करना शुरू कर दिया, व्याख्यान-स्थलों पर बस से जाने से गुरेज़ करने लगा।

तैयब के 'शान्तिनिकेतन त्रिफलक' के साथ मेरी यात्रा १९८५ में आरम्भ हुई, जब मैं उनसे और उनकी पत्नी सकीना से मिलने मुम्बई में उनके ज़ुहु स्थित फ़्लैट पर गया, और तैयब ने मुझे त्रिफलक के फ़ोटोग्राफ़िक नैगेटिव दिखाये। जब १९८५ में एनजीएमए ने दिल्ली में यह कलाकृति हासिल कर ली तब उसके कुछ समय बाद ही मैं उसके वास्तविक रूप को देख सका। और इन तमाम वर्षों के दौरान मैंने उससे सीखना बन्द नहीं किया, जो अद्वैत वेदान्त की शिक्षाओं को धीरज के साथ समझने का मेरा कार्यकाल भी रहा है, ख़ासतौर से इन शिक्षाओं को उस रूप में समझने का जिस रूप में हमारे समय में श्री रमण महर्षि ने उनको हमें सौंपा है। यह चित्र और यह शिक्षा मेरे लिये एक दूसरे को रोशन करती रही हैं।

मैं नहीं जानता कि मैं कहाँ पहुँचा हूँ, अंजलि, लेकिन अब मुझे लग रहा है कि यह यात्रा अपने अन्त पर पहुँच गयी है, निश्चय ही एकबार फिर से शुरू होने के लिये जैसाकि यात्राओं के साथ होता है। यह एक लम्बी यात्रा थी जो इस पुस्तक को लिखने के दौरान तुम्हारी उपस्थिति के बिना बहुत अकेलेपन से भरी होती : वह उपस्थिति जो रहस्यमय ढंग से दिमाग़ पर छा जा जाने वाली ख़ूबसूरती से युक्त मौद्गिल्यानी डिज़ाइन के रूप में त्रिफलक में भी है, वैसा ही रूप जैसा मेरी बेटी लीला का है। तुम दोनों को आशीर्वाद।

उपसंहार

"एक मिनिट रुको, तुमने तैयब मेहता की कृति 'शान्तिनिकेतन त्रिफलक' और अद्वैत वेदान्त तथा श्री रमण महर्षि की शिक्षाओं के लिये 'स्वराज' की संज्ञा दी है। तुम्हें इस यात्रा का, या यात्रा के इस संस्करण का, समापन स्वराज पर कुछ विचार के साथ और रमण महर्षि की कहानी के साथ करना चाहिए। सॉरी, लेकिन तुम्हें यह काम करना होगा!" अंजलि कहती है, जो उसी तरह चौकस है जिस तरह फलक एक की सच्ची उद्विग्नता से भरे समूह में एकदम दायीं ओर उसका क्लोन भी है।

मैं इस वाजिब अपेक्षा को पूरा करने की कोशिश करूँगा, अंजलि। ओम श्री रमणाय नमः।

हिन्दुस्तान में सन्त और फकीर कभी-कभी अपने शिष्यों को जाप के लिये कोई पवित्र मन्त्र, या उनके पहनने के लिये कोई अभिमन्त्रित तावीज़ देते हैं, ताकि सुख और शान्ति और स्वतन्त्रता की उनकी खोज में उनको मदद मिल सके। गाँधी ने भी अपने देशवासियों को उस वक़्त एक ऐसा ही मन्त्र दिया था, एक विचार या चेतावनी, जब वे देशवासी स्वराज को हासिल करने की सारी उम्मीदें खोने लगे थे। यह मन्त्र हिन्दुस्तान को कम से कम उस नस्लवाद—एक नस्ल के दूसरी नस्ल पर हुकूमत करने का तथाकथित हक़—से मुक्त करने के लिये था जो हिन्दुस्तान पर अँग्रेज़ों की फ़तह और नियन्त्रण में निहित था। उन्होंने जो कहा था वह ये है, ठीक-ठीक उनके शब्दों में नहीं, लेकिन उनके नुस्खे का सार।

"जब स्वराज की खोज में तुम्हारा विश्वास डगमगाने लगे या तुम अपने रास्ते से भटकने लगो, तो अपने मन में यह अभ्यास करना : जिस सबसे ज़्यादा दुखी और दलित व्यक्ति को तुम जानते हो उसका चेहरा याद करना, और अपने आप से पूछना कि क्या तुम्हारे जीने के ढंग में उस व्यक्ति को उसकी अपनी ज़िन्दगी पर नियन्त्रण के थोड़ा भी क़रीब ला सकने की, उसको स्वराज के क़रीब ला सकने की, कोई सम्भावना है। तुम अपने सन्देह और निराशा को दूर होता पाओगे, स्वराज की ओर तुम्हारी यात्रा फिर से शुरू हो जायेगी।"

एक प्रभावशाली मन्त्र।

लेकिन अंजलि ने मुझसे स्वराज पर चिन्तन पेश करने को कहा है, न कि गाँधी की या किसी और

की उसकी अवधारणा की महज़ सूचना देने को। इसलिये मैं गाँधी के मशविरे में निहित भावना पर आत्मचिन्तन की शक्ल में उनके मन्त्र पर एक पादटिप्पणी जोड़ने की कोशिश करता हूँ। (रमण मेरी मदद कीजिए!)

जिस सबसे ज़्यादा दुखी व्यक्ति को मैं जानता हूँ वह वो व्यक्ति है जिसे मैं तब देखता हूँ जब मैं आईने में झाँकता हूँ, वह व्यक्ति जिसे मैं पूरी तरह स्वयं को मानता हूँ : मेरी इष्ट आत्मपहचान। वह भूखा, बेघर या बिरादरी से निकाल दिया गया नहीं है, उसकी हालत इस सबसे बदतर है। वह अपने इस विचार के स्तर पर आत्मविकृत है कि ''मैं उसके विरुद्ध यह हूँ। हम उसके विरुद्ध यह हैं।'' वह दासता में है। वह माग्रीत के चित्र की वह आकृति है जिसने अपने आपको अपने मानवीय और सुरुचिपूर्ण रूपाकार से तदाकार कर रखा है, जो जब आईने में देखता है तो उसे अपना चेहरा नहीं बल्कि अपनी पीठ दिखायी देती है। उसने आत्मबोध का अपना चेहरा खो दिया है। (इस चित्र का शीर्षक एकदम सटीक है : 'नॉट टु बि रिप्रोड्यूस्ड'। आत्मबोध से वंचित कोई प्रजाति टिक नहीं सकती)।

अगर इस कड़वे आत्मपरिचय की स्थिति में मैं इस विचार में प्रतिबिम्बित आत्मबोध प्रवेश करने की सामर्थ्य और अनुग्रह हासिल करता हूँ कि ''मैं आत्मा हूँ, असीम आत्मबोध। समस्त मनुष्यता, जिसमें वह मनुष्य भी शामिल है जोकि मैं हूँ, समस्त निर्जीव पार्थिवता, और इस सबको घेरती शून्यता, आत्मा की आत्मछवियाँ, या सम्भवनशील आत्मछवियाँ हैं,'' तो मैं संसार के दुख के साथ एक आरोग्यप्रद, मुक्तिदायी सम्बन्ध बनाऊँगा, और स्वराज के, आत्मबोध के, सारे संघर्ष में अपना नाम जोड़ूँगा। केवल तभी। फिर मैं दयनीय, या व्यर्थ ही दयनीय महसूस नहीं करूँगा। मैं कच्छप-योगी जैसा दिखना तक शुरू कर दे सकता हूँ।

अब रमण की कहानी। जब अरुणाचल का यह ऋषि १९५० में (हिन्दुस्तान को स्वतन्त्रता का मार्ग दिखाने के बाद!) तिरुवन्नामलई में अपनी कुटिया में अपनी मृत्यु-शैया पर पड़ा हुआ था, तो उसका प्रिय शिष्य, एक सफ़ेद मोर, अपने गुरु की कुटिया के छप्पर पर जा बैठा और अपने देदीप्यमान गुरु की सम्भावित मृत्यु के शोक में ज़ोर से चीख़ पड़ा। रमण महर्षि के जो अन्तिम शब्द दर्ज़ हैं उनमें उनके मोर शिष्य (अहंकार, आत्मा का सबसे हठधर्मी किन्तु आत्मीय शिष्य, जिसका विद्रूप रूप यह है) के बारे में उनका व्यग्र प्रश्न शामिल है। ''तुमने उस पक्षी को उसका खाना दे दिया?'' उन्होंने पूछा। अहंकार, वह चाहे वैयक्तिक हो या सामूहिक, के लिये आत्मज्ञान का पोषण आवश्यक होता है, न कि आत्मविकृति की सुखभ्रान्ति या मोहभंग।

तो ये रहे, अंजलि, पाण्डुलिपि और उपसंहार, तुम्हारे लिये।

टिप्पणियाँ और सन्दर्भ

इस पुस्तक में दी गयी तैयब मेहता की जीवनीपरक जानकारी वढेरा आर्ट गैलरी के कैटलॉग से ली गयी है, साथ ही तैयब के अपने बारे में दिये गये वक्तव्यों से और उनके चित्रों के कालक्रम से भी।

अध्याय

१.

हिन्दुओं के शास्त्रीय और लोकप्रिय चित्रों और शिल्पों में देवताओं, ऋषियों और सन्तों को प्राय: अर्धनिमीलित या ''पलक झपकाती'' आँखों के साथ प्रस्तुत किया गया है, उदाहरण के लिये शिव, गुरु नानक, और श्री रामकृष्ण को भी, जैसा कि इस पुस्तक में प्रकाशित उनके उन्नीसवी सदी के फ़ोटोग्राफ़ से ज़ाहिर है। यथार्थ आत्मा है, न कि कोई अन्य चीज़ जिसकी ओर हमें विस्मय से घूरने की ज़रूरत है। न ही, इसी वजह से, हम उसे 'नज़रों से ओझल' होने दे सकते हैं, उसके प्रति आँखें मूँद सकते हैं। पलकें झपकाना आत्मज्ञान की सुरक्षा की अत्यन्त आकर्षक छवि है; और अर्ध-निमीलित नेत्र आत्मा की अनवरत आत्मकल्पना का, उसकी क्रीड़ा का, आह्लाद है। (काम-वासना का आनन्द, उसमें निहित प्रजनन की सामर्थ्य के प्रच्छन्न आत्म-ज्ञान के साथ, यानी जैवपरक आत्मकल्पना के साथ, आध्यात्मिक आह्लाद की संरचना को प्रतिबिम्बित करता है, इससे उलट स्थिति को नहीं)। श्री रामकृष्ण के मातृवत वक्ष की उभयलैंगिकता को छायाचित्र में धर्मपरायण ढंग से छिपाया नहीं गया है।

२.

तस्वीरों के नीचे अंकित बोरिस पास्तरनाक की पंक्ति और आन्द्रेइ तारकोव्स्की के शब्द फ़िल्म स्टाकर (१९७९) से हैं, और इस पुस्तक में सिनेमा पर आन्द्रेइ तारकोव्स्की की पुस्तक स्कल्पटिंग इन टाइम (फेबर एण्ड फेबर, १९८६) से उद्धरित हैं। जब फ़िल्म के अन्त में आखेट-खोजी, उस वैज्ञानिक और लेखक से अपने मोहभंग के बाद, ''जो अपनी हर साँस

के लिये भुगतान चाहते हैं'', अपने घर अपनी विरक्त पत्नी के पास लौटता है, तो वह उससे कहता है, ''अब मैं इस तरह के लोगों को कभी ज़ोन में नहीं ले जाऊँगा।'' ''लेकिन तुम्हारे मन में उनके प्रति भी करुणा होनी चाहिए,'' उसकी पत्नी का विस्मित करने वाला जवाब होता है, और वह अपने पति से पूछती है कि वह उसको ज़ोन में कब ले जा रहा है।

यहाँ केवल बौद्ध करुणा ही नहीं है बल्कि आध्यात्मिक सरपरस्ती में पुरुष एकाधिकार को लेकर शालीन प्रश्नाकुलता भी है। त्रिफलक की चिन्तनशील स्त्रियाँ, ख़ासतौर से नाटकीय ढंग से फलक-३ में, गुह्य अनुष्ठान और विचारधारापरक अन्वीक्षा में लैंगिक अलगाव की वैधता पर सवाल उठाती हैं।

एक कुत्ता ज़ोन से वापस आते हुए आखेट-खोजी का पीछा करता रहा है। फ़िल्म के आख़िरी दृश्य में आखेट-खोजी और उसका परिवार (विकलांग बच्चा अपने पिता के कन्धे पर, दूर देखता हुआ) अपने नये कुत्ता-साथी के साथ स्वर्ग या नर्क (ज़ोन या गुलाग) की ओर चले जा रहे हैं। यह दृश्य सशक्त ढंग से एक रहस्यमय कुत्ते के साथ पाण्डवों और उनकी पत्नी की अन्तिम, हिमालय-यात्रा का संकेत देता है।

पूरी सम्भावना है कि त्रिफलक की मैडाना स्वर्गारोहण के प्रस्ताव से इन्कार कर देगी अगर उसकी बकरी-माता को उसके साथ जाने की अनुमति नहीं जाती, उसी तरह जिस तरह युधिष्ठिर अपने साथी श्वान तीर्थयात्री के बिना अलौकिक विमान में स्वर्ग ले जाये जाने से इन्कार कर देते हैं।

स्टाकर में वैज्ञानिक और लेखक अपने परमाणुविक औज़ार से ज़ोन (उजड़ी हुई पृथ्वी) को ख़ुशी-ख़ुशी नष्ट कर देंगे। आखेट खोजी इसकी बजाय उसको आत्म की आत्मछवि के रूप में—समस्त रूपाकारों और रूपहीनता के क्रीड़ा-स्थल के रूप में—उसकी वास्तविक स्थिति में लौटाना चाहेगा।

५.

यह कठोपनिषद (II. I. १२, १३) में है कि जो सत्ता हमारे अस्तित्व के मर्म में, आत्मा में, वास करती है वह एक अँगूठे से बड़ी नहीं है।

इसे औपनिषदिक चिन्तन के पूर्व-दार्शनिक लक्षण की तरह देखे जाने की सम्भावना है, या बहुत से बहुत यौगिक एकाग्रता की एक गुह्य कल्पना के रूप में। बाद वाली परिकल्पना सम्भाव्य है, लेकिन पहले वाली नहीं। गुरु की कृपा से जो एक विचार मेरे मन में आया वह यह है कि आत्मभाव के इस चित्रण में अँगूठे का बिम्ब स्पष्ट तौर पर आत्मा के आत्मबोध में अन्तर्निहित आत्मपहचान की सन्दर्भ-रहित विधि की ओर (''अँगुली से संकेत करने'' करने के ढंग की ओर नहीं) ध्यान आकर्षित करने का काम करता है। भाषा और सत्तामीमांसा के दर्शन के लिये कठोपनिषद के श्लोक (II. I. १२, १३) को पठन और चिन्तन के लिये अनिवार्य बनाया जाना चाहिए।

"तत् त्वं असि", "तुम वह हो", छान्दोग्य उपनिषद (VI. ८. ७) का अविश्वसनीय रूप से चमत्कृत करने वाला रहस्य है। श्वेतकेतु नाम के एक शिष्य, ब्रह्म (सर्वसमावेशी चैतन्य) के एक जिज्ञासु, को उसका ऋषि गुरु सीधे सम्बोधित कर कहता है कि जिस ब्रह्म को जिस सर्वसमावेशी चैतन्य को वह जानना चाहता है वह स्वयं वह, अर्थात् श्वेतकेतु, है। वह जो परम विस्तीर्ण है, असीम है, आत्मा का आत्मबोध है, और जो उसकी प्रत्येक आत्मछवि भी है जिसमें श्वेतकेतु और उसके गुरु के मानवीय रूप शामिल हैं। सम्बोधन वह चीज़ है जो स्वीकृत वेदान्तीय उपदेश के दृष्टि से आदतन ओझल कर दिये गये आयाम का स्मरण कराता है : वार्तालाप और संवाद (जिसमें हमें सम्बोधन ले जाता है) के वातावरण की पुनर्स्थापना जो आत्मजिज्ञासा के एकाकी आत्मचिन्तन से कम बुनियादी महत्त्व की चीज़ें नहीं हैं।

त्रिफलक का अपना एक चेहरा है और उसके चेहरे सम्बोधन की भंगिमा में हमारी ओर मुड़े हुए हैं, और केवल उसके विस्मयकारी वधिक की रूपरेखा नहीं (जो एकबार पुन: उभयलिंगीय ढंग से वार्तालाप शुरू करने की मुद्रा में हमारी ओर मुड़ी हुई है)। इस पुस्तक के समूचे मज़मून के दौरान तुमसे लगातार बातचीत करते रहने के पीछे, अंजली, यह दार्शनिक औचित्य रहा है : यह लेखक को—और उम्मीद है, पाठक को—इस बात के लिये तैयार करता है कि वह चित्र के साथ अपने प्रत्यक्ष रिश्ते को दृष्टि से ओझल न होने दे, जिस तरह वह अपने उस दोस्त के साथ के रिश्ते को ओझल नहीं होने देना चाहता जो उसे आत्माच्छादन के बीच आत्मज्ञान में, आत्मसन्देह के बीच उम्मीद में वापस लाता है।

अश्वत्थ वृक्ष, जिसकी जड़ें रिक्ति के आकाश या आत्मा के आत्मबोध के असीम क्षेत्र में फैली होती हैं, जिसके फल ज़मीन पर हर ओर फैले होते हैं, भगवद्गीता का एक बिम्ब है, और वह त्रिफलक के व्युत्क्रमित कच्छप-योगी की करुणा को धर्मशास्त्रीय प्रमाण में स्थित करता है; और निश्चय ही १९९४ की कृति 'फ़ालिंग फ़िगॅर' के हास्यास्पद ढंग से अवरोहण करते जोकर-अवतार को भी।

६.

'गुएर्निका' का घोड़ा, इसकी तमाम आकृतियों में विशेष रूप से, हमें आमन्त्रित करता है, सम्बोधित करता है, चीत्कार करता हुआ। बृहदारण्यक उपनिषद (I. I. २) की शुरुआत एक अश्व के रूप में ब्रह्म के प्रतीकात्मक चित्रण के साथ होती है। यहाँ ऐकान्तिक आत्मपहचान की आत्मविकृति, चेतना के उस प्रवहमान अश्व का चीत्कार है जिसे आत्मक्षय द्वारा जड़ता का, अर्थात् नस्लवाद का, शिकार बनाकर यन्त्रणा दी गयी है। तैयब के 'रिक्शॉ पुलर' में घोड़े का शर्मीलापन 'गुएर्निका' की बृहदारण्यक यन्त्रणा की चिकित्सा है।

कलियुग (वर्तमान युग) की असुरक्षित स्व-स्थिरता (स्वराज) का प्रतीक 'गुएर्निका' का एक पैर वाला बैल चतुष्पादीयता की, चारों पैरों पर खड़े सतयुग की, आत्मबोध की सुरक्षित सम्प्रभुता की, धुँधली, अँधेरी पृष्ठभूमि में उकेरा गया है। (सतयुग सत्य का आद्य युग है जिसके बाद आत्मह्रासमान युग त्रेता और द्वापर आते हैं, और फिर सर्वाधिक संकटग्रस्त

कलियुग आता है, सतयुग के स्वर्ण-युग के बरक्स लौह-युग)।

युगों के इस विन्यास पर चिन्तन 'गुएर्निका' और त्रिफलक पर रोशनी डालता है।

सतयुग जागृति, स्वप्न और निद्रा का (आत्मकल्पना की आत्मा की लीला का) सुरक्षित स्थल है, असीम आत्मबोध के यथार्थ के भीतर : आत्मोपलब्धि की स्वतन्त्रता के भीतर कर्म, क्रीड़ा और विश्रान्ति का सामंजस्य, मोक्ष के ढाँचे के भीतर अर्थ, काम और धर्म की अन्योन्याश्रयिता। सतयुग में स्वराज चतुष्आयामी होता है।

कलियुग, हमारा युग, पूरी तरह से जागृति के विचार पर आधारित है, रूपाकारों की अटलता और भंगुरता पर और विनाशकारी शून्यता में उनके संक्रमण के विचार पर : स्वराज की, आत्मविश्वास की चरम अनुपस्थिति। आत्मरति और भ्रमोन्माद के विनाशकारी घर्षण की अवस्था, जहाँ स्वप्न और निद्रा, क्रीड़ा और विश्रान्ति परिग्रह, विजय और उन्नति की महत्त्वाकांक्षा में नियोजित होते हैं।

मानवीय और ग़ैर-मानवीय दोनों ही तरह की बहुपादीयता का त्रिफलक का अन्वेषण परिकल्पित आत्मा और अनात्म के बीच चहुँमुखी युद्ध, अर्थात् कलियुग, के क्षण में स्वराज की सम्भावना का अन्वेषण है। कच्छप-योगी की व्युत्क्रमिकता, आध्यात्मिक सुरक्षा की ऊँचाई से जीवन की अखण्डता और विविधता पर हमले की ज़मीनी वास्तविकता पर, सम्भावित आत्मोत्सर्गपूर्ण ढंग से, अवरोहण करने की उसकी तत्परता, 'गुएर्निका' के एक पैर वाले बैल का उद्धार है : कमल की सम्भावनाओं के कीचड़ के द्वारा, आत्मरत-अँगूठे और भ्रमोन्मत्त अँगुलियों के सामंजस्य से निर्मित मयूर मुद्रा की अहंकारोन्मूलक शक्ति द्वारा, कलियुग का उद्धार। एक अंजलीनुमा फ़रिश्ते द्वारा 'गुएर्निका' के कुरुक्षेत्र में उछाले गये छोटे से फूल से भिन्न नहीं, आत्मबोध का फूल, अँधेरे के मर्म-स्थल में बोया गया प्रकाश की बीज।

१९.

यह राजमोहन गाँधी की पुस्तक द गुड बोटमेन (वाइकिंग, १९९५, अध्याय ९, पृष्ठ ३५२) है जहाँ से मुझे उस असाधारण प्रसंग की जानकारी मिली जिसके मुताबिक़ गाँधी ने १५ अगस्त १९४७ को कलकत्ता की सड़कों पर किसी अज्ञात कार में यात्रा की थी, यह देखने के लिये कि उनके देशवासी स्वधीनता का जश्न किस तरह मना रहे थे।

२०.

सैवेजिंग द सिविलाइज़्ड (ऑक्सफ़ोर्ड, १९९९) स्थिति को अद्‌भुत ढंग से उलट देने वाला शीर्षक है रामचन्द्र गुहा की उस पुस्तक का जो अँग्रेज़ मिशनरी-नृविज्ञानी से भारतीय आदिवासी में रूपान्तरित हुए वेरियर एल्विन का जीवनीपरक अध्ययन है। यह शीर्षक और पुस्तक दोनों ही मनुष्यता के सम्भ्रम के त्रिफलक के अनावरण के समतुल्य हैं : लेकिन यह चित्र ग़ैर-नृतत्वकेन्द्रिक ('बर्बर' और 'सभ्य' के द्वैत से परे) के आत्मबोध की अपनी झलक में कहीं ज़्यादा आशावादी है।

२४.

यक्ष के साथ युधिष्ठिर की मुठभेड़ और यक्ष द्वारा पूछे गये वे सवाल जिनके जवाब की अपेक्षा युधिष्ठिर से की गयी थी का प्रसंग महाभारत के वनपर्व के २० वें अध्याय में है। त्रिफलक के रूपाकारों और आकृतियों के पाठ को पढ़ने की दृष्टि से यह सन्दर्भ शिक्षाप्रद और सहायक है।

अपने सवालों के युधिष्ठिर के जवाबों से प्रसन्न होकर वह यह रहस्योद्घाटन करता है कि वह धर्म, यानी युधिष्ठिर का पिता, है। हिरण के रूप में वही था जो उस ब्राह्मण का अरणि दण्ड लेकर भाग गया था, जिसने हिरण को मारकर अरणि दण्ड वापस लाने के लिये पाण्डवों की मदद माँगी थी (अरणि दण्ड से धार्मिक और ग़ैरधार्मिक ज़रुरतों के लिये घर की आग—नियन्त्रित अग्नि, आवेग—जलायी जाती है और वे शक्ति के उन उपकरणों के प्रतीक हैं जिनका आत्मसंयम से भरा उपयोग ही सभ्यता को सम्भव और टिकाऊ बनाता है)। धर्म वे दण्ड युधिष्ठिर को वापस कर देता है जो उनको ब्राह्मण के घर पहुँचा देता है। मनुष्यता एकबार फिर से असमाप्य अग्निकाण्ड की शुरुआत न करने की सामर्थ्य के हाथ में आ जाती है। एक प्रतिनिधि मनुष्य मिल जाता है जिसमें इस तरह की सामर्थ्य को समझने की बुद्धि और उसकी रक्षा करने की क्षमता है। पाण्डव इस तरह उस परीक्षा में उत्तीर्ण होते हैं जो उनको उस महान युद्ध के योग्य बनाती है जिसकी शुरुआत आत्म-संयम रहित कौरव करते हैं।

यक्ष के प्रश्न बहुत सारे हैं, लेकिन उनमें से प्रश्न और युधिष्ठिर द्वारा दिये गये उनके उत्तर त्रिफलक की कुछ आकृतियों पर रोशनी डालते हैं :

प्रश्न १. पृथ्वी से ज़्यादा भारी (सारगर्भित) क्या है?

युधिष्ठिर का जवाब : माँ अधिक सारगर्भित है। (वही है जो अनेक रूपों में है, अपने रूप में भी और अपने बच्चों के रूपों में भी, जो भूवैज्ञानिक अर्थ में परिकल्पित पृथ्वी की तरह अचल, आत्मकल्पना-रहित पुंज नहीं है।

त्रिफलक की मैडोना और बकरी-माँ यही मार्मिक सारगर्भिता हैं।

प्रश्न २. आकाश से भी ऊँचा क्या है?

युधिष्ठिर का जवाब : पिता आकाश से भी ऊँचा है। (वह इस तरह आचरण नहीं करता जैसे वह आकाश के शीर्ष पर अवस्थित कोई स्वर्ग है। कच्छप-योगी के समान वह अपने आपको आकाश से नीचे उँडेलता हुआ फलक-२ के वध-स्थल की मैडोना और बकरी-माँ के सम्भावित विकल्प के रूप में प्रगट होता है। यह करुणामय उपलब्धता पिता योगी को आकाश से भी ऊँचा बना देती है।

प्रश्न ३. जीवन का सबसे विस्मयकारी तथ्य क्या है?

युधिष्ठिर का जवाब : यह कि जहाँ मैं लोगों को अपने चारों ओर मरता हुआ देखता हूँ, वहीं मुझे इस बात पर विश्वास नहीं होता कि ''मैं'' मर सकता हूँ।

मैडोना और बकरी-माँ और योगी के चेहरों पर अंकित मृत्यु के भय के प्रति अवज्ञा आत्मा की बहुकेन्द्रिकता के ऐसे ही बोध से आती है।

२९.

''मानव देह मानव आत्मा की श्रेष्ठतम तस्वीर है,''—यह बात लुडविग विट्गिंस्टाइन ने फ़िलॉसॅफ़िकल इन्वेस्टिगेशन्स, भाग II, अध्याय (iv) में कही है। विट्गिंस्टाइन की इस सूक्ति का सबसे महत्त्वपूर्ण तत्व यह विचार है कि मानव देह मानव अन्तरात्मा (वास्तविक मैं, तुम, वह इत्यादि की) एक तस्वीर (श्रेष्ठ तस्वीर, उसका मानना है) है। यह बात स्पष्ट नहीं है कि अन्तरात्मा (Soul) से विटगिंस्टाइन का ठीक-ठीक क्या अभिप्राय है। मुमकिन है कि वह इस एरिस्टोटेलियन-थॉमिस्ट शिक्षा का सहानुभूतिपूर्ण स्मरण कर रहा हो (या स्वतन्त्र रूप से इस निष्कर्ष पर पहुँच रहा हो) कि मानव अन्तरात्मा मानव देह का ''रूप'' है, बिना इस धारणा का गम्भीरतापूर्वक अनुमोदन किये कि इस तरह परिकल्पित अन्तरात्मा जीवन्त मानव-देह से स्वतन्त्र रूप में अस्तित्व में रह सकती है, और जिसका वास्तविक आवास स्वर्ग है न कि पृथ्वी। इस तरह का दृष्टिकोण, जैसाकि मैंने निवेदन किया है, आत्मा के आत्मबोध की अखण्डता की बुनियाद पर चोट करने वाला होगा, क्योंकि मुझसे ''इतर'' अन्तरात्मायें ''अनात्मा'' होंगी जिनके प्रति मैं आत्मबोध होना बन्द किये बग़ैर सजग नहीं हो सकूँगा : और, इसके अलावा, यह चीज़ धार्मिक हिंसा की ''पृथ्वी का परित्याग करने वाली'', ''स्वर्गाकांक्षी'' क़िस्म की उत्प्रेरणाओं को बढ़ावा दे सकती है। आप विट्गिंस्टाइन को इस तरह की अवधारणाओं और जीवन-प्रवृत्तियों से जोड़कर देख सकते हैं।

मुझे यह बात ज़्यादा सम्भाव्य लगती है कि विट्गिंस्टान अपनी सूक्ति के माध्यम से इस तरह के विचार को सम्प्रेषित करने की कोशिश कर रहा हो सकता है : ''अपनी अन्तरात्मा को, वास्तविक तुम को, विदेह सत्ता की तरह कल्पित करने की कोशिश मत करो। तुम्हारी देह तुम्हारी अन्तरतम वास्तविकता की श्रेष्ठतम छवि है, श्रेष्ठतम 'कल्पना', है।''

विट्गिंस्टाइन की सूक्ति का इस तरह का पाठ इस पुस्तक के इस विश्वास के समतुल्य होगा कि हमारे दैहिक रूप हमारी, आत्मा की, आत्मकल्पनायें हैं : कि हम किन्हीं अन्य चीज़ों के विरुद्ध कोई चीज़ें नहीं हैं।

लेकिन त्रिफलक के सन्दर्भ में आप विट्गिंस्टाइन की इस सूक्ति के एक अन्य आयाम के सन्दर्भ में उससे असहमत हो सकते हैं : कि मानव देह मानव अन्तरात्मा की श्रेष्ठतम तस्वीर है।

त्रिफलक की लिंग-प्रजाति-अतिक्रामी और बहुआंगिक छवियाँ संकेत करती हैं कि आत्मा की, यानी वास्तविक तुम या मैं की, यथेष्ट तस्वीर स्वराज होगी, यथेष्ट आत्मस्थता होगी, और शारीरिक रूप से अद्वितीय मानव देह को स्वराज के, आत्मबोध के, सन्तोषजनक या आदर्श, रूपायन की तरह नहीं देखा जा सकता।

''मानव'' अन्तरात्मा के मैं या तुम होने का विचार आत्मा की अवधारणा के अभीष्ट मानक पर खरा नहीं उतरता, जोकि जितनी मानवीय रूपाकारों में उतनी ही अमानवीय रूपाकारों में आत्मकल्पित है, और रूपहीन शून्यता में भी उनसे कम आत्मकल्पित नहीं है। त्रिफलक के ''काया से चिपकी पोशाकों'' वाले मानवीय रूपाकार हमारा ध्यान मुख़्तसर तौर पर इस बात की ओर आकर्षित करते हैं कि मानव रूप आत्मा द्वारा धारण किये गये एक वस्त्र से ज़्यादा

कुछ नहीं हैं, जिनको वह आत्मकल्पना की असीमित छवियों के प्रदर्शन की प्रक्रिया में धारण करती है।

३१.

ईषोपनिषद का १५ वाँ श्लोक सुनहरे पात्र को हटाये जाने की प्रार्थना करता है जिसने सत्य का चेहरा ढँक रखा है, ताकि व्यक्ति सत्य को आमने-सामने देख सके। आत्मबोध सत्य का, आत्मा का, ऐसा ही, अपने आप में, आमने-सामने देखना है। एक सत्ता के रूप में सूर्य आत्मदीप्त नहीं है। सत्तात्मक रूप से परिकल्पित सूर्य का ''निवारण'' उसके स्थान पर प्रतीकात्मक रूप से परिकल्पित सूर्य को, आत्मा की आत्मछवि को, उसकी रूबरू प्रतिबिम्बात्मकता को, रखना है। इस तरह परिकल्पित सूर्य उपासना के योग्य है, और उसकी ओर स्वेच्छापूर्वक पीठ करना (जैसीकि इण्डिया गेट मण्डप के तले जॉर्ज पंचम की पीठ थी) असंवेदनशीलता है और विनाश को आमन्त्रण है।

३४.

अंजली, त्रिफलक अँधेरे के मध्य रोशनी है, लेकिन वह अँधेरे को निर्भयतापूर्वक पार करती है। 'गुएर्निका' की भाँति। अगर मैं इस चित्र की यात्रा के दौरान अपनी परिकल्पित बातचीत में तुम्हें बारबार सम्बोधित करता रहा हूँ, तो किसी हद तक इसलिये भी कि मैं अँधेरे में अकेले चलने से डरता हूँ, और मुझे तुम्हारी मार्गान्वेषी उपस्थिति की ज़रूरत थी, वैसे ही जैसे तैयब का १९८२ का 'रिक्शा खींचने वाले' को अपने साथ चलने के लिये मार्गदर्शक रोशनी आवश्यक है।

और आकाश और पृथ्वी के साथ, द्विपादीयता और बहुपादीयता के साथ, कर्म और चिन्तन के साथ, अस्ति और शून्यता के साथ, त्रिफलक के संवाद की रोशनी में तुम्हारे साथ साझा करने के लिये : स्वराज की सूचनाओं में साझा करने के लिये।

शब्द–सूची

अभय मुद्रा : अभय का वरदान। शास्त्रीय नृत्य और हिन्दू चित्रों तथा शिल्पों में यह मुद्रा किसी देवता या ऋषि की उसके भक्त की ओर उठी उसकी दायीं हथेली के माध्यम से दर्शायी गयी है।

आदिवासी : उन लोगों के गहरे अर्थ में आदिम व्यक्ति या समाज जो समस्त जन्मों के अनादि उद्‌गम, अर्थात् आत्मा, में निवास करते हैं; यह मनुष्यता की निरी प्रजातीय कोटि नहीं है।

अद्वैत : यह आस्था और बोध कि केवल आत्मा और उसकी आत्मछवियों का अस्तित्व है, कोई वास्तविक अनात्म या अन्यता नहीं है।

अहिंसा : आत्मा की आत्मछवियों के रूप में देखे गये समस्त जीवन के प्रति अहिंसा का भाव।

अरुणाचल : दक्षिण भारत का पवित्र पर्वत जिसे शिव के अवतार के रूप में देखा जाता है, रमण महर्षि भी उसे इसी रूप में देखते थे।

आत्म–ब्रह्म : आत्मा और ईश्वर का अद्वैत।

ब्रह्मचर्य : शब्दशः, "ब्रह्म के मार्ग पर चलना", सीमित अर्थ में, कौमार्य।

ब्रह्मदण्ड : ब्रह्म का माप।

बुद्धजयन्ती पार्क : बुद्ध के जन्म के सम्मान में नयी दिल्ली स्थित एक पार्क, जहाँ पवित्र दलाई लामा ने "भूमिस्पर्श–मुद्रा" में बुद्ध की एक प्रतिमा स्थापित की है।

दक्षिणेश्वर : कलकत्ता के निकट स्थित एक मन्दिर समूह जहाँ रामकृष्ण परमहंस रहते थे और मिलने आने वालों को आध्यात्मिक शिक्षा देते थे।

देहात्मबुद्धि : ऐकान्तिक आत्मपहचान वाले मानस की यह प्रवृत्ति कि "मैं केवल यह

दैहिक रूप हूँ''।

धर्मचक्र : धर्म का वह चक्र जिसका प्रवर्तन बुद्ध ने किया था, जो शायद रूढ़ हो चुकी परम्परा के जीर्णोद्धार का एक रूपक है।

दिगम्बर : शब्दार्थतः, वह जिसका परिधान आकाश है। एक जैन सम्प्रदाय का भिक्षु जो कोई वस्त्र धारण नहीं करता, आकाश ही उसका परिधान होता है। मेरा मानना है कि यह असीमित आत्मबोध के वस्तु-राहित्य का, अर्थात् आत्मा का, रूपक है, जो समस्त वस्तुओं को ''आवृत्त'' करती है, यानी उनको अपनी आत्मछवियों में ढालती है।

दुर्गा : शब्दार्थतः ''गढ़ी''; देवी माँ, पार्वती, महिषासुर, अर्थात् अपने सबसे विस्तृत, पुंजीभूत रूप में अहंकार, का वध करने वाली।

गन्धर्व : संगीत और कला की प्रतिभा से सम्पन्न स्वर्गिक सत्ता, जो आकाश में भी रह सकती है और भूमि पर भी।

गाँधी स्मृति : गाँधी की शहादत के स्थल पर स्थापित गाँधी संग्रहालय।

लुसीफ़र : ईसाई धर्मशास्त्र के अनुसार स्वर्ग से च्युत एक देवदूत, शैतान।

मार : मायावी राक्षस जिसने बुद्ध को उनके बोध की अवस्था से च्युत करने का विफल प्रयत्न किया था।

महफ़िल-ए-हक़ : सत्य की परिषद।

नम म्योहो रेंजे क्यो : बौद्ध मन्त्र, जो बुद्ध के कमल सूत्र के प्रति पूजा का अर्पण है।

परमहंस : शब्दार्थतः, ''श्रेष्ठतम हंस''। हिमालय के पवित्र जलाशय मानसरोवर में पाये जाने वाले वे हंस जिनको पानी और दूध को अलग-अलग कर देने की सामर्थ्य का श्रेय दिया जाता है। इसी तरह जो ऋषि आत्मबोध के जलाशय में निमग्न होते हैं वे कठिनतम परिस्थितियों में भी यथार्थ को अयथार्थ से अलगा सकते हैं। श्री रामकृष्ण (१८३६.१८८६) ऐसे ही ऋषि थे और इसीलिये उनको परमहंस की उपाधि दी गयी थी।

पौराणिक : पवित्र कथाओं को कहने वाला और मिथकों का व्याख्याकार।

रमण महर्षि (१८८०-१९५०) : ऋषि और हमारे समय में आत्म-अन्वीक्षा की शुरुआत करने वाले (लगातार यह प्रश्न पूछने वाले कि ''मैं कौन हूँ?'') आधुनिक युग में अद्वैतवादी बोध के सर्वोच्च प्रतिमान। ओम श्री रमणाय नमः।

शारदा : श्री रामकृष्ण की पत्नी और आध्यात्मिक संगिनी। उनको स्वयं को भी एक

ऋषि और देवी माँ का अवतार माना जाता था।

सरस्वती : शब्दार्थतः, "अटूट, निरन्तर", आत्मा का रूपक। ज्ञान और कला की देवी। ब्रह्मा की पुत्री।

तिरुवण्णामलई : शिव मन्दिर के लिये विख्यात दक्षिण भारत का नगर जिससे जुड़ा अरुणाचल पर्वत १८८६ से १९५० में श्री रमण महर्षि की मृत्यु तक उनका निवास रहा।